2019年度全国会计专业技术资格考试辅导教材

初级会计资格

初级会计实务

恒企教育产品技术中心　编写

中国商业出版社

图书在版编目（CIP）数据

2019年度全国会计专业技术资格考试辅导教材.初级会计资格.初级会计实务/恒企教育产品技术中心编写.—北京：中国商业出版社，2018.8

ISBN 978-7-5208-0539-1

Ⅰ.①2… Ⅱ.①恒… Ⅲ.①会计实务–资格考试–自学参考资料 Ⅳ.①F23

中国版本图书馆CIP数据核字（2018）第181836号

责任编辑：常松

中国商业出版社出版发行
010-63180647　www.c-cbook.com
（100053　北京广安门内报国寺1号）
新华书店经销
三河市国英印务有限公司印刷

*

787×1092毫米　1/16　17.75印张　360千字
2018年8月第1版　2018年8月第1次印刷
定价：59.00元

* * * *

（如有印装质量问题可更换）

前　言

　　本套辅导教材由恒企教育产品技术中心，根据初级会计资格考试涉及的相关知识内容和新颁布的法律法规，结合当代初级会计专业技术人员所应掌握知识与技能的要求精心编写，旨在帮助广大考生提前备战2019年度全国初级会计专业技术资格考试，同时切实地理解与掌握初级会计专业技术人才必备的知识技能。

　　本套教材包括《初级会计实务》和《经济法基础》两册，内容系统全面，考点讲解精细，知识结构明确，理解难度适中，每科还附赠有20个出自恒企教育名优教师的知识点精讲视频，是初级备考者绝佳的辅导教材。

　　本套辅导教材的编写组本着严谨认真、精益求精的态度编写内容，但由于时间有限，书中难免出现错漏与不足。读者如需对本书内容提出意见或建议，可拨打客服热线：010－52479895。

　　祝所有应试考生顺利通关！

恒企教育产品技术中心
2018年7月

目 录

第一章 会计概述 ··· 1
第一节 会计概念、职能和目标 ·· 1
第二节 会计基本假设、会计基础和会计信息质量要求 ······························· 4
第三节 会计要素及其确认与计量 ·· 7
第四节 会计科目和借贷记账法 ·· 13
第五节 会计凭证、会计账簿与账务处理程序 ··· 19
第六节 财产清查 ··· 34
第七节 财务报告 ··· 38

第二章 资产 ·· 42
第一节 货币资金 ··· 42
第二节 应收及预付款项 ·· 46
第三节 交易性金融资产 ·· 53
第四节 存货 ··· 59
第五节 固定资产 ··· 77
第六节 无形资产和长期待摊费用 ·· 91

第三章 负债 ·· 99
第一节 短期借款 ··· 99
第二节 应付及预收款项 ·· 101
第三节 应付职工薪酬 ··· 106
第四节 应交税费 ··· 116

第四章 所有者权益 ··· 127
第一节 实收资本 ··· 127
第二节 资本公积 ··· 131
第三节 留存收益 ··· 132

第五章 收入、费用和利润 ·· 138
第一节 收入 ··· 138
第二节 费用 ··· 154
第三节 利润 ··· 160

第六章　财务报表 ... 176
第一节　资产负债表 ... 176
第二节　利润表 ... 183
第三节　所有者权益变动表 ... 190
第四节　附注 ... 192

第七章　管理会计基础 ... 194
第一节　管理会计概述 ... 194
第二节　产品成本核算概述 ... 204
第三节　产品成本的归集和分配 ... 208
第四节　产品成本计算方法 ... 232

第八章　政府会计基础 ... 239
第一节　政府会计基本准则 ... 239
第二节　事业单位会计 ... 245

第一章 会计概述

第一节 会计概念、职能和目标

一、会计概念

会计是以货币为主要计量单位,采用专门方法和程序,对企业和行政、事业单位的经济活动进行完整的、连续的、系统的核算和监督,以提供经济信息和反映受托责任履行情况为主要目的的经济管理活动。

【例1•判断】会计是以货币作为唯一计量单位,反映和监督一个单位经济活动的一种经济管理工作。(   )

【答案】×

【解析】货币是主要的计量单位,但并不是唯一的计量单位。

【例2•单选】下列各项中,关于会计的表述正确的是(   )。
A.会计是专门参与决策的管理活动
B.会计是专门从事监督的管理活动
C.会计是专门评价经营业绩的管理活动
D.会计是以货币为主要计量单位的经济管理活动

【答案】D

【解析】会计是以货币为主要计量单位,运用专门的方法,核算和监督一个单位经济活动的一种经济管理工作。

二、会计职能

(一)会计职能

会计职能是指会计在经济管理过程中所具有的功能。

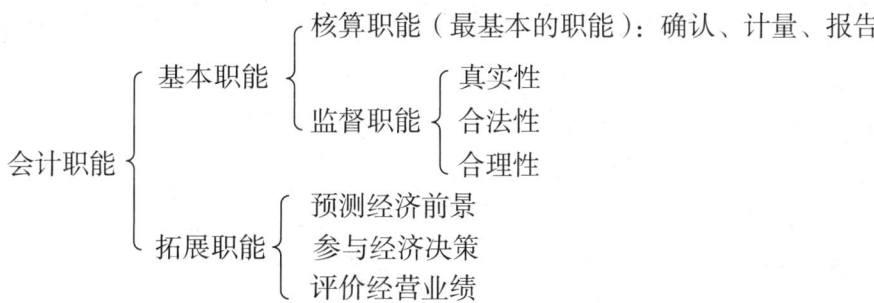

【例3•单选】会计核算的最终环节是(   )。
A.计量   B.报告
C.计算   D.确认

【答案】B
【解析】会计核算的最终环节是提供会计报告供信息使用者使用。

【例4·多选】下列属于会计基本职能的有（　　）。
A.会计核算　　　　　　　　B.会计监督
C.预测经济前景　　　　　　D.参与经济决策
【答案】AB
【解析】选项AB属于会计的基本职能；选项CD属于会计的拓展职能。

（二）基本职能
会计基本职能包括核算和监督。
1.核算职能
核算职能包括确认、计量和报告，是会计最基本的职能。内容主要包括：
（1）款项和有价证券的收付。
（2）财物的收发、增减和使用。
（3）债权、债务的发生和结算。
（4）资本、基金的增减。
（5）收入、支出、费用、成本的计算。
（6）财务成果的计算和处理。
（7）需要办理会计手续、进行会计核算的其他事项。
2.监督职能

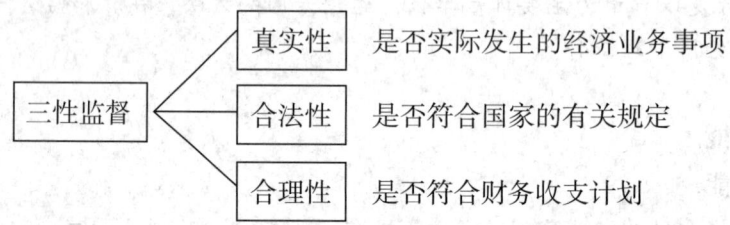

核算与监督的关系：两者是相辅相成、辩证统一的关系。核算是基础，监督是保障。

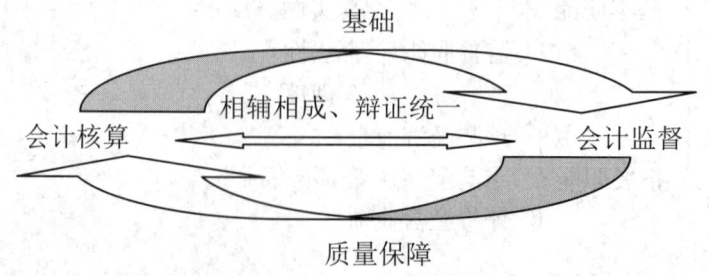

【例5·多选】关于会计职能，以下说法正确的是（　　）。（2018年）
A.核算是监督的基础

B.核算和监督是会计的基本职能
C.预测经济前景、参与经济决策和评价经营业绩是拓展职能
D.监督职能是核算职能的保障

【答案】ABCD

(三)拓展职能

1.预测经济前景

预测经济前景,是指根据财务报告等提供的信息,定量或者定性地判断和推测经济活动的发展变化规律,以指导和调节经济活动,提高经济效益。

2.参与经济决策

参与经济决策,是指根据财务报告等提供的信息,运用定量分析和定性分析方法,对备选方案进行经济可行性分析,为企业经营管理等提供决策相关的信息。

3.评价经营业绩

评价经营业绩,是指利用财务报告等提供的信息,采用适当的方法,对企业一定经营期间的资产运营、经济效益等经营成果,对照相应的评价标准,进行定量及定性对比分析,作出真实、客观、公正的综合评判。

【例6·多选】下列有关会计职能的表述中,正确的有(   )。(2018年)
A.评价经营业绩是会计的拓展职能
B.会计核算是会计的基本职能
C.会计监督是会计核算的质量保障
D.预测经济前景是会计的基本职能

【答案】ABC

【解析】预测经济前景是会计的拓展职能。

三、会计目标

(一)会计目标

会计目标,是要求会计工作完成的任务或达到的标准,即向财务报告使用者提供与企业财务状况、经营成果和现金流量等有关的会计信息,反映企业管理层受托责任履行情况,有助于财务报告使用者作出经济决策。

(二)财务报告外部使用者

财务报告外部使用者主要包括投资者、债权人、政府及其有关部门、社会公众等。

【例7·多选】会计目标是要求会计工作完成的任务或达到的标准,即向财务报告使用者提供与企业(   )有关的会计信息,反映企业管理层受托责任履行情况,有助于财务报告使用者作出经济决策。

A.财务状况   B.经营成果
C.运行情况   D.现金流量

【答案】ABD

【解析】会计目标是要求会计工作完成的任务或达到的标准，即向财务报告使用者提供与企业财务状况、经营成果和现金流量等有关的会计信息，反映企业管理层受托责任履行情况，有助于财务报告使用者作出经济决策。

【例8·多选】下列属于财务报告的外部使用者的有（　　）。
A.投资者　　　　　　　　　　B.债权人
C.政府　　　　　　　　　　　D.社会公众

【答案】ABCD

第二节　会计基本假设、会计基础和会计信息质量要求

一、会计基本假设

会计基本假设是对会计核算所处时间、空间环境等所作的合理假定，是企业会计确认、计量和报告的前提。包括会计主体、持续经营、会计分期和货币计量。

（一）会计主体

会计主体，指会计工作服务的特定对象，是企业会计确认、计量和报告的空间范围。

【注意】会计主体与法律主体（法人）并非是对等的概念，法人可作为会计主体，但会计主体不一定是法人。

【例1·多选】下列说法正确的有（　　）。
A.法律主体一般也是会计主体
B.会计主体一般也是法律主体
C.会计主体确定了会计核算的空间范围
D.只有明确了会计主体，才能将会计主体的交易或者事项与会计主体所有者的交易或者事项分开

【答案】ACD

【解析】会计主体范围比法律主体大，法律主体必然是一个会计主体，但是会计主体未必是法律主体。

（二）持续经营

持续经营，是指在可以预见的将来，企业将会按当前的规模和状态继续经营下去，不会停业，也不会大规模削减业务。

（三）会计分期

会计分期，是指将一个企业持续经营的生产经营活动划分为一个个连续的、长短相同的期间。会计分期的目的，在于通过会计期间的划分，将持续经营的生产经营活动划分成连续、相等的期间，据以结算盈亏，按期编报财务报告，从而及时向财务报告使用者提供有关企业财务状况、经营成果和现金流量的信息。

【例2·单选】以下不是我国常见会计期间的是（　　）。

A.2月1日起至2月28日　　　　　　B.1月1日起至12月31日

C.1月1日起至6月30日　　　　　　D.6月1日起至9月30日

【答案】D

【解析】本题考核会计分期基本假设。会计期间通常分为年度和中期，中期通常包括半年度、季度和月度。

(四)货币计量

货币计量，是指会计主体在会计确认、计量和报告时以货币计量，反映会计主体的生产经营活动。

【注意1】我国会计核算的记账本位币是人民币。

【注意2】业务收支以外币为主的企业，也可以选择某种外币作为记账本位币，但编制的财务会计报告应当折算为人民币反映。

【注意3】在境外设立的中国企业向国内报送的财务会计报告，应当折算为人民币。

会计主体确立了会计核算的空间范围，持续经营与会计分期确立了会计核算的时间长度，而货币计量则为会计核算提供了必要手段。

【例3·单选】持续经营的前提是（　　）。

A.会计主体　　　　　　　　　　　B.会计分期

C.货币计量　　　　　　　　　　　D.会计核算

【答案】A

【解析】会计主体是持续经营的前提，持续经营是会计分期的前提。

【例4·单选】下列会计基本假设中，属于确定会计核算空间范围的是（　　）。

A.会计主体　　　　　　　　　　　B.持续经营

C.会计分期　　　　　　　　　　　D.货币计量

【答案】A

【解析】选项BC，属于确定会计核算时间范围；选项D，会计以货币作为计量属性。

二、会计基础

会计基础，是指会计确认、计量和报告的基础，具体包括权责发生制和收付实现制。

(一)权责发生制

权责发生制，是指收入、费用的确认应当以收入和费用的实际发生而非实际收支作为确认的标准。

凡是当期已经实现的收入和已经发生或者应当负担的费用，无论款项是否收付，都应当作为当期的收入和费用，计入利润表。

凡是不属于当期的收入和费用，即使款项已在当期收付，也不应当作为当期的收入和费用。

【总结】本期支付不一定是本期的费用；属于本期的费用，可能已付，也可能未付。

（二）收付实现制

收付实现制，是指以实际收到或支付现金作为确认收入和费用的标准。

在我国，政府会计由预算会计和财务会计构成。其中，预算会计采用收付实现制，国务院另有规定的，依照其规定；财务会计采用权责发生制。

【例5·单选】目前我国行政单位会计采用的会计基础主要是（　　）。
A.权责发生制　　　　　　　　　　B.应收应付制
C.收付实现制　　　　　　　　　　D.统收统支制
【答案】C
【解析】考核收付实现制的适用范围。

三、会计信息质量要求

会计信息质量要求是对企业财务报告所提供会计信息质量的基本要求，是使财务报告所提供会计信息对投资者等信息使用者决策有用应具备的基本特征，主要包括可靠性、相关性、可理解性、可比性、实质重于形式、重要性、谨慎性、及时性等。

质量要求	具体要求
1.可靠性	要求企业应当以实际发生的交易或者事项为依据进行确认、计量和报告，如实反映符合确认和计量要求的会计要素及其他相关信息，保证会计信息真实可靠、内容完整。 【注意】可靠性是会计信息质量的最基本的要求。
2.相关性	要求企业提供的会计信息应当与投资者等财务报告使用者的经济决策需要相关，有助于投资者等财务报告使用者对企业过去、现在或未来的情况作出评价或者预测。
3.可理解性	要求企业提供的会计信息应当清晰明了，便于投资者等财务报告使用者理解和使用。
4.可比性	可比性要求企业提供的会计信息应当相互可比。 （1）同一企业不同时期可比： 即同一企业不同时期发生的相同或者相似的交易或者事项，应当采用一致的会计政策，不得随意变更。但是，如果按照规定或者在会计政策变更后能够提供更可靠、更相关的会计信息，企业可以变更会计政策。有关会计政策变更的情况，应当在附注中予以说明。 （2）不同企业相同会计期间可比： 即不同企业同一会计期间发生的相同或者相似的交易或者事项，应当采用规定的会计政策，确保会计信息口径一致、相互可比，以使不同企业按照一致的确认、计量和报告要求提供有关会计信息。
5.实质重于形式	要求企业应当按照交易或者事项的经济实质进行会计确认、计量和报告，不仅仅以交易或者事项的法律形式为依据。 如：售后回购、融资租赁。
6.重要性	要求企业提供的会计信息应当反映与企业财务状况、经营成果和现金流量有关的所有重要交易或者事项。
7.谨慎性	要求企业对交易或者事项进行会计确认、计量和报告应当保持应有的谨慎，不应高估资产或者收益、低估负债或者费用。
8.及时性	要求企业对于已经发生的交易或者事项，应当及时进行确认、计量和报告，不得提前或延后。

【例6·单选】下列各项中,对相关性和可靠性起着制约作用的是( )。
A.及时性 B.谨慎性
C.重要性 D.实质重于形式
【答案】A
【解析】会计信息的价值在于帮助会计信息使用者作出经济决策,具有时效性。即使是可靠、相关的会计信息,如果不及时提供,就失去了时效性,对于使用者的效率就大大降低,甚至不再具有实际意义。

【例7·多选】谨慎性原则要求会计人员在选择会计处理方法时( )。
A.不高估资产
B.不低估负债
C.预计任何可能的收益
D.确认一切可能发生的损失
【答案】AB
【解析】谨慎性要求企业对交易或事项进行会计确认、计量和报告时保持应有的谨慎,不应高估资产或者收益、低估负债或者费用。

【例8·多选】下列各项中,体现会计信息质量要求谨慎性的是( )。
A.对存货计提减值损失
B.本年因销售合同被起诉,目前没有判决,估计很可能败诉,企业确认预计负债
C.因本年业绩不好可能亏损,因而不对固定资产计提折旧
D.在销售时对方发生财务困难,很有可能收不回货款,为了双方合作关系,仍然将商品销售,企业没有确认销售收入
【答案】ABD
【解析】固定资产应当按月计提折旧,不能因为业绩不好可能亏损而不计提折旧。

第三节 会计要素及其确认与计量

一、会计要素及其确认条件

会计要素是根据交易或事项的经济特征所确定的财务会计对象和基本分类。会计要素按照其性质分为资产、负债、所有者权益、收入、费用和利润。

会计要素 {
 资产
 负债
 所有者权益
} 静态要素——反映财务状况
资产=负债+所有者权益

{
 收入
 费用
 利润
} 动态要素——反映经营成果
收入-费用=利润

【例1·多选】下列各项中，属于反映企业财务状况的会计要素的有（　　）。
　　A.资产　　　　B.负债　　　　　C.收入　　　　　D.费用
【答案】AB
【解析】（1）反映企业财务状况的是资产、负债、所有者权益；（2）反映企业经营成果的是收入、费用和利润。

（一）资产
　　1.资产的定义
　　资产，是指企业过去的交易或者事项形成的，由企业拥有或者控制的，预期会给企业带来经济利益的资源。
　　2.资产的特征
　　（1）应为企业拥有或者控制的资源。
　　（2）预期会给企业带来经济利益。
　　（3）是由企业过去的交易或者事项形成的。
　　【注意1】过去的交易或者事项包括购买、生产、建造行为等。
　　【注意2】预期在未来发生的交易或者事项不形成资产，即必须是过去的交易或者事项形成的现实资产，而不能是预期的资产。
　　3.资产的确认条件
　　将一项资源确认为资产，需要符合资产的定义，还应同时满足以下两个条件：
　　（1）与该资源有关的经济利益很可能流入企业：50%＜可能性≤95%。
　　（2）该资源的成本或者价值能够可靠地计量。

【例2·判断】企业有购买某项商品的意愿或计划，但是购买行为尚未发生，不能因此而确认存货资产。（　　）
【答案】√
【解析】资产是由企业过去的交易或者事项形成的，企业预期在未来发生的交易或者事项不形成资产。

（二）负债
　　1.负债的定义
　　负债，是指企业过去的交易或事项形成的，预期会导致经济利益流出企业的现时义务。
　　2.负债的特征
　　（1）负债是企业承担的现时义务。
　　（2）负债预期会导致经济利益流出企业。
　　（3）负债是由企业过去的交易或者事项形成的。
　　3.负债的确认条件
　　将一项现时义务确认为负债，需要符合负债的定义，还需要同时满足以下两个条件：
　　（1）与该义务有关的经济利益很可能流出企业。

（2）未来流出的经济利益的金额能够可靠地计量。

【例3·多选】下列各项中，（　　）应当确认为负债。
　A.向银行借入的款项
　B.因购买材料应付未付的款项
　C.因销售商品而预收的定金
　D.因销售商品而应收的款项
【答案】ABC
【解析】选项D，确认为应收账款，属于企业的资产。

(三)所有者权益
1.所有者权益的定义
公司的所有者权益又称为股东权益。其计算公式为：
所有者权益=资产－负债
2.所有者权益的来源
（1）所有者投入的资本。
（2）其他综合收益。
（3）留存收益等。
3.所有者权益的构成
（1）股本（或实收资本）。
（2）资本公积（含股本溢价或资本溢价、其他资本公积）。
（3）其他综合收益。
（4）盈余公积（法定盈余公积、任意盈余公积）。
（5）未分配利润等。
【注意】留存收益包括盈余公积和未分配利润。
4.所有者权益的确认条件
主要依赖于资产和负债的确认和计量。
例如，企业接受投资者投入的资产，在该资产符合资产确认条件时，就相应地符合所有者权益的确认条件；当该资产的价值能够可靠计量时，所有者权益的金额也就可以确定。

【例4·判断】权益是所有者权益的简称。（　　）
【答案】×
【解析】权益包括债权人权益和所有者权益。

【例5·多选】留存收益包括（　　）。
　A.未分配利润　　B.盈余公积　　　C.资本公积　　　D.本年利润
【答案】AB
【解析】留存收益包括盈余公积和未分配利润。

(四)收入

1. 收入的定义

收入,是指企业在日常活动中形成的、会导致所有者权益增加的、与所有者投入资本无关的经济利益的总流入。

【注意】(1)日常活动:商业企业销售商品、生产企业进行生产销售等;(2)非日常活动:发生罚款支出、出售废弃固定资产等。

2. 收入的特征

(1)企业在日常活动中形成的。

(2)与所有者投入资本无关的经济利益的总流入。

(3)会导致所有者权益的增加。

3. 收入的确认条件

(1)合同各方已批准该合同并承诺将履行各自义务。

(2)该合同明确了合同各方与所转让商品或提供劳务相关的权利和义务。

(3)该合同有明确的与所转让商品或提供劳务相关的支付条款。

(4)该合同具有商业实质,即履行将改变未来现金流量的风险、时间分布或金额。

(5)企业因向客户转让商品或提供劳务而有权取得的对价很可能收回。

【例6·多选】下列各项中,属于"收入"会计要素特征的有(   )。

A. 收入是企业在日常活动中形成的

B. 收入是与所有者投入资本无关的经济利益的总流入

C. 收入会导致所有者权益的增加

D. 经济利益的流入能够可靠计量

【答案】ABC

【解析】收入的特征:(1)企业在日常活动中形成的。(2)与所有者投入资本无关的经济利益的总流入。(3)会导致所有者权益的增加。

【例7·判断】收入是指由企业非日常活动所形成的、会导致所有者权益增加的、与所有者投入资本无关的经济利益的流入。(   )

【答案】×

【解析】利得是指由企业非日常活动所形成的、会导致所有者权益增加的、与所有者投入资本无关的经济利益的流入。

(五)费用

1. 费用的定义

费用,是指企业在日常活动中发生的、会导致所有者权益减少的,与向所有者分配利润无关的经济利益的总流出。

2. 费用的特征

(1)企业在日常活动中形成的。

（2）与向所有者分配利润无关的经济利益的总流出。

（3）会导致所有者权益的减少。

3.费用的确认条件

费用的确认除了应当符合定义外，还至少应当符合以下条件。

（1）与费用相关的经济利益应当很可能流出企业。

（2）经济利益流出企业的结果会导致资产的减少或者负债的增加。

（3）经济利益的流出额能够可靠计量。

【例8·判断】费用包括生产费用和期间费用。（　　）

【答案】√

（六）利润

1.利润的定义

利润，是指企业在一定会计期间的经营成果。

2.利润的特征

利润包括收入减去费用后的净额、直接计入当期利润的利得和损失等。

3.利润的确认条件

利润的确认，主要依赖于收入和费用，以及利得和损失的确认，其金额的确定也主要取决于收入、费用、利得和损失金额的计量。

【例9·判断】利润包括收入、费用以及计入当期损益的利得和损失。（　　）

【答案】×

【解析】利润包括收入减去费用后的净额、直接计入当期利润的利得和损失等。

二、会计要素计量属性及其应用原则

会计计量是为了将符合确认条件的会计要素登记入账并列报于财务报表而确定其金额的过程。会计计量属性主要包括历史成本、重置成本、可变现净值、现值和公允价值等。

计量属性	概念
历史成本	又称实际成本，是指取得或制造某项财产物资时所实际支付的现金或者现金等价物。
重置成本	又称现行成本，是指按照当前市场条件，重新取得同样一项资产所需支付的现金或者现金等价物金额。
可变现净值	是指在生产经营过程中，以预计售价减去进一步加工成本和销售所必需的预计税金、费用后的净值。
现值	是指对未来现金流量以恰当的折现率进行折现后的价值。 【注意】现值是考虑货币时间价值因素等的一种计量属性。
公允价值	是指市场参与者在计量日发生的有序交易中，出售一项资产所能收到或者转移一项负债所需支付的价格。

【例10·单选】资产按照购置时支付的现金或者现金等价物的金额，或者按照购置时所付出对价的公允价值计量，称为（　　）。

　　A.历史成本　　　　　　　　　B.重置成本
　　C.公允价值　　　　　　　　　D.现值

【答案】A

【解析】采用历史成本计量时，资产按照购置时支付的现金或者现金等价物的金额，或者按照购置时所付出对价的公允价值计量。

【例11·单选】2017年12月31日，甲公司库存A材料成本为110万元，市场售价为90万元，A材料专门用于生产B产品，不单独对外出售，预计加工成B产品尚需投入90万元。B产品市场预计售价为260万元，销售费用及税金为8万元。2017年12月31日该批A材料的可变现净值为（　　）万元。

　　A.82　　　　　　　　　　　　B.90
　　C.162　　　　　　　　　　　 D.252

【答案】C

【解析】A材料的可变现净值=260－8－90=162（万元）。

三、会计等式

会计等式，又称会计恒等式、会计方程式、会计平衡公式，是表明会计要素之间基本关系的等式。

（一）会计等式的表现形式

1.财务状况等式（基本会计等式、静态会计等式等）

资产=负债+所有者权益——复式记账法的理论基础、编制资产负债表的依据

反映了企业在某一特定时点资产、负债和所有者权益三者之间的平衡关系。

2.经营成果等式（动态会计等式）

收入－费用=利润——编制利润表的依据

反映了企业一定时期内收入、费用和利润之间恒等关系。

【例12·多选】下列选项中，以"资产=负债+所有者权益"这一会计等式为理论依据的有（　　）。

　　A.平行登记　　　　　　　　　B.复式记账
　　C.编制资产负债表　　　　　　D.成本计算

【答案】BC

【解析】资产和权益的恒等关系是复式记账法的理论基础，也是企业会计中进行余额试算平衡和编制资产负债表的理论依据。

（二）交易或事项对会计等式的影响

1.使会计等式左右两边金额保持不变的

（1）一项资产增加、另一项资产等额减少的经济业务。

（2）一项负债增加、另一项负债等额减少的经济业务。

（3）一项负债增加、一项所有者权益等额减少的经济业务。

（4）一项所有者权益增加、一项负债等额减少的经济业务。

（5）一项所有者权益增加、另一项所有者权益等额减少的经济业务。

2.使会计等式左右两边的金额等额增加

（1）一项资产增加、一项负债等额增加的经济业务。

（2）一项资产增加、一项所有者权益等额增加的经济业务。

3.使会计等式左右两边的金额等额减少

（1）一项资产减少、一项负债等额减少的经济业务。

（2）一项资产减少、一项所有者权益等额减少的经济业务。

【注意】以上9类经济业务的发生均不影响会计等式的平衡关系。

【例13·多选】下列选项中，关于会计恒等式说法正确的有（　　）。

A.资产与权益同时增加，总额增加

B.资产与负债一增一减，总额不变

C.资产内部同时减少，总额减少

D.权益内部的一增一减，总额不变

【答案】AD

【解析】根据"资产＝负债＋所有者权益"，选项BC破坏了会计等式的恒等关系。

【例14·多选】下列选项中，能使负债总额增加的有（　　）。

A.从银行取得短期借款

B.计提应付债券利息

C.签发并承兑商业汇票抵付前欠货款

D.短期借款转长期借款

【答案】AB

【解析】选项CD负债内部一增一减，总额不变。

第四节　会计科目和借贷记账法

一、会计科目和账户

(一)会计科目

会计科目，简称科目，是对会计要素具体内容进行分类核算的项目，是进行会计核算和提供会计信息的基础。

1.按反映的经济内容分类

资产类科目	流动资产	库存现金、银行存款、应收账款、原材料、库存商品等
	非流动资产	固定资产、在建工程、无形资产、长期待摊费用等
负债类科目	流动负债	短期借款、应付账款、应付职工薪酬、应交税费等
	非流动负债	长期借款、应付债券、长期应付款等
共同类科目 (既有资产又有负债性质)		清算资金往来、货币兑换、套期工具、被套期项目等
所有者权益类科目		实收资本(或股本)、资本公积、利润分配、盈余公积、本年利润等
成本类科目		生产成本、制造费用、劳务成本、研发支出等
损益类科目	反映收入的科目	主营业务收入、其他业务收入等
	反映费用的科目	主营业务成本、其他业务成本、管理费用、财务费用等

【例1·单选】各账户之间最本质的差别在于( )。
A.反映的经济内容不同　　　　B.结构不同
C.记账符号不同　　　　　　　D.经济用途不同
【答案】A
【解析】各账户之间最本质的差别在于反映的经济内容不同,账户的经济内容是指账户所反映会计对象的具体内容,账户按经济内容分类是对账户最基本的分类。

【例2·多选】以下属于损益类的科目有( )。
A.管理费用　　　　　　　　　B.销售费用
C.本年利润　　　　　　　　　D.财务费用
【答案】ABD
【解析】本年利润属于所有者权益类科目。

2.按提供信息的详细程度及其统驭关系分类

科目类别	具体内容
总分类科目	又称总账科目、一级科目 是对会计要素的具体内容进行总括分类,提供总括信息的会计科目。
明细分类科目	又称明细科目 是对总分类科目作进一步分类,提供更为详细和具体会计信息的科目。

【例3·单选】会计科目按( )不同,分为总分类科目和明细分类科目。
A.反映的会计对象
B.归属的会计要素
C.提供信息的详细程度及其统驭关系
D.反映的经济业务
【答案】C

【解析】会计科目按其所提供信息的详细程度及其统驭关系，分为总分类科目和明细分类科目。

【例4•单选】总分类会计科目一般按（　　）进行设置。
　A.企业管理的需要　　　　　　B.统一会计制度的规定
　C.会计核算的需要　　　　　　D.经济业务的种类不同
【答案】B
【解析】总分类科目也叫总账科目或一级科目，一般是按照财政部门制定的统一会计制度规定设置。

(二)账户
账户是根据会计科目设置、具有一定格式和结构、用于分类反映会计要素增减变动情况及其结果的载体。

1.账户的分类
（1）根据核算的经济内容分为：资产类账户、负债类账户、共同类账户、所有者权益类账户、成本类账户、损益类账户。
（2）按提供信息的详细程度、统驭关系分为：总分类账户、明细分类账户。

2.账户的四个金额要素
账户有四个金额要素：期初余额、期末余额、本期增加发生额、本期减少发生额。

【例5•单选】账户设置的依据是（　　）。
　A.会计要素　　　　　　　　　B.会计科目
　C.会计主体　　　　　　　　　D.会计对象
【答案】B
【解析】账户是依据会计科目设置的，具有一定的格式和结构。

【例6•多选】以下有关账户概念的阐述中，正确的是（　　）。
　A.账户是根据会计科目设置的
　B.账户是用于分类反映要素增减变动情况及其结果的载体
　C.账户具有一定格式和结构
　D.账户不具有一定格式和结构
【答案】ABC
【解析】考核账户的概念。

二、借贷记账法

(一)借贷记账法的概念
借贷记账法，是以"借"和"贷"作为记账符号的一种复式记账法。
复式记账法，是指对于每一笔经济业务，都必须用相等的金额在两个或两个以上相互联系的账户中进行登记,全面、系统地反映会计要素增减变化的一种记账方法。

复式记账法的种类:借贷记账法、增减记账法、收付记账法等。

【注意】企业、行政单位和事业单位采用借贷记账法。

(二)借贷记账法的账户结构

左方称为借方,右方称为贷方。一方登记增加额,另一方就登记减少额。"借"增加或"贷"增加,取决于账户的性质与所记录经济内容的性质。

1.资产类、成本类账户

借方增加、贷方减少;期末余额一般在借方,有些无余额。余额计算公式为:

期末借方余额=期初借方余额+本期借方发生额−本期贷方发生额

2.负债类、所有者权益类账户

借方减少、贷方增加;期末余额一般在贷方,有些无余额。余额计算公式:

期末贷方余额=期初贷方余额+本期贷方发生额−本期借方发生额

3.损益类账户

包括收入类账户、费用类账户。

(1)收入类账户:借方减少、贷方增加。本期收入净额在期末转入"本年利润"账户,结转后无余额。

(2)费用类账户:借方增加、贷方减少。本期费用净额在期末转入"本年利润"账户,结转后无余额。

借:①资产增加	贷:①资产减少
②成本费用增加	②成本费用减少
③收入减少	③收入增加
④所有者权益减少	④所有者权益增加
⑤负债减少	⑤负债增加

【例7·多选】在借贷记账法下,一般有借方余额的会计科目是(   )。

A.成本类会计科目   B.负债类会计科目
C.损益类会计科目   D.资产类会计科目

【答案】AD

【解析】(1)负债类会计科目期末可以有余额,但是应该在贷方,选项B不应该选;(2)损益类会计科目期末是无余额的,选项C不应该选。

【例8·单选】在借贷记账法下,负债类账户期末余额一般(   )。

A.在借方   B.在贷方
C.在借方,也可以在贷方   D.为零

【答案】B

【解析】负债类账户贷方登记增加额,借方登记减少额,期末余额一般在贷方。

(三)借贷记账法的记账规则

记账规则，是指采用某种记账方法登记具体经济业务时应当遵循的规律。

借贷记账法的记账规则——有借必有贷，借贷必相等。即：任何经济业务的发生总会涉及两个或两个以上的相关账户，一方（或几方）记入借方，另一方（或几方）必须记入贷方，记入借方的金额等于记入贷方的金额。如果涉及多个账户，记入借方账户金额的合计数等于记入贷方账户金额的合计数。

(四)借贷记账法下的账户对应关系与会计分录

1.账户对应关系

账户对应关系，是指采用借贷记账法对每笔交易或事项进行记录时，相关账户之间形成的应借、应贷的相互关系。存在对应关系的账户称为对应账户。

2.会计分录（分录）

会计分录，是对每项经济业务列示出应借、应贷的账户名称（科目）及其金额的一种记录。

（1）构成要素：应借应贷方向、相互对应的科目、金额。

（2）分类：

$\begin{cases}简单会计分录：一借一贷 \\ 复合会计分录：一借多贷、一贷多借、多借多贷\end{cases}$

【注意】一般不应把不同经济业务合并在一起，编制多借多贷的会计分录。

【例9•单选】在借贷记账法下，账户哪一方登记增加数取决于（　　）。

A.账户的类别　　　　　　　B.会计人员的习惯

C.账户的结构　　　　　　　D.账户的性质

【答案】D

【解析】采用借贷记账法，所有账户的借方和贷方按照相反方向记录，即一方登记增加额，另一方就登记减少额。至于"借"表示增加还是"贷"表示增加，取决于账户的性质与所记录经济内容的性质。

【例10•判断】企业可以将不同类型的经济业务合并在一起，这样可以形成复合会计分录。(　　)

【答案】×

【解析】复合会计分录必须是同一经济业务的处理合在一起，不同类型的经济业务不可以合并编制复合会计分录。

(五)借贷记账法下的试算平衡

试算平衡，是指根据借贷记账法的记账规则和资产与权益（负债和所有者权益）的恒等关系，通过对所有账户的发生额和余额的汇总计算和比较，来检查账户记录是否正确的一种方法。

1.试算平衡的分类

试算平衡包括两种：发生额试算平衡、余额试算平衡。
（1）发生额试算平衡：直接依据是记账规则——"有借必有贷，借贷必相等"。
全部账户本期借方发生额合计=全部账户本期贷方发生额合计
（2）余额试算平衡：直接依据是财务状况等式——资产=负债+所有者权益。
全部账户借方期末（初）余额合计=全部账户贷方期末（初）余额合计

【例11·判断】发生额试算平衡，表明记账一定正确。（　　）
【答案】×
【解析】借贷双方发生额相等，只是表明账户基本正确，并不能表明记账一定正确。

【例12·单选】根据资产与权益的恒等关系以及借贷记账法的记账规则，检查所有账户记录是否正确的方法称为（　　）。
A.记账　　　　　　　　　　B.试算平衡
C.对账　　　　　　　　　　D.结账
【答案】B
【解析】试算平衡是根据"资产=负债+所有者权益（资产=权益）"的恒等关系以及借贷记账法的记账规则，检查和验证所有账户记录是否正确的一种方法。

【例13·单选】甲公司月末编制的试算平衡表中，全部账户的本月借方发生额合计为136万元，除实收资本账户以外的账户本月贷方发生额合计120万元，则实收资本账户（　　）。
A.本月贷方发生额为16万元
B.本月借方发生额为16万元
C.本月借方余额为16万元
D.本月贷方余额为16万元
【答案】A
【解析】根据等式"全部账户的本期借方发生额合计=全部账户的本期贷方发生额合计"，实收资本账户的发生额=所有账户本月借方发生额－除实收资本账户以外其他账户的本月贷方发生额=136－120=16（万元）。

2.试算平衡表的编制
（1）试算平衡是通过编制试算平衡表进行的。
（2）试算不平衡，表示记账一定有错误；但试算平衡时，不能表明记账一定正确。
（3）不影响借贷双方平衡关系的错误通常有：
①漏记某项经济业务。
②重记某项经济业务。
③某项经济业务记录的应借、应贷科目正确，但借贷双方金额同时多记或少记，且金额一致。
④某项经济业务记错有关账户。

⑤某项经济业务在账户记录中，颠倒了记账方向。
⑥某借方或贷方发生额中，偶然发生多记和少记并相互抵销。

【例14·多选】下列选项中，不能通过试算平衡发现的错误有（　　）。
A.漏记了某项经济业务
B.借贷方向颠倒
C.记错了会计科目
D.对于某项经济业务借贷方金额不相等
【答案】ABC
【解析】选项D，借贷方金额不相等属于可以通过试算平衡发现的错误。

【例15·单选】下列选项中，会导致试算不平衡的因素是（　　）。
A.漏记某项经济业务　　　　　　B.重记某项经济业务
C.借贷科目用错　　　　　　　　D.借方多记金额
【答案】D
【解析】试算平衡是指所有科目借方合计与所有科目贷方合计相等，借方多记金额会导致试算不平衡。

第五节　会计凭证、会计账簿与账务处理程序

一、会计凭证

（一）会计凭证概述
1.会计凭证的定义
会计凭证是指记录经济业务发生或者完成情况的书面证明，是登记账簿的依据。
2.会计凭证的分类
会计凭证按填制程序和用途分为原始凭证和记账凭证。
原始凭证，又称单据，是指在经济业务发生或完成时取得或填制的，用以记录或证明经济业务的发生或完成情况的原始凭据。原始凭证的作用主要是记载经济业务的发生过程和具体内容。
记账凭证，又称记账凭单，是指会计人员根据审核无误的原始凭证，按照经济业务的内容加以归类，并据以确定会计分录后填制的会计凭证，作为登记账簿的直接依据。记账凭证的作用主要是确定会计分录，进行账簿登记，反映经济业务的发生或完成情况，监督企业经济活动，明确相关人员的责任。

【例1·单选】会计日常核算工作的起点是（　　）。
A.登记账簿　　　　　　　　　　B.业务采购
C.填制和审核会计凭证　　　　　D.日常管理工作需要

【答案】C

【解析】填制和审核会计凭证是会计核算的基本方法之一,也是会计核算工作的起点。

【例2·单选】(　　)是记录经济业务发生或完成情况的书面证明,也是登记账簿的依据。

A.会计要素　　　　　　　　B.账户
C.会计凭证　　　　　　　　D.报表

【答案】C

【解析】会计凭证是记录经济业务发生或完成情况的书面证明,也是登记账簿的依据。

(二)原始凭证

1.原始凭证的分类

(1)按来源分类:自制原始凭证、外来原始凭证。

①自制原始凭证:领料单、产品入库单、借款单等。(仅供本单位内部使用)

②外来原始凭证:购买原材料取得的增值税专用发票、职工出差报销的飞机票、火车票和餐饮费发票等。(从其他单位或个人直接取得)

(2)按格式分类:通用凭证、专用凭证。

①通用凭证:省(市)印制的在该省(市)通用的发票、收据等,由中国人民银行制作的在全国通用的银行转账结算凭证,由国家税务总局统一印制的全国通用的增值税专用发票等。(统一印制、在一定范围内使用、具有统一格式和使用方法)

②专用凭证:领料单、差旅费报销单、折旧计算表、工资费用分配表等。(自行印制、仅在本单位内部使用)

(3)按填制手续和内容分类:一次凭证、累计凭证、汇总凭证。

①一次凭证:收据、收料单、发货票、银行结算凭证等。(一次填制完成、只记录一笔经济业务且仅一次有效)

②累计凭证:限额领料单。(一定时期内多次记录发生的同类型经济业务且多次有效)

③汇总凭证:发料凭证汇总表。(一定时期内反映经济业务内容相同的若干张原始凭证,按照一定标准综合填制)

【例3·单选】统一印制或批准统一印制外来原始凭证的部门有(　　)。

A.民政局等部门　　　　　　B.税务局等部门
C.财政局等部门　　　　　　D.统计局等部门

【答案】B

【解析】外来原始凭证一般由税务局等部门统一印制,或经税务等部门批准由经营单位印制,在填制时加盖出具凭证单位公章方为有效。

【例4·单选】根据原始凭证(　　)不同,分为通用凭证和专用凭证。

A.取得的来源　　　　　　　B.格式
C.填制的手续　　　　　　　D.填制的内容

【答案】B

【解析】（1）原始凭证按照取得的来源不同分为自制原始凭证和外来原始凭证；（2）按照格式不同分为通用凭证和专用凭证；（3）按照填制的手续和内容不同分为一次凭证、累计凭证和汇总凭证。

2.原始凭证的基本内容

原始凭证的格式和内容因经济业务和经营管理的不同而有所差异，但原始凭证应当具备以下基本内容（也称为原始凭证要素）：

（1）凭证的名称。

（2）填制凭证的日期。

（3）填制凭证单位名称和填制人姓名。

（4）经办人员的签名或者盖章。

（5）接受凭证单位名称。

（6）经济业务内容。

（7）数量、单价和金额。

3.原始凭证的填制要求

（1）原始凭证填制的基本要求：

①记录真实。

②内容完整。

③手续完备。

a.自制——必须有经办单位相关负责人的签名盖章。

b.对外开出——必须加盖本单位公章或者财务专用章。

c.从外部取得——必须盖有填制单位的公章或者财务专用章。

d.从个人取得——必须有填制人员的签名或盖章。

④书写清楚、规范。

a.原始凭证要按规定填写，文字要简明，字迹要清楚，易于辨认，不得使用未经国务院公布的简化汉字。

b.大小写金额必须符合填写规范，小写金额用阿拉伯数字逐个书写，不得写连笔字。

c.在金额前要填写人民币符号"￥"，且与阿拉伯数字之间不得留有空白，金额数字一律填写到角、分，无角无分的，写"00"或符号"－"；有角无分的，分位写"0"，不得用符号"－"。如"￥365.00"，可写成"￥365.－"；但"￥365.50"，不可写成"￥365.5－"。

d.大写金额用汉字壹、贰、叁、肆、伍、陆、柒、捌、玖、拾、佰、仟、万、亿、元、角、分、零、整等，一律用正楷或行书字书写。大写金额前未印有"人民币"字样的，应加写"人民币"三个字且和大写金额之间不得留有空白。

e.大写金额到元或角为止的，后面要写"整"或"正"字；有分的，不写"整"

或"正"字。如：小写金额为￥1007.00，大写金额应写成"人民币壹仟零柒元整"；小写金额为￥1705.03，大写金额应写成"人民币壹仟柒佰零伍元零叁分"。

【例5•多选】在原始凭证上书写阿拉伯数字，正确的有（   ）。
A.有角无分的，分位不得用"—"代替
B.无角分的，角位和分位写"00"或者符号"—"
C.有角无分的，分位应当写"0"
D.有角无分的，分位也可以用符号"—"代替
【答案】ABC
【解析】有角无分的，分位写0，不得用符号"—"。

【例6•单选】填制原始凭证时，以下数字书写符合要求的是（   ）。
A.壹仟壹拾捌元
B.壹仟捌元整
C.壹仟贰佰捌拾捌元捌角捌分整
D.壹仟零贰拾捌元整
【答案】D
【解析】大写金额到元或角为止的，后面要写"整"或"正"字；有分的，不写"整"或"正"字。

⑤编号连续。各种凭证要连续编号，以便检查。如果凭证已预先印定编号，如发票、支票等重要凭证，在因错作废时，应加盖"作废"戳记，妥善保管，不得撕毁。
⑥不得涂改、刮擦、挖补。
a.金额有错误，出具单位重开，不得在原始凭证上更正。
b.有其他错误的，应当由出具单位重开或更正，更正处应当加盖出具单位印章。
⑦填制及时。
（2）自制原始凭证填制的基本要求：
①一次凭证：一次填制完成。（只能反映一项经济业务，或者同时反映若干项同一性质的经济业务）
②累计凭证：在同一张凭证上重复填制。（在一定时期内不断重复地反映同类经济业务）
③汇总凭证：只能将类型相同的经济业务进行汇总。（汇总一定时期内反映同类经济业务的原始凭证后填制）

4.原始凭证的审核
原始凭证要从真实性、合法性、合理性、完整性、正确性等几个方面进行审核。

【例7•单选】下列各项中，属于审核原始凭证真实性的是（   ）。
A.凭证日期是否真实、业务内容是否真实

B.审核原始凭证所记录经济业务是否违反国家法律

C.审核原始凭证各项基本要素是否齐全

D.审核原始凭证各项金额计算及填写是否正确

【答案】A

【解析】选项B属于合法性审核;选项C属于完整性审核;选项D属于正确性审核。

(三)记账凭证

1.记账凭证的分类

记账凭证按其反映的经济业务的内容,可分为:

(1)收款凭证:记录库存现金和银行存款收款业务。

(2)付款凭证:记录库存现金和银行存款付款业务。

(3)转账凭证:记录不涉及库存现金和银行存款业务。

【例8·单选】将库存现金存入银行,按规定应填制(   )。

A.现金收款凭证   B.银行存款收款凭证

C.现金付款凭证   D.银行存款付款凭证

【答案】C

【解析】涉及"库存现金"和"银行存款"之间的经济业务,如从银行提取现金,或者将现金存入银行,为了避免重复记账,一般只编制付款凭证,不编制收款凭证。

【例9·多选】下列会计账户中,不会在转账凭证上记载的有(   )。

A.主营业务成本   B.银行存款

C.固定资产   D.库存现金

【答案】BD

【解析】转账凭证,是指用于记录不涉及库存现金和银行存款业务的记账凭证。

2.记账凭证的基本内容

(1)填制凭证的日期。

(2)凭证编号。

(3)经济业务摘要。

(4)会计科目。

(5)金额。

(6)所附原始凭证张数。

(7)填制凭证人员、稽核人员、记账人员、会计机构负责人、会计主管人员签名或者盖章。收款和付款记账凭证还应当由出纳人员签名或者盖章。

3.记账凭证的填制基本要求

(1)记账凭证填制的基本要求:

①除结账和更正错账可以不附原始凭证外,其他记账凭证必须附原始凭证。

②记账凭证可以根据每一张原始凭证填制,或根据若干张同类原始凭证汇总填

制，也可根据原始凭证汇总表填制；但不得将不同内容和类别的原始凭证汇总填制在一张记账凭证上。

③记账凭证应连续编号：字号编号法。

④填制记账凭证时若发生错误，应当重新填制。

a.已经登记入账的记账凭证在当年内发现填写错误时，可以用红字填写一张与原内容相同的记账凭证，在摘要栏注明"注销某月某日某号凭证"字样，同时再用蓝字重新填制一张正确的记账凭证，注明"订正某月某日某号凭证"字样。

b.如果会计科目没有错误，只是金额错误，也可以将正确数字与错误数字之间的差额另编一张调整的记账凭证，调增金额用蓝字，调减金额用红字。发现以前年度记账凭证有错误的，应当用蓝字填制一张更正的记账凭证。

⑤记账凭证填制完成后，如有空行，应当自金额栏最后一笔金额数字下的空行处至合计数上的空行处划线注销。

【例10·判断】除了结账和更正错误的记账凭证可以不附原始凭证外，其余的记账凭证均应当附有原始凭证。（　　）

【答案】√

【例11·多选】下列各项中，属于填制记账凭证时注意的事项有（　　）。

A.记账凭证填制完经济业务事项后，如有空行，应当自金额栏最后一笔金额数字下的空行处至合计数上的空行处划线注销

B.填制记账凭证若发生错误，应当重新填制

C.记账凭证上应注明所附的原始凭证张数，以便查核

D.除结账和更正错误的记账凭证可以不附原始凭证外，其他记账凭证必须附有原始凭证

【答案】ABCD

（2）收款凭证的填制要求：

①左上角"借方科目"填写："库存现金"或"银行存款"。

②"贷方科目"填写：与收入"库存现金"或"银行存款"相对应的会计科目。

（3）付款凭证的填制要求：

①左上角"贷方科目"填写："库存现金"或"银行存款"。

②"借方科目"填写：与"库存现金"或"银行存款"相对应的一级和明细科目。

【注意1】出纳人员在办理收款或付款业务后，应在原始凭证上加盖"收讫"或"付讫"的戳记，以免重收重付。

【注意2】对于涉及"库存现金"和"银行存款"之间的相互划转业务，如将现金存入银行或从银行提取现金，为了避免重复记账，一般只填制付款凭证，不再填制收款凭证。

【例12·单选】应编制收款凭证的是（　　）。
A.从银行提取现金
B.将现金存入银行
C.出差人员归还多余的现金
D.用现金购买办公用品
【答案】C
【解析】选项ABD应填写付款凭证。

（4）转账凭证的填制要求：通常是根据有关转账业务的原始凭证填制的。

4.记账凭证的审核

（1）记账凭证是否有原始凭证为依据，所附原始凭证或记账凭证汇总表的内容与记账凭证的内容是否一致。

（2）记账凭证各项目的填写是否齐全，如日期、凭证编号、摘要、会计科目、金额、所附原始凭证张数及有关人员签章等。

（3）记账凭证的应借、应贷科目以及对应关系是否正确。

（4）记账凭证所记录的金额与原始凭证的有关金额是否一致，计算是否正确。

（5）记账凭证中的记录是否文字工整、数字清晰，是否按规定进行更正等。

（6）出纳人员在办理收款或付款业务后，是否已在原始凭证上加盖"收讫"或"付讫"的戳记。

【例13·多选】下列各项中，属于记账凭证审核内容的是（　　）。
A.金额是否正确　　　　　　B.项目是否齐全
C.科目是否正确　　　　　　D.书写是否规范
【答案】ABCD
【解析】记账凭证的审核内容包括：内容是否真实、项目是否齐全、科目是否正确、金额是否正确、书写是否规范、手续是否完备。

(四)会计凭证的保管

会计机构在依据会计凭证记账以后，应定期（每天、每旬或每月）对各种会计凭证进行分类整理，将各种记账凭证按照编号顺序，连同所附的原始凭证一起加具封面和封底，装订成册，并在装订线上加贴封签。

会计凭证封面应注明单位名称、凭证种类、凭证张数、起止号数、年度、月份、会计主管人员和装订人员等有关事项，会计主管人员和保管人员等应在封面上签章。

会计凭证应加贴封条，防止抽换凭证。

原始凭证较多时，可单独装订。

每年装订成册的会计凭证，在年度终了时可暂时由单位会计机构保管1年。期满后应当移交本单位档案机构统一保管；未设立档案机构的，应在会计机构内部指定专人保管。出纳人员不得监管会计档案。期满前不能任意销毁。

【例14·判断】每年装订成册的会计凭证,在年度终了时不可暂由单位会计机构保管1年,应当移交本单位档案机构统一保管。(　　)
【答案】×
【解析】每年装订成册的会计凭证,在年度终了时可暂由单位会计机构保管1年,期满后应当移交本单位档案机构统一保管。

二、会计账簿

(一)会计账簿概述

会计账簿,简称账簿,是指由一定格式的账页组成的,以经过审核的会计凭证为依据,全面、系统、连续地记录各项经济业务的簿籍。

1. 会计账簿的基本内容

(1)封面:主要用来标明账簿的名称,如总分类账、各种明细分类账、库存现金日记账、银行存款日记账等。

(2)扉页:主要用来列明会计账簿的使用信息,如科目索引、账簿启用和经管人员一览表等。

(3)账页:是账簿用来记录经济业务的主要载体,包括账户的名称、日期栏、凭证种类和编号栏、摘要栏、金额栏,以及总页次和分户页次等基本内容。

【例15·多选】账簿扉页上的内容包括(　　)。
A.启用日期　　　　　　　　B.账簿起止页数
C.账户目录　　　　　　　　D.账簿交接时间
【答案】ABCD
【解析】扉页主要反映该账簿使用情况等相关信息,需要填写账簿启用日期和截止日期、页数、册次、经管账簿人员一览表和签章、会计主管人员签章以及账户目录等。

2. 会计账簿的种类

(1)按用途分类:序时账簿、分类账簿和备查账簿。

①序时账簿(日记账):按照经济业务发生时间的先后顺序逐日、逐笔登记。比如库存现金日记账、银行存款日记账等应用比较广泛的日记账。

②分类账簿:按照分类账户设置,是会计账簿的主体,也是编制财务报表的主要依据。账簿按其反映经济业务的详略程度,可分为总分类账簿和明细分类账簿。

③备查账簿(辅助登记簿、补充登记簿):是对某些在序时账簿和分类账簿中未能记载或记载不全的经济业务进行补充登记的账簿。如:租入固定资产登记簿、代管商品物资登记簿等。

(2)按账页格式分类:三栏式账簿、多栏式账簿和数量金额式账簿。

①三栏式账簿:借方、贷方和余额三个金额栏目。各种日记账、总账以及资本、债权、债务明细账都可采用三栏式账簿。

②多栏式账簿:收入、成本、费用明细账一般采用多栏式账簿。

③数量金额式账簿：原材料、库存商品等明细账一般采用数量金额式账簿。

(3) 按外形特征：订本式账簿、活页式账簿和卡片式账簿。

①订本式（订本账）：在启用前将编有顺序页码的一定数量账页装订成册的账簿。

优点：能避免账页散失和防止抽换账页。

缺点：不能准确为各账户预留账页。

适用范围：总分类账、库存现金日记账、银行存款日记账。

②活页式（活页账）：是将一定数量的账页置于活页夹内，可根据记账内容的变化随时增加或减少部分账页的账簿。

优点：记账时可以根据实际需要，随时将空白账页装入账簿，或抽去不需要的账页，便于分工记账。

缺点：如果管理不善，可能会造成账页散失或故意抽换账页。

适用范围：一般适用于明细分类账。

③卡片式账簿（卡片账）：是将一定数量的卡片式账页存放于专设的卡片箱中，可以根据需要随时增添账页的账簿。

适用范围：对固定资产的核算等。

【例16·多选】多栏式明细分类账又可以分为（　　　）。
A.借方多栏式明细账　　　　　　B.贷方多栏式明细账
C.借方贷方多栏式明细账　　　　D.对方科目多栏式明细账
【答案】ABC
【解析】多栏式明细分类账，是根据经济业务的特点和经营管理的需要，在一张账页内按有关明细科目或明细项目分设若干专栏，用以在同一张账页集中反映各有关明细科目或明细项目的核算资料。按明细分类账登记的经济业务不同，多栏式明细分类账页又分为借方多栏、贷方多栏和借贷方均多栏三种格式。

(二) 会计账簿的启用与登记要求

1.启用要求

写明单位名称、账簿名称，并在账簿扉页上附启用表。

(1) 启用订本式账簿：从第一页到最后一页顺序编定页数，不得跳页、缺号。

(2) 使用活页式账簿：按账户顺序编号，并须定期装订成册，装订后再按实际使用的账页顺序编定页码，另加目录以便于记明每个账户的名称和页次。

2.登记要求

(1) 会计凭证日期、编号、业务内容摘要、金额和其他有关资料逐项记入。

(2) 防止涂改，必须使用蓝黑墨水或碳素墨水书写，不得使用圆珠笔（银行的复写账簿除外）或者铅笔书写。

【注意】可用红墨水记账：(1) 按照红字冲账的记账凭证，冲销错误记录；(2) 在不设借贷等栏的多栏式账页中，登记减少数；(3) 在三栏式账户的余额栏前，如未印明余额方向的，在余额栏内登记负数余额；(4) 根据国家规定可以用红字登记的其他会计记录。除上述情况外，不得使用红色墨水登记账簿。

（3）按照连续编号的页码顺序登记。记账时发生错误或者隔页、缺号、跳行：在空页、空行处用红色墨水划对角线注销，或者注明"此页空白"或"此行空白"字样，并由记账人员和会计机构负责人（会计主管人员）在更正处签章。

（4）凡需要结出余额的账户，结出余额后，应当在"借"或"贷"栏目内注明"借"或"贷"字样，以示余额的方向；对于没有余额的账户，应在"借"或"贷"栏内写"平"字，并在"余额"栏"元"位处用"0"表示。库存现金日记账和银行存款日记账必须逐日结出余额。

（5）每一账页登记完毕时，应当结出本页发生额合计及余额，在该账页最末一行"摘要"栏注明"转次页"或"过次页"，并将这一金额记入下一页第一行有关金额栏内，在该行"摘要"栏注明"承前页"，以保持账簿记录的连续性，便于对账和结账。

（6）账簿记录发生错误，不得刮擦、挖补或用退色药水更改字迹，应采用规定的方法更正。

【例17·判断】登记账簿时，发生的空行、空页一定要补充书写，不得注销。（　）

【答案】×

【解析】出现空页、空行，应在空页、空行处用红色墨水划对角线注销，或者注明"此页空白"或"此行空白"字样，并由记账人员和会计机构负责人（会计主管人员）在更正处签章。

【例18·单选】属于登记账簿中"承前过次"作用的有（　）。

A.避免重记、漏记

B.保持账簿的连续性，便于对账

C.明确经济责任

D.防止涂改

【答案】B

【解析】登记账簿中"承前过次"的作用是保持账簿的连续性，便于对账和结账。

（三）会计账簿的格式与登记方法

1.日记账的格式与登记方法

日记账，是按照经济业务发生或完成的时间先后顺序逐日逐笔进行登记的账簿。如：库存现金日记账、银行存款日记账。

（1）库存现金日记账：核算和监督日常收、付和结存情况的序时账簿，必须使用订本账，可三栏，也可多栏。

三栏式库存现金日记账——出纳人员根据库存现金收款凭证、库存现金付款凭证和银行存款付款凭证逐日逐笔登记。每日终了，应分别计算库存现金收入和付出的合计数，并结出余额，同时将余额与出纳人员的库存现金核对。如账款不符应查明原因，记录备案。月终同样要计算库存现金收、付和结存的合计数。

（2）银行存款日记账：核算和监督银行存款每日的收入、支出和结余情况的账簿，可三栏，也可多栏。

收入栏——银行存款收款凭证和有关的库存现金付款凭证（如现金存入银行的业务）登记。

支出栏——银行存款付款凭证登记。

2.总分类账的格式与登记方法

按照总分类账户分类登记以提供总括会计信息的账簿，最常用的格式为三栏式。登记方法因登记的依据不同而有所不同。

（1）经济业务少的单位，可以根据记账凭证逐笔登记。

（2）经济业务多的单位，可以根据记账凭证汇总表（又称科目汇总表）或汇总记账凭证等定期登记。

3.明细分类账的格式与登记方法

根据有关明细分类账户设置并登记的账簿，一般采用活页式账簿、卡片式账簿。明细分类账一般根据记账凭证和相应的原始凭证来登记。

根据各种明细分类账所记录经济业务的特点，明细分类账的常用格式主要包括：三栏式、多栏式、数量金额式。

4.总分类账与明细分类账的平行登记

平行登记，是指对所发生的每项经济业务都要以会计凭证为依据，一方面记入有关总分类账户，另一方面记入所辖明细分类账户的方法。

平行登记的要点：方向相同、期间一致、金额相等。

(四)对账与结账

1.对账

对账，是对账簿记录所进行的核对，也就是核对账目。对账工作一般在记账之后结账之前，即在月末进行。对账一般分为：账证核对、账账核对、账实核对。

（1）账证核对：账簿与凭证核对。

（2）账账核对：账簿与账簿核对。

①总分类账簿之间的核对。

②总分类账簿与所辖明细分类账簿之间的核对。

③总分类账簿与序时账簿之间的核对。

④明细分类账簿之间的核对。

（3）账实核对：账簿与实际核对。

①库存现金日记账账面余额与现金实际库存数逐日核对是否相符。

②银行存款日记账账面余额与银行对账单余额定期核对是否相符。

③各项财产物资明细账账面余额与财产物资实有数额定期核对是否相符。

④有关债权债务明细账账面余额与对方单位债权债务账面记录核对是否相符。

【例19•单选】下列项目中,属于账证核对内容的是( )。
A.会计账簿与记账凭证核对
B.总分类账簿与所属明细分类账簿核对
C.原始凭证与记账凭证核对
D.银行存款日记账与银行对账单核对
【答案】A
【解析】会计账簿与记账凭证核对属于账证核对。

2.结账

结账是一项将账簿记录定期结算清楚的账务工作,一般为:月结、季结、年结。

(1)结账的内容:

①结清各种损益类账户,据以计算确定本期利润。

②结出各资产、负债和所有者权益账户的本期发生额合计和期末余额。

(2)结账的要点:

①对不需按月结计本期发生额的账户:只需要在最后一笔经济业务记录下面通栏划单红线,不需要再次结计余额。如:各项应收、应付款明细账和各项财产物资明细账等。

②库存现金、银行存款日记账和需要按月结计发生额的收入、费用等明细账:每月结账时,要在最后一笔经济业务记录下面通栏划单红线,结出本月发生额和余额,在摘要栏内注明"本月合计"字样,并在下面通栏划单红线。

③对于需要结计本年累计发生额的明细账户:每月结账时,应在"本月合计"行下结出自年初起至本月末止的累计发生额,登记在月份发生额下面,在摘要栏内注明"本年累计"字样,并在下面通栏划单红线。12月末的"本年累计"就是全年累计发生额,全年累计发生额下面通栏划双红线。

④总账账户平时只需结出月末余额。年终结账时,为总括反映全年各项资金运动情况的全貌,核对账目,要将所有总账账户结出全年发生额和年末余额,在摘要栏内注明"本年合计"字样,并在合计数下面通栏划双红线。

⑤年度终了结账时,有余额的账户,应将其余额结转下年,并在摘要栏注明"结转下年"字样;在下一会计年度新建有关账户的第一行余额栏内填写上年结转的余额,并在摘要栏注明"上年结转"字样,使年末有余额账户的余额如实地在账户中加以反映,以免混淆有余额的账户和无余额的账户。

【例20•单选】需要按月结记发生额的收入、费用等明细账,在每月结账时,在最后一笔经济业务记录下面划线的正确做法是( )。
A.通栏单红线 B.通栏双红线
C.半栏单红线 D.半栏双红线
【答案】A

【例21·判断】年度结账是在全年累计发生额下通栏画双红线。（　　）

【答案】√

(五)错账更正的方法

1.划线更正法（红线更正法）

结账前，发现账簿记录有文字或数字错误，而记账凭证没有错误，应用一条红线将整个文字或数字全部划掉，并在红线上方填写正确的文字或数字。记账人员和会计机构负责人（会计主管人员）在更正处盖章，明确责任。

2.红字更正法

（1）记账后发现记账凭证中应借、应贷会计科目有错误。更正时，应用红字填写一份与原来相同的记账凭证，注销原来错误的记账凭证；然后再用蓝字填制一份正确的记账凭证，一并登记入账。

（2）应借、应贷会计科目无误，只是所记金额大于应记金额。应用红字编制与原凭证内容相同，金额为多记金额的记账凭证，冲销多记金额。

3.补充登记法

记账后发现记账凭证和账簿记录中应借、应贷会计科目无误，所记金额小于应记金额。用蓝字编制与原凭证内容相同，金额为少记金额的记账凭证，补充少记金额。

【注意】发生的账簿记录错误，不得涂改、挖补、刮擦或者用药水消除字迹，不得重新抄写。

【例22·单选】在填制凭证时，误将金额358元填作385元，应借、应贷会计科目无误，并据以登记入账，则应采用的错账更正方法是（　　）。

A.红字更正法　　　　　　B.划线更正法

C.补充登记法　　　　　　D.重新填制记账凭证

【答案】A

【解析】记账后发现记账凭证和账簿记录中应借、应贷会计科目无误，只是所记金额大于应记金额，应用红字冲销多记金额。

【例23·判断】如果会计科目没有错误，只是金额错误，并且已入账，可将正确数字与错误数字之间的差额，另编一张调整的记账凭证：调增金额用红色、调减金额用蓝色。（　　）

【答案】×

【解析】本题考核错账更正方法的适用范围。如果是会计科目没有错误，只是金额错误：（1）登记的金额大于实际的金额，那么采用红字更正法；（2）登记的金额小于实际的金额，那么采用补充登记法。即调增用蓝色，调减用红色。

三、账务处理程序

(一)账务处理程序的分类

1. 记账凭证账务处理程序
根据记账凭证逐笔登记总分类账。
2. 汇总记账凭证账务处理程序
根据汇总记账凭证登记总分类账。
3. 科目汇总表账务处理程序
根据科目汇总表登记总分类账。

【注意】主要区别：登记总分类账的依据和方法不同。

(二)记账凭证账务处理程序

记账凭证账务处理程序，是指对发生的经济业务，先根据原始凭证或汇总原始凭证填制记账凭证，再直接根据记账凭证登记总分类账的一种账务处理程序。

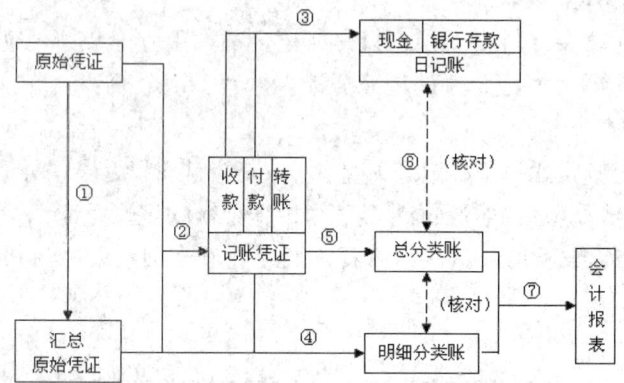

优点：简单明了，易于理解，总分类账可以较详细地反映经济业务的发生情况。
缺点：登记总分类账的工作量较大。
适用范围：规模较小、经济业务量较少的单位。

【例24·判断】记账凭证账务处理程序可以减轻登记总分类账的工作量，但不利于会计核算的日常分工。(　　)

【答案】×

【解析】记账凭证账务处理程序的优点是简单明了，易于理解，总分类账可以较详细地反映经济业务的发生情况。题干是对汇总记账凭证账务处理程序优缺点的表述。

(三)汇总记账凭证账务处理程序

汇总记账凭证账务处理程序，是指先根据原始凭证或汇总原始凭证填制记账凭证，定期根据记账凭证分类编制汇总收款凭证、汇总付款凭证和汇总转账凭证，再根据汇总记账凭证登记总分类账的一种账务处理程序。

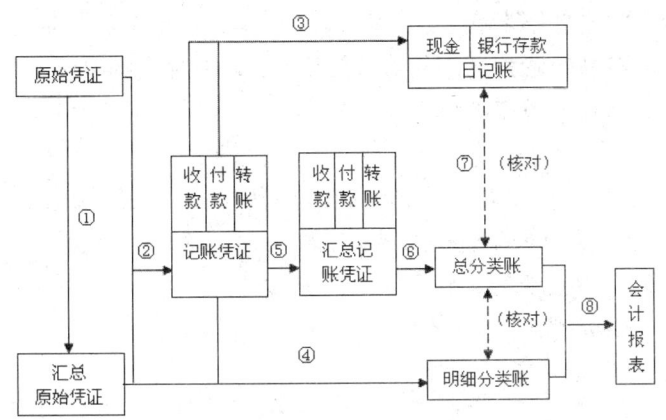

优点：减轻了登记总分类账的工作量。

缺点：当转账凭证较多时，编制汇总转账凭证的工作量较大，并且按每一贷方账户编制汇总转账凭证，不利于会计核算的日常分工。

适用范围：规模较大、经济业务较多的单位。

【例25·多选】以下不适合汇总记账凭证账务处理程序的有（　　）。

A. 规模较小的单位

B. 经济业务量较少的单位

C. 经济业务量较多的单位

D. 规模较大的单位

【答案】AB

【解析】汇总记账凭证适用于规模大、收付业务多、转账业务少的单位。

(四)科目汇总表账务处理程序

科目汇总表账务处理程序，又称记账凭证汇总表账务处理程序，是指根据记账凭证定期编制科目汇总表，再根据科目汇总表登记总分类账的一种账务处理程序。

科目汇总表，又称记账凭证汇总表，是企业定期对全部记账凭证进行汇总后，按照不同的会计科目分别列示各账户借方发生额和贷方发生额的一种汇总凭证。

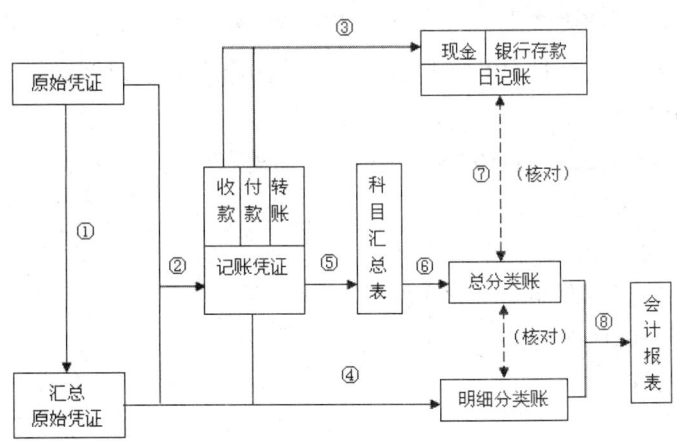

优点：减轻了登记总分类账的工作量，易于理解，方便学习，并可做到试算平衡。
缺点：不能反映各个账户之间的对应关系，不利于对账目进行检查。
适用范围：经济业务较多的单位。

【例26•单选】以下项目中，属于科目汇总表账务处理程序缺点的是（　　）。
A.增加了会计核算的账务处理程序
B.增加了登记总分类账的工作量
C.不便于检查核对账目
D.不便于进行试算平衡
【答案】C
【解析】科目汇总表账务处理程序的缺点是不能反映各个账户之间的对应关系，不利于对账目进行检查。

第六节　财产清查

一、财产清查概述

财产清查，是指通过对货币资金、实物资产和往来款项等财产物资进行盘点或核对，确定其实存数，查明账存数与实存数是否相符的一种专门方法。

【例1•单选】财产清查是通过实地盘点、核对，确定其实存数量与价值，从而查明（　　）是否相符的专门方法。
A.账账　　　　　　　　　　B.账证
C.账存数与实存数　　　　　D.账表
【答案】C
【解析】财产清查是指通过对货币资金、实物资产和往来款项等财产物资进行盘点或核对，确定其实存数，查明账存数与实存数是否相符的一种专门方法。

（一）财产清查的种类
财产清查，按照清查范围，分为全面清查和局部清查；按照清查的时间，分为定期清查和不定期清查；按照清查的执行系统，分为内部清查和外部清查。
1.按照清查范围分类
（1）全面清查，是指对所有的财产进行全面的盘点和核对。需要进行全面清查的情况通常有：
①年终决算前。
②在合并、撤销或改变隶属关系前。
③中外合资、国内合资前。
④股份制改造前。

⑤开展全面的资产评估、清产核资前。
⑥单位主要领导调离工作前等。

（2）局部清查，是指根据需要只对部分财产进行盘点和核对。局部清查的范围和对象，应根据业务需要和相关具体情况而定。一般而言：

①对于流动性较大的财产物资，如原材料、在产品、产成品，应根据需要随时轮流盘点或重点抽查。

②对于贵重财产物资，每月要进行清查盘点。

③对于库存现金，每日终了，应由出纳人员进行清点核对。

④对于银行存款，企业至少每月同银行核对一次。

⑤对债权、债务，企业应每年至少同债权人、债务人核对一至两次。

【例2·单选】进行局部财产清查时，下列做法不正确的是（　　）。

A.现金每月清点一次

B.银行存款每月至少和银行核对一次

C.贵重物品每月盘点一次

D.债权债务每年至少核对一、二次

【答案】A

【解析】对于库存现金，每日终了，应由出纳人员进行清点核对。

2.按照清查的时间分类

（1）定期清查，是指按照预先计划安排的时间对财产进行的盘点和核对。定期清查一般在年末、季末、月末进行。

（2）不定期清查，是指事前不规定清查日期，而是根据特殊需要临时进行的盘点和核对。不定期清查主要在以下情况下进行：

①财产物资、库存现金保管人员更换时，要对有关人员保管的财产物资、库存现金进行清查，以分清经济责任，便于办理交接手续。

②发生自然灾害和意外损失，要对受损失的财产物资进行清查，以查明损失情况。

③上级主管、财政、审计和银行等部门，对本单位进行会计检查，应按检查的要求和范围对财产物资进行清查，以验证会计资料的可靠性。

④进行临时性清产核资时，要对本单位的财产物资进行清查，以便摸清家底。

【例3·单选】需要进行定期清查的是（　　）。

A.年终结算前进行财产清查

B.更换财产物资保管人员

C.发生自然灾害或者意外损失

D.临时性清产核资

【答案】A

【解析】定期清查一般在年末、季末、月末进行，故选项A正确；更换财产物资保管人员、发生自然灾害或者意外损失、临时性清产核资属于不定期清查，故选项BCD错误。

【例4·多选】下列各项中，属于进行不定期清查情况的有（　　）。

A.上级主管、财政等部门对本单位进行会计检查时

B.进行临时性清产核资时

C.审计、银行等部门对本单位进行会计检查时

D.财税部门对本单位进行会计检查时

【答案】ABCD

【解析】考核不定期清查的内容。

3.按照清查的执行系统分类

（1）内部清查，是指由本单位内部自行组织清查工作小组所进行的财产清查工作。大多数财产清查都是内部清查。

（2）外部清查，是指由上级主管部门、审计机关、司法部门、注册会计师等根据国家有关规定或情况需要对本单位进行的财产清查。一般来讲，进行外部清查时应有本单位相关人员参加。

（二）财产清查的一般程序

1.财产清查的意义

财产清查既是会计核算的一种专门方法，又是财产物资管理的一项重要制度。企业必须有计划、有组织地进行财产清查。

2.财务清查的程序

财产清查一般包括以下程序：

（1）建立财产清查组织。

（2）组织清查人员学习有关政策规定，掌握有关法律、法规和相关业务知识，以提高财产清查工作的质量。

（3）确定清查对象、范围，明确清查任务。

（4）制定清查方案，具体安排清查内容、时间、步骤、方法，以及必要的清查前准备。

（5）清查时本着先清查数量、核对有关账簿记录等，后认定质量的原则进行。

（6）填制盘存清单。

（7）根据盘存清单，填制实物、往来账项清查结果报告表。

【例5·多选】财产清查的一般程序有（　　）。

A.建立财产清查的组织

B.确定清查对象、范围,明确清查任务
C.制定清查方案
D.清查时本着先清查数量、核对有关账簿记录等,后认定质量的原则进行

【答案】ABCD

二、财产清查方法与处理

清查项目		方法
货币资金	库存现金	实地盘点法
	银行存款	银行对账单,逐笔核对
实物资产		实地盘点法
		技术推算法
往来款项		发函询证法

(一)库存现金的清查

库存现金的清查是采用实地盘点法。库存现金清查一般由主管会计或财务负责人和出纳人员共同清点,且出纳人员必须在场。盘点结束后,应填制"库存现金盘点报告表",作为重要原始凭证。

(二)银行存款的清查

银行存款的清查是采用与开户银行核对账目的方法进行的,即将本单位银行存款日记账的账簿记录与开户银行转来的对账单逐笔进行核对,来查明银行存款的实有数额。银行存款的清查一般在月末进行。如果二者余额不相符,则可能是企业或银行一方或双方记账过程有错误或者存在未达账项。

【例6·单选】以下用以调整账簿记录的重要原始凭证、明确经济责任的依据是( )。
A.实存账存对比表 B.银行存款余额调节表
C.盘存单   D.财务报表

【答案】A

【解析】实存账存对比表是用以调整账簿记录的重要原始凭证,也是分析产生差异的原因,明确经济责任的依据。

(三)实物资产的清查方法

实物资产主要包括固定资产、存货等。实物资产的清查就是对实物资产在数量和质量上进行的清查。常用的清查方法主要包括以下两种:

1.实地盘点法

实地盘点法,是指通过点数、过磅、量尺等方法来确定实物资产的实有数量。实地盘点法适用范围较广,在多数财产物资清查中都可以采用。

2.技术推算法

技术推算法,是指利用技术方法对财产物资的实存数进行推算,故又称估推法。

采用这种方法,对于财产物资不是逐一清点计数,而是通过量方、计尺等技术推算财产物资的结存数量。技术推算法只适用于成堆量大而价值不高,难以逐一清点的财产物资的清查。例如,露天堆放的煤炭等。

【例7·判断】单位的煤炭使用技术推算法清查。( )

【答案】√

【解析】技术推算法,即对那些大量成堆,难以逐一点清的物品,按照一定的标准或数学方法推算出实物资产实存数量的一种方法。

3.往来款项的清查方法

往来款项主要包括应收、应付款项和预收、预付款项等。往来款项的清查一般采用发函询证的方法进行核对。

【例8·多选】下列可以采用发函询证方法的有( )。

A.应收账款   B.应付账款
C.存货   D.预付账款

【答案】ABD

【解析】发函询证法适用于应收、应付款项和预收、预付款项。

(四)财产清查结果的处理

对于财产清查中发现的问题,调查分析产生的原因,根据"清查结果报告表""盘点报告表"等已经查实的数据资料填制记账凭证,记入有关账簿,使账簿记录与实际盘存数相符,同时根据管理权限,将处理建议报股东大会或董事会,或经理(厂长)会议或类似机构批准。

财产清查产生的损溢,企业应于期末前查明原因,并根据企业的管理权限,经股东大会或董事会,或经理(厂长)会议或类似机构批准后,在期末结账前处理完毕。如果在期末结账前尚未经批准,在对外提供财务报表时,先按上述规定进行处理,并在附注作出说明;其后批准处理的金额与已处理金额不一致的,调整财务报表相关项目的期初数。

第七节 财务报告

一、财务报告及其目标

财务报告,是指企业对外提供的反映企业某一特定日期的财务状况和某一会计期间的经营成果、现金流量等会计信息的文件。财务报告包括财务报表和其他应当在财务报告中披露的相关信息和资料。

财务报告的目标,是向财务报告使用者提供与企业财务状况、经营成果和现金流量等有关的会计信息,反映企业管理层受托责任履行情况,有助于财务报告使用者作出经济决策。财务报告使用者通常包括投资者、债权人、政府及其有关部门、社会公众等。

二、财务报表的组成

财务报表，是对企业财务状况、经营成果和现金流量的结构性表述。

一套完整的财务报表至少应当包括资产负债表、利润表、现金流量表、所有者权益（或股东权益）变动表以及附注。

【例1·多选】一套完整的财务报表包括（　　）。
A.资产负债表　　　　　　　　B.利润表
C.现金流量表　　　　　　　　D.附注
【答案】ABCD
【解析】一套完整的财务报表至少应当包括资产负债表、利润表、现金流量表、所有者权益（或股东权益）变动表以及附注。

【例2·不定项】甲公司2018年3月31日银行存款日记账为466 900元，银行对账单的存款余额数为665 000元，经过逐笔核对后，发现存在以下记账差错及未达账项：

（1）3月8日，向银行借入短期借款90 000元，会计人员编制记账凭证如下，并已登记入账：

借：银行存款　　　　　　　　　　　　　　　　　　　　　900
　　贷：短期借款　　　　　　　　　　　　　　　　　　　　　　900

（2）3月15日，甲公司收到乙公司的前欠货款85 800元存入银行，会计人员编制记账凭证如下，并已登记入账：

借：银行存款　　　　　　　　　　　　　　　　　　　　　85 800
　　贷：应付账款　　　　　　　　　　　　　　　　　　　　　　85 800

（3）甲公司销售商品收到金额为23 400元的转账支票一张，企业已入账，送存银行但是银行尚未办理入账手续；

（4）甲公司购买商品开出金额为124 700元的转账支票，企业已入账，但持票人尚未到银行办理转账手续，银行尚未记账；

（5）甲公司委托银行代收销货款11 700元，银行已收款入账，但企业尚未收到收款通知；

（6）银行为甲公司代付水电费4 000元，银行已扣款，但是企业尚未收到付款通知；

（7）2018年12月15日，甲公司对固定资产进行清查，盘盈设备一台，已知同类设备的历史成本为12 000元，重置成本为20 000元。

要求：根据上述资料，不考虑其他因素，分析回答下列小题。

1.根据资料（1），下列表述正确的是（　　）。
A.可采用划线更正法更正
B.可采用红字更正法更正

C.可采用补充登记法更正

D.3月31日，更正错账后，企业银行存款日记账金额应为556 000元

【答案】CD

【解析】应采用补充登记法进行更正，用蓝字编制一张记账凭证，分录如下：

借：银行存款　　　　　　　　　　　　　　　　　　　　　　　89 100

　　贷：短期借款　　　　　　　　　　　　　　　　　　　　　　89 100

3月31日，更正错账后，企业银行存款日记账金额=466 900+89 100=556 000（元）。

2.根据资料（2），甲公司应进行的会计处理正确的是（　　）。

A.可采用划线更正法更正

B.可采用红字更正法更正

C.用红字编制一张凭证，借记"银行存款"85 800，贷记"应付账款"85 800

D.用蓝字编制一张凭证，借记"银行存款"85 800，贷记"应收账款"85 800

【答案】BCD

【解析】资料（2）中，属于记账凭证会计科目有误，导致记账错误，应采用红字更正法进行更正。用红字编制一张与原错误记账内容完全相同的记账凭证，然后用蓝字填写一张正确的记账凭证，并据以入账。

3.根据资料（3）至（6），关于甲公司未达账项，下列表述正确的是（　　）。

A.企业已付，银行未付的款项金额为23 400元

B.企业已收，银行未收的款项金额为124 700元

C.银行已收，企业未收的款项金额为11 700元

D.银行已付，企业未付的款项金额为4 000元

【答案】CD

【解析】选项A，企业已收，银行未收的款项金额为23 400元；选项B，企业已付，银行未付的款项金额为124 700元。

4.甲公司2018年3月31日调节后的银行存款余额为（　　）元。

A.454 700　　　　　　　　　　　　　　　B.563 700

C.672 700　　　　　　　　　　　　　　　D.766 300

【答案】B

【解析】根据小题1、2可知，更正错账后，企业银行存款日记账金额为556 000元，银行存款余额调节表编制如下：

银行存款余额调节

项目	金额	项目	金额
企业银行存款日记账余额	556 000	银行对账单余额	665 000
加：银行已收、企业未收款	11 700	加：企业已收、银行未收款	23 400
减：银行已付、企业未付款	4 000	减：企业已付、银行未付款	124 700
调节后的存款余额	563 700	调节后的存款余额	563 700

5.根据资料（7），甲公司盘盈设备时的会计处理正确的是（ ）。

A.借：固定资产　　　　　　　　　　　　　　　　　　20 000
　　贷：以前年度损益调整　　　　　　　　　　　　　　　　20 000

B.借：固定资产　　　　　　　　　　　　　　　　　　12 000
　　贷：营业外收入　　　　　　　　　　　　　　　　　　　12 000

C.借：固定资产　　　　　　　　　　　　　　　　　　12 000
　　贷：以前年度损益调整　　　　　　　　　　　　　　　　12 000

D.借：固定资产　　　　　　　　　　　　　　　　　　20 000
　　贷：营业外收入　　　　　　　　　　　　　　　　　　　12 000
　　　　累计折旧　　　　　　　　　　　　　　　　　　　　 8 000

【答案】A

【解析】固定资产盘盈，应按照重置成本计量，通过"以前年度损益调整"核算。

借：固定资产　　　　　　　　　　　　　　　　　　　20 000
　　贷：以前年度损益调整　　　　　　　　　　　　　　　　20 000

第二章 资产

一、资产

资产是指企业过去的交易或事项形成的、由企业拥有或控制的、预期会给企业带来经济利益的资源。

二、资产的确认条件

确认一项资产时，除符合资产的定义外，还要同时满足以下两个条件：一是与该资产有关的经济利益很可能流入企业；二是该资产的成本或价值能够可靠地计量。

三、资产的分类

按是否具有实物形态分为：有形资产和无形资产；按来源不同分为：自有资产和租入资产；按流动性不同分为：流动资产和非流动资产。

其中：流动资产（≤1年可变现）包括货币资金、交易性金融资产、应收及预付款项等；非流动资产（＞1年可变现）包括固定资产、无形资产和长期待摊费用等。

【例1·多选】下列各项中，属于资产的是（　　）。
A.融资租入的机器设备　　　　　B.经营租出的固定资产
C.计划下月购入的小汽车　　　　D.盘亏的原材料
【答案】AB
【解析】资产是指企业过去的交易或事项形成的、由企业拥有或控制的、预期会给企业带来经济利益的资源。选项C不属于过去的交易或事项，选项D不能给企业带来经济利益。

第一节　货币资金

货币资金是指企业生产经营过程中处于货币形态的资产，包括库存现金、银行存款和其他货币资金。

一、库存现金

(一)现金的管理制度

1.现金的使用范围

（1）对个人：可用现金结算。

（2）对企业、单位：结算起点（1 000元）以下的支出，可用现金结算，超过结算起点的应通过银行转账结算。

2.现金的限额

现金的限额是指为了保证单位日常零星开支的需要，允许单位留存现金的最高数额。限额由开户银行根据单位的实际需要核定：

（1）一般情况：按照单位3~5天日常零星开支所需确定。

（2）交通不便的地区：可按5~15天来确定。

【例1·单选】根据《现金管理暂行条例》规定，下列经济业务中，可以使用现金支付的是（　　）。

A.支付购买打印机款项1 050元

B.支付零星办公用品购置费1 200元

C.支付物资采购货款9 300元

D.支付出差人员必须随身携带的差旅费5 000元

【答案】D

【解析】企业可用现金支付的款项有：（1）职工工资、津贴；（2）个人劳务报酬；（3）根据国家规定颁发给个人的科学技术、文化艺术、体育比赛等各种奖金；（4）各种劳保、福利费用以及国家规定的对个人的其他支出；（5）向个人收购农副产品和其他物资的价款；（6）出差人员必须随身携带的差旅费；（7）结算起点（1 000元）以下的零星支出；（8）中国人民银行确定需要支付现金的其他支出。

（二）现金的账务处理

企业应当设置库存现金总账和库存现金日记账，分别进行库存现金的总分类核算和明细分类核算。企业内部各部门周转使用的备用金，可以单独设置"备用金"科目进行核算。

（三）现金的清查

企业应当按规定对库存现金进行定期和不定期的清查，一般采用实地盘点法，对于清查的结果应当编制现金盘点报告单。如果账款不符，发现有待查明原因的现金短缺或溢余，应先通过"待处理财产损溢"科目核算，按管理权限经批准后，分别两种情况处理。

1.现金短缺时

借：待处理财产损溢

　　贷：库存现金

经批准后：

借：其他应收款（责任人或保险公司赔偿）

　　管理费用（无法查明原因）

　　贷：待处理财产损溢

2.现金溢余时

借：库存现金

　　贷：待处理财产损溢

经批准后：

借：待处理财产损溢
　　贷：其他应付款（应支付给有关人员或单位）
　　　　营业外收入（无法查明原因）

【例2·单选】下列各项中，关于企业无法查明原因的现金溢余，经批准后会计处理表述正确的是（　　）。
A.冲减财务费用　　　　　　　　B.冲减管理费用
C.计入其他应付款　　　　　　　D.计入营业外收入
【答案】D
【解析】无法查明原因的现金溢余，批准后计入营业外收入；应支付给有关人员或单位的现金溢余，计入其他应付款。

【例3·单选】现金盘点时发现现金短缺，无法查明原因的，经批准后计入（　　）。
A.营业外支出　　　　　　　　　B.财务费用
C.管理费用　　　　　　　　　　D.其他业务成本
【答案】C
【解析】无法查明原因的现金短缺，应计入"管理费用"。

二、银行存款

（一）银行存款的账务处理

企业应当设置银行存款总账和银行存款日记账，分别进行银行存款的总分类核算和序时、明细分类核算。企业可按开户银行和其他金融机构、存款种类等设置"银行存款日记账"，根据收付款凭证，按照业务的发生顺序逐笔登记。每日终了，应结出余额。

（二）银行存款的核对

"银行存款日记账"应定期与"银行对账单"核对，至少每月核对一次。企业银行存款账面余额与银行对账单余额之间如有差额，应编制"银行存款余额调节表"调节，如没有记账错误，调节后的双方余额应相等。

情形	余额对比
1.企业已收，银行未收	银行存款日记账账面余额＞银行对账单余额
2.企业已付，银行未付	银行存款日记账账面余额＜银行对账单余额
3.银行已收，企业未收	银行存款日记账账面余额＜银行对账单余额
4.银行已付，企业未付	银行存款日记账账面余额＞银行对账单余额

【注意】"银行存款余额调节表"只是为了核对账目，不能作为调整企业银行存款

账面记录的记账依据。

【例4·单选】下列关于银行存款的核对,说法不正确的是(　　)。
A."银行存款日记账"应定期与"银行对账单"核对,至少每月核对一次
B.企业银行存款账面余额与银行对账单余额之间如有差额,应编制"银行存款余额调节表"进行调节
C.银行存款余额调节表可以作为调整银行存款账面余额的记账依据
D.企业已收款入账,银行尚未收款入账,将导致"银行存款日记账"的余额高于"银行对账单"的余额
【答案】C
【解析】银行存款余额调节表只是为了核对账目,不能作为调整银行存款账面余额的记账依据。

【例5·单选】2015年9月30日,某企业银行存款日记账账面余额为216万元,收到银行对账单的余额为212.3万元。经逐笔核对,该企业存在以下记账差错及未达账项:从银行提取现金6.9万元,会计人员误记为9.6万元;银行为企业代付电话费6.4万元,但企业未接到银行付款通知,尚未入账。9月30日调节后的银行存款余额为(　　)万元。
A.212.3　　　　　　　　　　B.206.9
C.218.7　　　　　　　　　　D.225.1
【答案】A
【解析】调节后的银行存款余额=216+(9.6-6.9)-6.4=212.3(万元)。

三、其他货币资金

(一)其他货币资金的内容

其他货币资金是指企业除现金、银行存款以外的其他各种货币资金,主要包括银行汇票存款、银行本票存款、信用卡存款、信用证保证金存款、存出投资款和外埠存款等。

(二)其他货币资金的账务处理

1.取得时
借:其他货币资金
　　贷:银行存款等

2.支付时
借:原材料等
　　贷:其他货币资金

【例6·多选】下列各项中，属于企业货币资金的有（　　）。
A.信用卡存款　　　　　　　　B.存出投资款
C.外埠存款　　　　　　　　　D.银行汇票存款
【答案】ABCD
【解析】本题考核货币资金的内容。选项ABCD均属于企业货币资金。

【例7·多选】下列各项中，应通过"其他货币资金"科目核算的有（　　）。
A.申请开具信用证向银行交存的信用证保证金
B.为购买有价证券向证券公司指定账户划出的资金
C.申请银行本票向银行转存的款项
D.销售商品收到购货方交来的商业汇票
【答案】ABC
【解析】选项D计入应收票据。

第二节　应收及预付款项

应收及预付款项，是指企业在日常生产经营过程中发生的各项债权，包括应收款项和预付款项。应收款项包括应收票据、应收账款、应收股利、应收利息和其他应收款等；预付款项则是指企业按照合同规定预付的款项，如预付账款等。

一、应收票据

（一）应收票据概述

应收票据是指企业因销售商品、提供劳务等而收到的商业汇票。商业汇票是一种由出票人签发的，委托付款人在指定日期无条件支付确定金额给收款人或者持票人的票据。

商业汇票的提示付款期限，自汇票到期日起10日。商业汇票的付款期限，最长不得超过6个月。

商业汇票根据承兑人不同，分为商业承兑汇票和银行承兑汇票。

企业申请使用银行承兑汇票时，应向其承兑银行按票面金额的0.5‰交纳手续费，将其记入"财务费用"科目中。

（二）应收票据的账务处理

企业应通过"应收票据"科目核算应收票据的取得、到期、未到期转让等业务。

应收票据取得时按其票面金额入账（包括但不限于应确认的收入、增值税销项税额、代垫的各种款项等）。

1.取得时

（1）债务人抵偿前欠货款	借：应收票据 　　贷：应收账款
（2）销售商品、提供劳务等	借：应收票据 　　贷：主营业务收入 　　　　应交税费——应交增值税（销项税额）

2.到期时

（1）到期收回款项	借：银行存款 　　贷：应收票据
（2）到期未收回款项	借：应收账款 　　贷：应收票据

3.未到期时

（1）背书转让	借：原材料/库存商品等（按计入取得物资成本的金额） 　　应交税费——应交增值税（进项税额） 　　贷：应收票据（按商业汇票的票面金额） 　　　　银行存款（差额，或借方）
（2）票据贴现	借：银行存款（按实际收到的金额） 　　财务费用（贴现息） 　　贷：应收票据（按票面价值）

【例1·单选】企业因销售商品收到商业汇票一张，下列账务处理中正确的是（　　）。

A.借：银行存款

　　贷：主营业务收入

B.借：应收票据

　　贷：主营业务收入

C.借：银行存款

　　贷：主营业务收入

　　　　应交税费——应交增值税（销项税额）

D.借：应收票据

　　贷：主营业务收入

　　　　应交税费——应交增值税（销项税额）

【答案】D

【解析】企业因销售商品收到商业汇票的账务处理为：

借：应收票据

　　贷：主营业务收入

　　　　应交税费——应交增值税（销项税额）

【例2·单选】企业将持有的不带息商业汇票向银行申请贴现，支付给银行的贴现息应计入的会计科目为（　　）。（2016年）
A.财务费用　　　　　　　　　B.管理费用
C.营业外收入　　　　　　　　D.投资收益
【答案】A
【解析】商业汇票的贴现息应计入财务费用。

二、应收账款

（一）应收账款的内容

应收账款是指企业因销售商品、提供劳务等经营活动，应向购货单位或接受劳务单位收取的款项。应收账款的入账价值包括企业销售商品、提供劳务等应从购货方或接受劳务方收取的合同或协议价款（不公允的除外）、增值税销项税额，以及代购货单位垫付的包装费、运杂费等。

（二）应收账款的账务处理

1.发生赊销时（附有现金折扣条款的，按扣除现金折扣前的总额入账）
借：应收账款
　　贷：主营业务收入
　　　　应交税费——应交增值税（销项税额）
　　　　银行存款（代垫的各类款项）

2.发生现金折扣时
借：银行存款
　　财务费用（实际发生的现金折扣）
　　贷：应收账款

3.转为商业汇票结算时
借：应收票据
　　贷：应收账款

【注意】不单独设置"预收账款"科目的企业，预收的账款也可以在"应收账款"科目的贷方核算。"应收账款"科目的期末余额一般在借方，如果期末余额在贷方，一般反映企业预收的账款。

【例3·单选】下列各项中，在确认销售收入时不影响应收账款入账金额的是（　　）。
A.销售价款　　　　　　　　　B.销售产品代垫的运杂费
C.现金折扣　　　　　　　　　D.增值税销项税额
【答案】C
【解析】现金折扣发生在应收账款确认之后，所以，对应收账款的入账金额没有影响。

三、预付账款

(一)预付账款的内容

预付账款是指企业按照合同规定预付的款项。

(二)预付账款的账务处理

1.预付款项时

借：预付账款
　　贷：银行存款

2.收到所购物资时

借：原材料等
　　应交税费——应交增值税（进项税额）
　　贷：预付账款

3.补付余款时

借：预付账款
　　贷：银行存款

4.收回的多余款项时

借：银行存款
　　贷：预付账款

【注意】预付款项情况不多的企业，可不设置"预付账款"，可将预付的款项通过"应付账款"的借方核算。

【例4·判断】预付款项情况不多的企业，可以不设置"预付账款"科目，而将预付的款项通过"预收账款"科目核算。（　　）

【答案】×

【解析】预付款项情况不多的企业，可以不设置"预付账款"科目，而将预付的款项通过"应付账款"科目核算。

【例5·单选】企业未设置"预付账款"科目，发生预付账款业务时应借记的会计科目是（　　）。（2017年）

A.预收账款　　　　　　　　B.其他应收款

C.应收账款　　　　　　　　D.应付账款

【答案】D

【解析】不设"预付账款"科目的企业，可以将预付账款直接记入"应付账款"借方。

四、应收股利和应收利息

（一）应收股利的账务处理
1. 应收股利的定义
应收股利是指企业应收取的现金股利和应收取其他单位分配的利润。
2. 应收股利的账务处理
（1）被投资单位宣告发放现金股利时：
借：应收股利
　　贷：投资收益
（2）实际收到时：
借：其他货币资金——存出投资款/银行存款
　　贷：应收股利

（二）应收利息的账务处理
1. 应收利息的定义
应收利息是指企业根据合同或协议规定应向债务人收取的利息。
2. 基本账务处理
借：应收利息
　　贷：投资收益等

【举例说明】A公司持有B公司一项债券投资，2018年1月1日，A公司收到B公司通知，向其拟支付2017年利息300 000元，款项尚未支付，不考虑相关税，A公司应编制如下分录：

借：应收利息——B公司　　　　　　　　　　　　　　　300 000
　　贷：投资收益——B公司　　　　　　　　　　　　　　300 000

五、其他应收款

（一）其他应收款的内容

其他应收款，是指企业除应收票据、应收账款、预付账款、应收股利和应收利息以外的其他各种应收及暂付款项。其主要内容包括：

应收的各种赔款、罚款，如因企业财产等遭受意外损失而应向有关保险公司收取的赔款等。

应收的出租包装物租金。

应向职工收取的各种垫付款项，如为职工垫付的水电费、应由职工负担的医药费、房租费等。

存出保证金，如租入包装物支付的押金。

其他各种应收、暂付款项。

(二)其他应收款的账务处理

1. 发生时

借：其他应收款
　　贷：银行存款等

2. 收回时

借：银行存款
　　贷：其他应收款

【例6·多选】下列各项中属于"其他应收款"核算内容的有(　　)。(2015年)

A. 应收取的各项保险公司赔款

B. 收取的包装物押金

C. 租入包装物支付的押金

D. 为职工代垫的医药费

【答案】ACD

【解析】选项B应计入其他应付款。

【例7·单选】企业出租固定资产，应收而未收到的租金应记入(　　)科目的借方。(2018年)

A. 其他业务收入　　　　　　　B. 固定资产清理

C. 应收账款　　　　　　　　　D. 其他应收款

【答案】D

【解析】企业出租固定资产应收而未收到的租金应记入"其他应收款"科目的借方。"应收账款"科目核算企业因销售商品、产品、提供劳务等，应向购货单位或接受劳务单位收取的款项。

六、应收款项减值

(一)应收款项减值损失的确认

企业因购货人拒付、破产、死亡等原因导致款项无法收回的应收款项就是坏账。因坏账而遭受的损失即为坏账损失或减值损失。企业应当在资产负债表日对应收款项的账面价值进行评估，应收款项发生减值的，应当将减记的金额确认为减值损失，同时计提坏账准备。

应收款项减值有两种核算方法，即直接转销法和备抵法，我国企业会计准则规定，只能采用备抵法核算应收款项的减值。

（二）坏账准备的账务处理

坏账准备是资产类的备抵科目，贷方表示坏账准备的增加，借方表示实际坏账损失或冲减的坏账准备，期末余额一般在贷方，反映企业已计提但尚未转销的坏账准备。

坏账准备可按以下公式计算：

当期应计提的坏账准备＝当期按应收账款计算应提坏账准备金额－（或＋）"坏账准备"科目的贷方（或借方）余额

1. 计提坏账准备时

借：资产减值损失

　　贷：坏账准备

2. 冲回多计提的坏账准备时

借：坏账准备

　　贷：资产减值损失

3. 实际发生坏账损失时

借：坏账准备

　　贷：应收账款

4. 已确认并转销的应收账款以后又收回时

借：应收账款

　　贷：坏账准备

同时：

借：银行存款

　　贷：应收账款

【记忆】

应收款项账面价值＝应收款项的账面余额－相应的坏账准备金额

应收账款账面余额＝应收账款期初余额＋本期增加发生额－本期减少发生额

【例8·单选】某企业期初坏账准备账面余额为20万元，本期收回前期已核销的坏账5万元，期末坏账准备账面余额为30万元，本期应计提坏账准备为（　　）万元。（2018年）

A. 20　　　　　　　　　　　　　　B. 15

C. 5　　　　　　　　　　　　　　D. 30

【答案】C

【解析】本期应计提坏账准备＝30－（20＋5）＝5（万元）。

【例9·单选】2016年12月1日，某公司"坏账准备——应收账款"科目贷方余额为1万元。12月16日，收回已作坏账转销的应收账款1万元。12月31日，应收账款账面金额为120万元。经减值测试，应收账款的预计未来现金流量现值为108万元，不考虑其他因素，12月31日该公司应计提的坏账准备金额为（　　）万元。（2017年）

A.12　　　　　　　　　　　　B.13
C.10　　　　　　　　　　　　D.11

【答案】C

【解析】应计提的坏账准备=（120－108）－1－1=10（万元）。

【例10·多选】下列各项中，引起应收账款账面价值发生增减变化的有（　　）。（2018年）

A.收回应收账款
B.计提应收账款坏账准备
C.收回已作为坏账转销的应收账款
D.结转已到期未兑现的应收票据

【答案】ABCD

【解析】选项ABC，应收账款账面价值减少；选项D，结转已到期未兑现的应收票据，借记"应收账款"，贷记"应收票据"，故应收账款账面价值增加。

第三节　交易性金融资产

一、交易性金融资产的内容

交易性金融资产主要是指企业为了近期内出售而持有的金融资产，如企业以赚取差价为目的从二级市场购入的股票、债券、基金等。

二、交易性金融资产的账务处理

（一）取得交易性金融资产

企业取得交易性金融资产时，应当按照该交易性金融资产取得时的公允价值作为其初始入账金额。

【注意】取得交易性金融资产所发生的相关交易费用应当在发生时记入"投资收益"的借方，发生交易费用取得增值税专用发票的，进项税额经认证后可从当月销项税额中扣除。

基本账务处理：

借：交易性金融资产——成本（公允价值入账；包括已宣告但尚未发放的现金股利、已到付息期但尚未领取的债券利息）

　　投资收益（交易费用）

　　应交税费——应交增值税（进项税额）（交易费用可抵扣的增值税）

　　　　贷：其他货币资金——存出投资款等

　　【例1·单选】甲公司从证券市场购入乙公司股票50 000股，划分为交易性金融资产。甲公司为此支付价款105万元，其中包含已宣告但尚未发放的现金股利1万元，另支付相关交易费用0.5万元，假定不考虑其他因素，甲公司该项投资的入账金额为（　　）万元。（2017年）
　　　　A.104　　　　　　　　　　　　B.105.5
　　　　C.105　　　　　　　　　　　　D.104.5
　　【答案】C
　　【解析】该交易性金融资产的入账金额为105万元，相关交易费用计入投资收益。

（二）持有期间的股利或利息

　　企业持有交易性金融资产期间对于被投资单位宣告发放的现金股利，或企业在资产负债表日按分期付息、一次还本债券投资的票面利率计算的利息收入，应当确认为应收项目，并计入投资收益。

　　【注意】企业只有在同时满足三个条件时，才能确认交易性金融资产所取得的股利收入并计入当期损益：一是企业收取股利的权利已经确立；二是与股利相关的经济利益很可能流入企业；三是股利的金额能够可靠计量。

　　企业持有期间取得被投资单位宣告发放的现金股利，或在资产负债表日按分期付息、一次还本债券投资的票面利率计算的利息，应当确认为应收项目。
　　　　借：应收股利（或应收利息）
　　　　　　贷：投资收益
　　实际收到现金股利或债券利息：
　　　　借：其他货币资金——存出投资款等
　　　　　　贷：应收股利（或应收利息）

　　【注意1】持有期间对于被投资单位宣告发放的股票股利，无需做账务处理。
　　【注意2】持有期间被投资单位发放购买时已宣告但尚未发放的现金股利、已到付息期但尚未领取的债券利息，账务处理为：
　　　　借：其他货币资金——存出投资款等
　　　　　　贷：投资收益

　　【例2·单选】甲公司2017年7月1日购入乙公司2015年1月1日发行的债券，支付价款为2 100万元（含已到付息期但尚未领取的债券利息40万元），另支付交易费用15万元，取得的增值税专用发票上注明的增值税税额为0.9万元。该债券面值为2 000万元。票面年利率为4%（票面利率等于实际利率），每半年付息一次，甲公司将其划分为交易性金融资产。7月5日，收到上半年的债券利息。甲公司2017年度该项交易性金融资产应确认的投资收益为（　　）万元。
　　　　A.25　　　　　　　　　　　　　B.40

C.65 D.80

【答案】C

【解析】投资收益=2 000×4%÷2（每半年计提的利息）+40（7月5日收到的上半年债券利息）−15（购买时交易费用）=65（万元）。

(三)资产负债表日公允价值变动

1.公允价值大于其账面余额的差额

借：交易性金融资产——公允价值变动
　　贷：公允价值变动损益

2.公允价值小于其账面余额的差额

借：公允价值变动损益
　　贷：交易性金融资产——公允价值变动

【例3·单选】2015年12月10日，甲公司购入乙公司股票10万股，将其划分为交易性金融资产，购买日支付价款249万元，另支付交易费用0.6万元，2015年12月31日，该股票的公允价值为258万元，不考虑其他因素，甲公司2015年度利润表"公允价值变动收益"项目本期金额为（　　）万元。（2016年）

A.9 B.9.69
C.0.6 D.8.4

【答案】A

【解析】2015年12月10日，该交易性金融资产的初始入账价值为249万元，所以2015年该交易性金融资产的公允价值变动额=258−249=9（万元）。

(四)出售交易性金融资产

企业出售交易性金融资产时，应当将该金融资产出售时的公允价值与其账面余额之间的差额作为投资损益进行会计处理，同时，将原计入公允价值变动损益的该金融资产的公允价值变动转出，由公允价值变动损益转为投资收益。账务处理：

借：其他货币资金——存出投资款
　　贷：交易性金融资产——成本
　　　　　　　　　　——公允价值变动（或借方）
　　　　投资收益（差额倒挤，损失记借方，收益记贷方）

同时：

借：公允价值变动损益（或贷方）
　　贷：投资收益（或借方）

(五)转让金融商品应交增值税

金融商品转让按照卖出价扣除买入价（不需要扣除已宣告未发放现金股利和已到付息期未领取的利息）后的余额作为销售额计算增值税，即转让金融商品按盈亏相抵后的余额为销售额。若相抵后出现负差，可结转下一纳税期与下期转让金融商品销售额互抵。账务处理：

转让金融资产当月月末，如产生转让收益，则按应纳税额：

借：投资收益等
　　贷：应交税费——转让金融商品应交增值税

如产生转让损失时（按可结转下月抵扣税额），做相反分录。

年末，仍出现负差的（即应交税费——转让金融商品应交增值税年末借方出现余额），不得转入下一会计年度，应将本账户清零。编制的会计分录为：

借：投资收益等
　　贷：应交税费——转让金融商品应交增值税

三、交易性金融资产收益的计算

（一）计算处置时点对投资收益的影响

计算公式为：

处置时点的投资收益=处置时收到的价款－购买时点交易性金融资产入账价值

（二）计算处置时点对当期损益（利润）的影响

计算公式为：

处置时点对当期损益（利润）的影响=处置时收到的价款－处置时点该资产的账面价值

【例4·单选】甲企业2017年1月1日，购入面值为1 000万元，年利率为4%的X债券，取得时的价款是1 040万元（含已到付息期但尚未领取的利息40万元），另外支付交易费用5万元。甲企业将该项金融资产划分为交易性金融资产。2017年1月5日，收到购买时价款中所含的利息40万元；2017年12月31日，X债券的公允价值为1 060万元；2018年1月5日，收到X债券2017年度的利息40万元；2018年4月20日甲企业出售X债券，售价为1 100万元。甲企业出售X债券时应确认投资收益的金额为（　　）万元。

A.95　　　　　　　　　　　　B.100
C.60　　　　　　　　　　　　D.55

【答案】C

【解析】甲企业出售X债券时确认投资收益的金额=1 100－1 060+（1 060－1 040）=60（万元）。

【例5·不定项】甲公司为增值税一般纳税人，2018年发生的有关交易性金融资产业务如下：

（1）1月3日，向证券公司存出投资款2 000万元，同日，委托证券公司购入乙上市公司股票50万股，支付价款500万元（其中包含已宣告未发放现金股利5万元），另支付相关交易费用1.25万元，支付增值税0.075万元，甲公司将该股票投资确认交易性金融资产。

（2）3月20日，收到乙上市公司发放的现金股利并存入银行的投资款专户。3月

31日，持有的乙上市公司股票公允价值为480万元。

（3）4月30日，全部出售乙上市公司股票50万股，售价为600万元，转让该金融商品增值税为5.66万元，款项已收到。

1.根据资料（1），下列各项中，甲公司购买股票应计入"交易性金融资产——成本"科目的金额正确的（　　）万元。

A.501.325　　　　　　　　　　B.495
C.500　　　　　　　　　　　　D.501.25

【答案】C

【解析】企业取得交易性金融资产时，应当按照该金融资产取得时的公允价值作为其初始确认金额。价款中包含已宣告但尚未发放的现金股利或已到付息期但尚未领取的债券利息的，不应当单独确认为应收项目，而应当构成交易性金融资产的初始入账金额。取得交易性金融资产所发生的相关交易费用应当在发生时计入投资收益。故甲公司购买股票应计入"交易性金融资产——成本"为500万元。

资料（1）会计分录如下：

借：其他货币资金——存出投资款　　　　　　　　　　2 000
　　贷：银行存款　　　　　　　　　　　　　　　　　　2 000
借：交易性金融资产——成本　　　　　　　　　　　　500
　　投资收益　　　　　　　　　　　　　　　　　　　1.25
　　应交税费——应交增值税（进项税额）　　　　　　0.075
　　贷：其他货币资金　　　　　　　　　　　　　　　501.325

2.根据资料（1）和（2），下列各项中，3月20日甲公司收到乙上市公司发放的现金股利的会计处理正确的是（　　）。

A.借：银行存款　　　　　　　　　　　　　　　　　　5
　　贷：应收股利　　　　　　　　　　　　　　　　　5
B.借：其他货币资金——存出投资款　　　　　　　　　5
　　贷：投资收益　　　　　　　　　　　　　　　　　5
C.借：银行存款　　　　　　　　　　　　　　　　　　5
　　贷：投资收益　　　　　　　　　　　　　　　　　5
D.借：其他货币资金——存出投资款　　　　　　　　　5
　　贷：应收股利　　　　　　　　　　　　　　　　　5

【答案】B

【解析】资料（2）会计分录如下：

3月20日：

借：其他货币资金——存出投资款　　　　　　　　　　5
　　贷：投资收益　　　　　　　　　　　　　　　　　5

3月31日：

借：公允价值变动损益　　　　　　　　　　　　　　　20

贷：交易性金融资产——公允价值变动　　　　　　　　　　　　　　　　20

3. 根据资料（1）和（2），下列正确的是（　　）。

A. 借记"公允价值变动损益"20万元

B. 借记"投资收益"15万元

C. 贷记"交易性金融资产——公允价值变动"20万元

D. 贷记"交易性金融资产——成本"15万元

【答案】AC

【解析】根据资料（1）的会计分录，借记"投资收益"1.25万元，根据资料（2）的会计分录，贷记"投资收益"5万元，故选项B错误；根据资料（1）和（2）的会计分录可知，"交易性金融资产——成本"不会出现在贷方，故选项D错误。

4. 根据资料（1）至（3），下列关于乙公司4月份处置交易性金融资产账务处理正确的是（　　）。

A. "增值税（销项税额）"减少5.66万元

B. "投资收益"增加94.34万元

C. "其他货币资金——存出投资款"增加600万元

D. "交易性金融资产——成本"减少500万元

【答案】BCD

【解析】资料（3）的会计分录如下：

借：其他货币资金——存出投资款　　　　　　　　　　　　　　　　600

　　交易性金融资产——公允价值变动　　　　　　　　　　　　　　20

　　贷：交易性金融资产——成本　　　　　　　　　　　　　　　　500

　　　　投资收益　　　　　　　　　　　　　　　　　　　　　　　120

同时：

借：投资收益　　　　　　　　　　　　　　　　　　　　　　　　　20

　　贷：公允价值变动损益　　　　　　　　　　　　　　　　　　　20

借：投资收益　　　　　　　　　　　　　　　　　　　　　　　　　5.66

　　贷：应交税费——转让金融商品应交增值税　　　　　　　　　　5.66

投资收益增加94.34（120－20－5.66）万元，选项B正确；"其他货币资金——存出投资款"增加600万元，选项C正确；"交易性金融资产——成本"减少500万元，选项D正确。

5. 根据资料（1）和（3），下列各项中，该股票投资对甲公司2018年度营业利润的影响额是（　　）万元。

A. 99.34　　　　　　　　　　　　　　　B. 98.09

C. 100　　　　　　　　　　　　　　　　D. 94.34

【答案】B

【解析】营业利润＝－1.25（资料1）+5（资料2）－20（资料2）+120（资料3）－20（资料3）+20（资料3）－5.66（资料3）=98.09（万元）。

第四节 存货

一、存货概述

（一）存货的内容

存货是指企业在日常活动中持有以备出售的产品或商品、处在生产过程中的在产品、在生产过程或提供劳务过程中耗用的材料或物料等，包括各类材料、在产品、半成品、产成品、商品以及包装物、低值易耗品、委托代销商品等。

（二）存货的成本的确定

1.存货应当按照成本进行初始计量

存货成本包括采购成本、加工成本和其他成本。

（1）存货的采购成本。包括购买价款、相关税费、运输费、装卸费、保险费以及其他可归属于存货采购成本的费用。

其中，购买价款，是指企业购入的材料或商品的发票账单上列明的价款，但不包括按照规定可以抵扣的增值税进项税额。

相关税费，是指企业购买存货发生的进口关税、消费税、资源税和不能抵扣的增值税进项税额以及相应的教育费附加等应计入存货采购成本的税费。

其他可归属于存货采购成本的费用，是指采购成本中除上述各项以外的可归属于存货采购的费用，如在存货采购过程中发生的仓储费、包装费、运输途中合理损耗、入库前的挑选整理费用等。

商品流通企业在采购商品过程中发生的运输费、装卸费、保险费以及其他可归属于存货采购成本的费用等进货费用，应当计入存货采购成本。

企业也可以将进货费用先进行归集，期末根据所购商品的存销情况进行分摊，对于已售商品的进货费用，计入当期损益（主营业务成本）；对于未售商品的进货费，计入期末存货成本。

采购商品的进货费用金额较小的，也可在发生时直接计入当期损益（销售费用）。

（2）存货的加工成本。存货的加工成本是指在存货的加工过程中发生的追加费用，包括直接人工以及按照一定方法分配的制造费用。直接人工是指企业在生产产品和提供劳务过程中发生的直接从事产品生产和劳务提供人员的职工薪酬。制造费用是指企业为生产产品和提供劳务而发生的各项间接费用。

（3）存货的其他成本。存货其他成本是指除采购成本、加工成本以外的、使存货达到目前场所和状态所发生的其他支出。企业设计产品发生的设计费用通常应计入当期损益，但是为特定客户设计产品所发生的、可直接确定的设计费用应计入存货的成本。

【总结】存货成本的构成如下表所示：

存货成本	采购成本	购买价款、相关税费、运输费、装卸费、保险费以及其他可归属于存货采购成本的费用
	加工成本	直接人工以及按照一定方法分配的制造费用
	其他成本	除采购成本、加工成本以外的、使存货达到目前场所和状态所发生的其他支出

2.存货的来源不同，其成本的构成内容也不同

原材料、商品、低值易耗品等通过购买而取得的存货的成本由采购成本构成；产成品、在产品、半成品等自制或需委托外单位加工完成的存货的成本由采购成本、加工成本以及使存货达到目前场所和状态所发生的其他支出构成。

3.下列费用不应列入存货成本，发生时直接计入当期损益

（1）非正常消耗的直接材料、直接人工和制造费用应在发生时计入当期损益，不计入存货成本。比如：由于自然灾害而发生的直接材料、直接人工和制造费用，由于这些费用的发生无助于使该存货达到目前场所和状态，不应计入存货成本，而应确认为当期损益（营业外支出）。

（2）仓储费用指企业在存货采购入库后发生的储存费用，应在发生时计入当期损益（管理费用）。但是，在生产过程中为达到下一个生产阶段所必需的仓储费用应计入存货成本。

（3）不能归属于使存货达到目前场所和状态的其他支出，应在发生时计入当期损益，不得计入存货成本。

【例1·单选】某企业为增值税一般纳税人，2016年9月购入一批原材料，增值税专用发票上注明的价款为50万元。增值税税额为8.5万元。款项已经支付。另以银行存款支付装卸费0.3万元（不考虑增值税）。入库时发生挑选整理费0.2万元。运输途中发生合理损耗0.1万元。不考虑其他因素。该批原材料的入账成本为（　　）万元。（2017年）

A.50.5　　　　　　　　　　B.59
C.50.6　　　　　　　　　　D.50.4

【答案】A

【解析】存货的采购成本包括购买价款、运输费、装卸费、保险费以及其他可归属于存货采购成本的费用。所以本题中原材料的入账成本=50+0.3+0.2=50.5（万元）。

【例2·多选】以下选项中，可以计入企业存货成本的有（　　）。

A.企业设计产品发生的设计费用
B.企业为特定客户设计产品所发生的、可直接确定的设计费用
C.非正常消耗的直接材料、直接人工和制造费用
D.入库前的挑选整理费

【答案】BD

【解析】企业设计产品发生的设计费用计入当期损益,为特定客户设计产品所发生的、可直接确定的设计费用计入存货成本,故选项A错误;非正常消耗的直接材料、直接人工和制造费用,应在发生时计入当期损益,故选项C错误。

(三)发出存货的计价方法

企业发出的存货可以按实际成本核算,也可以按计划成本核算。如果采用计划成本核算,期末应调整为实际成本。

如采用实际成本核算,企业可以采用的发出存货成本的计价方法包括个别计价法、先进先出法、月末一次加权平均法和移动加权平均法等。

【注意】计价方法一经确定,不得随意变更。如需变更,应在附注中予以说明。

1.个别计价法

个别计价法亦称个别认定法、具体辨认法、分批实际法,采用这一方法是假设存货具体项目的实物流转与成本流转相一致,按照各种存货逐一辨认各批发出存货和期末存货所属的购进批别或生产批别,分别按其购入或生产时确定的单位成本计算各批发出存货和期末存货成本。

(1)优点:成本计算准确,符合实际。

(2)缺点:在存货收发频繁情况下,工作量较大。因此,这种方法通常适用于一般不能替代使用的存货、为特定项目专门购入或制造的存货以及提供的劳务,如珠宝、名画等贵重物品。

2.先进先出法

先进先出法是指先购入的存货先发出(即用于销售或耗用)。先购入的存货成本在后购入存货成本之前转出,据此确定发出存货和期末存货的成本。具体方法是:收入存货时,逐笔登记收入存货的数量、单价和金额;发出存货时,按照先进先出的原则逐笔登记存货的发出成本和结存金额。

(1)优点:可以随时结转存货发出成本。

(2)缺点:比较繁琐,如果存货收发业务较多、且存货单价不稳定时,其工作量较大。

【注意】该方法在物价持续上升时,期末存货成本接近于市价,而发出存货成本偏低,会高估企业当期利润和库存存货价值;反之,会低估企业当期利润和库存存货价值。

3.月末一次加权平均法

月末一次加权平均法是指以本月全部进货数量加上月初存货数量作为权数,去除本月全部进货成本加上月初存货成本,计算出存货的加权平均单位成本,以此为基础计算本月发出存货的成本和期末结存存货的成本的一种方法。

计算公式如下:

存货单位成本=[月初结存存货成本+∑(本月各批进货的实际单位成本×本月各批进货的数量)]÷(月初结存存货的数量+本月各批进货数量之和)

本月发出存货成本=本月发出存货数量×存货单位成本

本月月末结存存货成本＝月末结存存货的数量×存货单位成本

或：本月月末结存存货成本＝月初结存存货的成本＋本月收入存货的成本－本月发出存货的成本

（1）优点：只在月末一次计算加权平均单价，有利于简化成本计算工作（计算简便）。

（2）缺点：平时无法从账上提供发出和结存存货的单价及金额，不利于存货成本的日常管理与控制。

4.移动加权平均法

移动加权平均法是指以每次进货的成本加上原有结存存货的成本的合计额，除以每次进货数量加上原有结存存货的数量的合计数，据以计算加权平均单位成本，作为在下次进货前计算各次发出存货成本依据的一种方法。

计算公式如下：

存货单位成本＝（原有结存存货成本＋本次进货的成本）÷（原有结存存货数量＋本次进货数量）

本次发出存货成本＝本次发出存货数量×本次发货前存货的单位成本

本月月末结存存货成本＝月末结存存货的数量×本月月末存货单位成本

或：本月月末结存存货成本＝月初结存的存货成本＋本月收入存货成本－本月发出存货成本

（1）优点：能够使企业管理层及时了解存货的结存情况，计算的平均单位成本以及发出和结存的存货成本比较客观。

（2）缺点：计算工作量较大，对收发货较频繁的企业不太适用。

【例3·单选】甲企业采用先进先出法计算发出原材料的成本，2016年3月1日，结存该材料1 200公斤，每公斤实际成本5元；10日购入甲材料1 300公斤，每公斤实际成本6.5元；15日发出甲材料2 000公斤。月末，发出材料的实际成本为（　　）元。

A.11 000　　　　　　　　　　B.10 000

C.13 000　　　　　　　　　　D.11 200

【答案】D

【解析】发出材料的实际成本＝1 200×5＋（2 000－1 200）×6.5＝11 200（元）。

【例4·判断】采用移动加权平均法计算发出存货成本，不能在月度内随时结转发出存货的成本。（　　）(2017年)

【答案】×

【解析】采用移动加权平均法计算发出存货成本，能够使企业管理层及时了解存货的结存情况，可以在月度内随时结转发出存货的成本。

二、原材料

原材料是指企业在生产过程中经过加工改变其形态或性质并构成产品主要实体的各种原料、主要材料和外购半成品,以及不构成产品实体但有助于产品形成的辅助材料。原材料具体包括原料及主要材料、辅助材料、外购半成品(外购件)、修理用备件(备品备件)、包装材料、燃料等。

原材料的日常收入、发出及结存可以采用实际成本核算,也可以采用计划成本核算。

(一)采用实际成本核算

采用实际成本核算时,材料的收入、发出及结存,无论总分类核算还是明细分类核算,均按照实际成本计价。

1.原材料核算应设置的会计科目

原材料采用实际成本核算设置的会计科目,有"原材料""在途物资"等。

科目	核算内容
(1)原材料	借方登记入库材料的实际成本,贷方登记发出材料的实际成本,期末余额在借方,反映企业库存材料的实际成本。
(2)在途物资	用于核算价款已付,尚未验收入库的各种物资(即"正在路途中的物资"),借方登记购入的在途物资的实际成本,贷方登记验收入库的在途物资的实际成本,期末余额在借方,反映企业在途物资的采购成本。

2.原材料的账务处理

(1)购入原材料。由于支付方式不同,原材料入库的时间与付款的时间可能一致,也可能不一致,在账务处理上也有所不同。

①发票账单与材料同时到:

借:原材料

　　应交税费——应交增值税(进项税额)

　　　贷:银行存款等

②发票账单已到、材料未到:

借:在途物资

　　应交税费——应交增值税(进项税额)

　　　贷:银行存款等

待材料到达、入库后:

借:原材料

　　　贷:在途物资

③材料已到、发票账单未到:

发票账单未到无法确定实际成本,期末应按照暂估价值先入账:

借:原材料

贷：应付账款——暂估应付账款

下月初，用红字冲销原暂估入账金额（或做相反分录予以冲回），以便下月发票账单到后按"发票账单与材料同时到"的程序进行会计处理。

【例5·判断】月末货到单未到的入库材料应按暂估价入账，并于下月初作相反方向会计分录予以冲回。（　　）（2017年）

【答案】√

【解析】本题表述正确。

④预付货款、材料未到：

借：预付账款
　　贷：银行存款等

待验收入库：

借：原材料等
　　应交税费——应交增值税（进项税额）
　　贷：预付账款

补付货款时：

借：预付账款
　　贷：银行存款

（2）发出材料。

①生产经营领用材料：

借：生产成本（生产产品领用）
　　制造费用（车间一般耗用）
　　管理费用（行政管理部门耗用）
　　销售费用（销售部门耗用）
　　贷：原材料

②出售材料结转成本：

借：其他业务成本
　　贷：原材料

③发出委托外单位加工的材料：

借：委托加工物资
　　贷：原材料

企业各生产单位及有关部门领用的材料具有种类多、业务频繁等特点。为了简化核算，企业可以在月末根据"领料单"或"限额领料单"中有关领料的单位、部门等加以归类，编制"发料凭证汇总表"，据以编制记账凭证、登记入账。

（二）采用计划成本核算

1.原材料核算应设置的会计科目

原材料采用计划成本核算应设置的会计科目有："原材料""材料采购""材料成

本差异"等。

材料采购　－　原材料　＝　材料成本差异
（实际成本）（计划成本）　　（差异）

"材料成本差异"科目，反映企业已入库各种材料的实际成本与计划成本的差异，借方登记超支差异及发出材料应负担的节约差异，贷方登记节约差异及发出材料应负担的超支差异。期末如为借方余额，反映企业库存材料的实际成本大于计划成本的差异（即超支差异）；如为贷方余额，反映企业库存材料实际成本小于计划成本的差异（即节约差异）。

【注意】"在途物资"与"材料采购"是用于核算未入库材料的实际成本的会计科目，实际成本法下用"在途物资"科目，计划成本法下用"材料采购"科目。

【例6·单选】下列各项中，关于"材料成本差异"科目的表述正确的是（　　）。（2017年）

A．期初贷方余额反映库存材料的超支差异

B．期末余额应在资产负债表中单独列示

C．期末贷方余额反映库存材料的节约差异

D．借方登记入库材料的节约差异

【答案】C

【解析】期末贷方余额反映库存材料的节约差异，故选项A错误；期末余额在"存货"项目中填列，故选项B错误；借方登记入库材料的超支差异，故选项D错误。

2.原材料的账务处理

（1）购入材料：

①在计划成本法下，购入的材料无论是否验收入库，都要先通过"材料采购"科目进行核算，以反映所购材料的实际成本。

借：材料采购（实际成本）
　　应交税费——应交增值税（进项税额）
　　贷：银行存款等

（2）验收入库：

借：原材料（计划成本）
　　材料成本差异（倒挤，可能在贷方）
　　贷：材料采购（实际成本）

（3）发出材料：

①领用材料：

借：生产成本等（计划成本）
　　贷：原材料（计划成本）

②期末结转差异：

借：生产成本等

贷：材料成本差异（结转超支差）
　　借：材料成本差异（结转节约差）
　　　贷：生产成本等
【注意】发出材料应负担的成本差异应按期（月）分摊，不得在季末或年末一次计算。
（4）当月结转发出材料应负担的成本差异的账务处理，需要掌握的公式：
本期材料成本差异率=（期初结存材料的成本差异+本期验收入库材料的成本差异）÷（期初结存材料的计划成本+本期验收入库材料的计划成本）×100%
发出（结存）材料应负担的成本差异=发出（结存）材料的计划成本×材料成本差异率
发出（结存）材料的实际成本=发出（结存）材料的计划成本×（1+材料成本差异率）
【注意】材料成本差异率如为负数，代表节约差；如为正数，代表超支差。

【例7·单选】某企业材料采用计划成本核算，月初结存材料的计划成本为30万元，材料成本差异为节约2万元，当月购入材料的实际成本为110万元，计划成本为120万元，当月领用材料的计划成本为100万元。月末该企业结存材料的实际成本为（　　）万元。（2016年）
　　A.48　　　　　　　　　　　　B.46
　　C.50　　　　　　　　　　　　D.54
【答案】B
【解析】材料成本差异率=（-2+110-120）/（30+120）=-8%，为节约差异；领用材料计划成本100万元，实际成本=100×（1-8%）=92（万元）。月末该企业结存材料的实际成本=30-2+110-92=46（万元）。

【例8·单选】某企业期初原材料成本20万元，材料成本差异借方0.2万元，本月购入材料60万元，材料成本差异为节约1.8万元，发出材料45万元，则该企业结存材料实际成本（　　）万元。（2016年）
　　A.34.3　　　　　　　　　　　B.33
　　C.35　　　　　　　　　　　　D.35.2
【答案】A
【解析】材料成本差异率=（0.2-1.8）/（20+60）=-2%，发出材料实际成本=45×（1-2%）=44.1万元；结存材料的实际成本=（20+0.2+60-1.8）-44.1=34.3（万元）。

三、周转材料

周转材料，是指企业能够多次使用，不符合固定资产定义，逐渐转移其价值但仍保持原有形态,不确认为固定资产的材料。企业的周转材料包括包装物和低值易耗品。

(一)包装物的内容

包装物是指为了包装本企业商品而储备的各种包装容器,如桶、箱、瓶、坛、袋等。具体包括:

1.生产过程中用于包装产品作为产品组成部分的包装物

2.随同商品出售而不单独计价的包装物

3.随同商品出售单独计价的包装物

4.出租或出借给购买单位使用的包装物

(二)包装物的账务处理

企业应当设置"周转材料——包装物"科目进行核算。

情形	会计分录
生产领用	借:生产成本(实际成本) 　贷:周转材料——包装物(计划成本) 　　材料成本差异(倒挤,或借方)
出售	随同商品出售而不单独计价 借:销售费用(实际成本) 　贷:周转材料——包装物(计划成本) 　　材料成本差异(倒挤,或借方)
	随同商品出售而单独计价 借:银行存款/应收账款等 　贷:其他业务收入 　　应交税费——应交增值税(销项税额) 借:其他业务成本(实际成本) 　贷:周转材料——包装物(计划成本) 　　材料成本差异(倒挤,或借方)

【例9·单选】2016年7月1日,某企业销售商品领用不单独计价包装物的计划成本为60 000元,材料成本差异率为-5%,下列各项中,关于该包装物会计处理正确的是( )。

A.借:销售费用　　　　　　　　　　　　　　　　　　63 000
　　贷:周转材料——包装物　　　　　　　　　　　　　60 000
　　　　材料成本差异　　　　　　　　　　　　　　　　 3 000

B.借:销售费用　　　　　　　　　　　　　　　　　　57 000
　　　材料成本差异　　　　　　　　　　　　　　　　　3 000
　　贷:周转材料——包装物　　　　　　　　　　　　　60 000

C.借:其他业务成本　　　　　　　　　　　　　　　　63 000
　　贷:周转材料——包装物　　　　　　　　　　　　　60 000
　　　　材料成本差异　　　　　　　　　　　　　　　　 3 000

D.借:其他业务成本　　　　　　　　　　　　　　　　57 000
　　　材料成本差异　　　　　　　　　　　　　　　　　3 000
　　贷:周转材料——包装物　　　　　　　　　　　　　60 000

【答案】B

【解析】企业销售商品时随同商品出售的不单独计价的包装物是需要计入销售费用的，因为该包装物的计划成本为60 000元，所以实际成本为60 000×（1－5%）=5 7000（元）。即：计入销售费用的金额为57 000元，结转的材料成本差异为60 000×5%=3 000（元）。相关会计处理如下：

  借：销售费用   57 000
    材料成本差异   3 000
    贷：周转材料——包装物   60 000

【例10·单选】企业对随同商品出售且单独计价的包装物进行会计处理时，该包装物的实际成本应结转到的会计科目是（　　）。

  A.制造费用   B.管理费用
  C.销售费用   D.其他业务成本

【答案】D

【解析】随同商品出售但且单独计价的包装物，应于包装物发出时，视同包装物对外销售处理，应该同时确认包装物销售收入，同时结转销售的包装物成本，结转的成本分录为借记"其他业务成本"科目，贷记"周转材料——包装物"科目。

（三）低值易耗品

1.低值易耗品的内容

作为存货核算和管理的低值易耗品，一般划分为一般工具、专用工具、替换设备、管理用具、劳动保护用品和其他用具等。

2.低值易耗品的账务处理

企业应当设置"周转材料——低值易耗品"科目进行核算。

低值易耗品的摊销按次数分次计入成本费用。金额较小的，可在领用时一次计入成本费用，但为加强实物管理，应当在备查簿上进行登记。

【注意】采用分次摊销法摊销低值易耗品，低值易耗品在领用时摊销其账面价值的单次平均摊销额。分次摊销法适用于可供多次反复使用的低值易耗品。

【例11·单选】对于价值较低或极易损坏的低值易耗品，应采用（　　）进行摊销。

  A.五五摊销法   B.分次摊销法
  C.一次摊销法   D.计划成本法

【答案】C

【解析】对于价值较低或者极易损坏的低值易耗品，应采用一次摊销法进行摊销；分次摊销法适用于可供多次反复使用的低值易耗品。

四、委托加工物资

委托加工物资是指企业委托外单位加工的各种材料、商品等物资。

（一）企业委托外单位加工物资的成本

企业委托外单位加工的成本包括：

加工中实际耗用物资的成本、支付的加工费用及应负担的运杂费、支付的税费（消费税）等。

【注意】应计入委托加工物资成本的税金如下表所示：

消费税	收回后直接用于销售的	计入委托加工物资
	收回后用于连续生产的	计入"应交税费——应交消费税"
增值税	一般纳税人	计入"应交税费——应交增值税（进项税额）"
	小规模纳税人	计入委托加工物资

（二）委托加工物资的账务处理

情形		会计分录
1.发给外单位加工的物资		借：委托加工物资（实际成本） 　　贷：原材料等（计划成本） 　　　　材料成本差异（或借方）
2.支付加工费、运费等		借：委托加工物资 　　应交税费——应交增值税（进项税额） 　　贷：银行存款等
3.需要交纳消费税的委托加工物资	（1）收回后直接用于销售	借：委托加工物资 　　贷：银行存款等
	（2）收回后用于连续生产应税消费品	借：应交税费——应交消费税 　　贷：银行存款等
4.收到加工完成验收入库的物资和剩余物资		借：原材料等（计划成本） 　　贷：委托加工物资 　　　　材料成本差异（或借方）

【例12·多选】甲企业委托乙企业加工一批物资，发出原材料的实际成本为100万元，支付运杂费3万元，加工费2万元（均不考虑增值税）。乙企业代收代缴消费税8万元，该物资收回后用于连续生产应税消费品。不考虑其他税费，下列各项中，关于甲企业委托加工物资会计处理结果表述正确的有（　　）。（2017年）

A.支付的运杂费3万元应计入委托加工物资成本

B.乙企业代收代缴的消费税8万元应计入委托加工物资成本

C.乙企业代收代缴的消费税8万元应借记"应交税费——应交消费税"科目

D.委托加工物资成本总额为105万元

【答案】ACD

【解析】甲企业委托加工物资的账务处理为：
借：委托加工物资　　　　　　　　　　　　（100+3+2）105
　　应交税费——应交消费税　　　　　　　　　　　　　8
　　　贷：原材料　　　　　　　　　　　　　　　　　　　100
　　　　　银行存款　　　　　　　　　　　　　　　　　　13

【例13·多选】下列应计入加工收回后直接出售的委托方加工物资成本的有（　　）。

A.由受托方代收缴的消费税

B.支付委托加工的往返运输费

C.实际耗用的原材料费用

D.支付的加工费

【答案】ABCD

【解析】委托加工物资收回后直接出售，应将材料费用、加工费、运输费以及受托方代收代缴的消费税计入委托加工物资的成本核算。

五、库存商品

（一）库存商品的内容

库存商品是指企业完成全部生产过程并已验收入库、合乎标准规格和技术条件，可以按照合同规定的条件送交订货单位，或可以作为商品对外销售的产品以及外购或委托加工完成验收入库用于销售的各种商品。

库存商品具体包括库存产成品、外购商品、存放在门市部准备出售的商品、发出展览的商品、寄存在外的商品、接受来料加工制造的代制品和为外单位加工修理的代修品等。已完成销售手续但购买单位在月末未提取的产品，不应作为企业的库存商品，而应作为代管商品处理，单独设置"代管商品"备查簿进行登记。

（二）库存商品的账务处理

情形	会计分录
验收入库时	借：库存商品（实际成本） 　　贷：生产成本——基本生产成本
发出商品时	借：银行存款/应收账款/应收票据等 　　贷：主营业务收入 　　　　应交税费——应交增值税（销项税额） 借：主营业务成本 　　贷：库存商品

商品流通企业的库存商品还可以采用毛利率法和售价金额核算法进行日常核算。

1.毛利率法（批发企业常用）

毛利率法是指根据本期销售净额乘以上期实际（或本期计划）毛利率匡算本期销售毛利，并据以计算发出存货和期末存货成本的一种方法。其计算公式如下：

毛利率=（销售毛利÷销售额）×100%

销售净额=商品销售收入－销售退回与折让

销售毛利＝销售额×毛利率

销售成本＝销售额－销售毛利＝销售额×（1－毛利率）

期末存货成本＝期初存货成本＋本期购货成本－本期销售成本

这一方法是商品流通企业，尤其是商业批发企业常用的计算本期商品销售成本和期末库存商品成本的方法。商品流通企业由于经营商品的品种繁多，如果分品种计算商品成本，工作量将大大增加，而且一般来讲，商品流通企业同类商品的毛利率大致相同，采用这种存货计价方法既能减轻工作量，也能满足对存货管理的需要。

【例14·单选】某商品流通企业采用毛利率法核算库存商品。2016年7月1日，家电类库存商品余额为360万元，7月份购进商品400万元，销售商品取得不含增值税收入580万元，上季度该类商品毛利率为20%。不考虑其他因素，7月31日该企业家电类库存商品成本为（　　）万元。（2017年）

A.608　　　　　　　　　　　　B.464

C.296　　　　　　　　　　　　D.180

【答案】C

【解析】本期销售成本＝580×（1－20%）＝464（万元），

结存存货成本＝360＋400－464＝296（万元）。

【例15·单选】某商品流通企业库存商品采用毛利率法核算。2017年5月初，W类库存商品成本总额为125万元，本月购进商品成本180万元，本月销售收入为250万元，W类商品上期毛利率为20%，不考虑其他因素，该类商品月末库存成本总额为（　　）万元。（2018年）

A.55　　　　　　　　　　　　B.200

C.105　　　　　　　　　　　　D.152.5

【答案】C

【解析】期末存货成本＝期初存货成本＋本期购货成本－本期销售成本＝125＋180－250×（1－20%）＝105（万元）。

2.售价金额核算法（零售企业，如百货公司、超市等常用）

售价金额核算法是指平时商品的购入、加工收回、销售均按售价记账，售价与进价的差额通过"商品进销差价"科目核算，期末计算进销差价率和本期已销售商品应分摊的进销差价，并据以调整本期销售成本的一种方法。计算公式如下：

商品进销差价率＝（期初库存商品进销差价＋本期购入商品进销差价）÷（期初库存商品售价＋本期购入商品售价）×100%

本期销售商品应分摊的商品进销差价＝本期商品销售收入×商品进销差价率

本期销售商品的成本＝本期商品销售收入－本期销售商品应分摊的商品进销差价

期末结存商品的成本＝期初库存商品的进价成本＋本期购进商品的进价成本－本

期销售商品的成本

如果企业的商品进销差价率各期之间比较均衡,也可以采用上期商品进销差价率分摊本期的商品进销差价。年度终了,应对商品进销差价进行核实调整。

【例16·单选】某商场采用售价金额核算法核算库存商品。2015年3月1日,该商场库存商品的进价成本总额为180万元,售价总额为250万元;本月购入商品的进价成本总额为500万元,售价总额为750万元;本月实现的销售收入总额为600万元。不考虑其他因素,2015年3月31日该商场库存商品的成本总额为(　　)万元。(2016年)

A.408　　　　　　　　　　　　B.400
C.272　　　　　　　　　　　　D.192

【答案】C

【解析】本月商品进销差价率=(期初库存商品进销差价+本期购入商品进销差价)÷(期初库存商品售价+本期购入商品售价)×100%=(250-180+750-500)÷(250+750)×100%=32%,2015年3月31日该商场库存商品的成本总额=期初库存商品的进价成本+本期购进商品的进价成本-本期销售商品的成本=180+500-600×(1-32%)=272(万元)。

六、存货清查

为了反映和监督企业在财产清查中查明的各种存货的盘盈、盘亏和毁损情况,企业应当设置"待处理财产损溢"科目,借方登记存货的盘亏、毁损金额及盘盈的转销金额,贷方登记存货的盘盈金额及盘亏的转销金额。企业清查的各种存货损溢,应在期末结账前处理完毕,期末处理后,本科目应无余额。

(一)盘盈时

1.报经批准前

借:原材料/库存商品等
　　贷:待处理财产损溢

2.报经批准后

借:待处理财产损溢
　　贷:管理费用

(二)盘亏及毁损时

1.报经批准前

借:待处理财产损溢
　　贷:原材料/库存商品等
　　　　应交税费——应交增值税(进项税额转出)(非正常损失)

2.报经批准后

借:银行存款(残料收入)
　　原材料(残料入库)

其他应收款（应收保险公司和过失人的赔款）
管理费用（一般经营损失或收发计量）
营业外支出（自然灾害毁损部分）
　贷：待处理财产损溢

【注意】非正常损失，是指因管理不善造成货物被盗、丢失、霉烂变质，以及因违反法律法规造成货物或者不动产被依法没收、销毁、拆除的情形。如果材料的毁损是因自然灾害造成的，进项税额可以从销项税额中抵扣，增值税的进项税额不作转出处理。

【例17·单选】下列各项中，关于企业原材料盘亏及毁损会计处理表述正确的是（　　）。
A.保管员过失造成的损失，计入管理费用
B.因台风造成的净损失，计入营业外支出
C.应由保险公司赔偿的部分，计入营业外收入
D.经营活动造成的净损失，计入其他业务成本
【答案】B
【解析】保管员过失造成的损失及保险公司赔偿部分，计入其他应收款；台风造成的净损失，计入营业外支出；经营活动造成的净损失计入管理费用。

【例18·单选】某企业原材料采用实际成本核算。2016年6月29日该企业对存货进行全面清查，发现短缺原材料一批，账面成本12 000元。已计提存货跌价准备2 000元，经确认，应由保险公司赔款4 000元，由过失人员赔款3 000元，假定不考虑其他因素，该项存货清查业务应确认的净损失为（　　）元。（2012年）

A.3 000　　　　　　　　　　　B.5 000
C.6 000　　　　　　　　　　　D.8 000

【答案】A
【解析】存货盘亏净损失是存货的账面价值扣除保险公司和过失人员赔款的净额=（12 000－2 000）－4 000－3 000=3 000（元）。

七、存货减值

(一)存货跌价准备的计提和转回

资产负债表日，存货应当按照成本与可变现净值孰低计量。其中，成本是指期末存货的实际成本。可变现净值是指在日常活动中，存货的估计售价减去至完工时估计将要发生的成本、估计的销售费用以及估计的相关税费后的金额。可变现净值的特征表现为存货的预计未来净现金流量，而不是存货的售价或合同价。

存货成本高于其可变现净值时，表明存货可能发生损失，应在存货销售之前确认这一损失，计入当期损益，并相应减少存货的账面价值。以前减记存货价值的影响因素已经消失的，减记的金额应当予以恢复，并在原已计提的存货跌价准备金额内

转回，转回的金额计入当期损益。

【注意】可变现净值=估计售价－进一步加工成本－估计的销售费用以及相关税费。

(二)存货跌价准备的账务处理

企业应当设置"存货跌价准备"科目核算存货跌价准备的计提、转回和转销情况，贷方登记计提的存货跌价准备金额，借方登记实际发生的存货跌价损失金额和转回的跌价准备金额，期末余额一般在贷方，反映企业已计提但尚未转销的存货跌价准备。

1.当存货成本高于其可变现净值时
借：资产减值损失——计提的存货跌价准备
  贷：存货跌价准备

2.存货成本低于可变现净值时（不做账务处理）

3.跌价的存货价值恢复时（恢复增加的金额≤已计提金额）
借：存货跌价准备
  贷：资产减值损失——计提的存货跌价准备

4.企业结转存货销售成本时
对于已计提存货跌价准备的，应当一并结转，同时调整销售成本，即：
借：主营业务成本/其他业务成本等
  贷：库存商品（原材料）
借：存货跌价准备
  贷：主营业务成本/其他业务成本等

【例19·单选】2014年12月1日，某企业"存货跌价准备——原材料"科目贷方余额为10万元。2014年12月31日，"原材料"科目的期末余额为110万元，由于市场价格有所上升，使得原材料的预计可变现净值为115万元，不考虑其他因素。2014年12月31日原材料的账面价值为（　　）万元。（2015年）

A.105　　　　　　　　　　B.110
C.115　　　　　　　　　　D.100

【答案】B

【解析】存货期末按照成本与可变现净值孰低法计量，因为110＜115，所以原材料的账面价值为110万元。

【例20·多选】以下能引起资产负债表中存货项目期末余额发生变动的有（　　）。（2018年）

A.计提存货跌价准备
B.收到受托代销的商品

C. 已经发出但不符合收入条件的商品

D. 用银行存款购入的修理备件（备品备件）

【答案】AD

【解析】计提存货跌价准备会减少存货余额，故选项A正确；收到受托代销的商品，资产负债表中，存货会加上受托代销商品，减去受托代销商品款，不影响存货余额，选项B错误；发出但不符合收入条件的商品，借：发出商品，贷：库存商品，不影响存货余额，故选项C错误。

【例21·不定项】某企业为增值税一般纳税人，适用的增值税税率为17%。2016年12月1日，该企业"原材料——甲材料"科目期初结存数量为2 000千克，单位成本为15元，未计提存货跌价准备。12月份发生有关甲材料收发业务或事项如下：

（1）10日，购入甲材料2 020千克，增值税专用发票上注明的价款为32 320元，增值税税额为5 494.4元，销售方代垫运杂费2 680元（不考虑增值税），运输过程中发生合理损耗20千克。材料已验收入库，款项尚未支付。

（2）20日，销售甲材料100千克，开出的增值税专用发票上注明的价款为2 000元，增值税税额为340元，材料已发出，并已向银行办妥托收手续。

（3）25日，本月生产产品耗用甲材料3 000千克，生产车间一般耗用甲材料100千克。

（4）31日，采用月末一次加权平均法计算结转发出甲材料成本。

（5）31日，预计甲材料可变现净值为12 800元。

要求：根据上述资料，不考虑其他因素，分析回答下列小题。

1. 根据资料（1），下列各项中，该企业购入甲材料会计处理结果正确的是（　　）。

A. 甲材料实际入库数量为2 000千克

B. 甲材料运输过程中的合理损耗使入库总成本增加320元

C. 甲材料入库单位成本为17.5元

D. 甲材料入库总成本为35 000元

【答案】ACD

【解析】购入原材料的账务处理为：

借：原材料　　　　　　　　　　　　　　　　（32 320+2 680）35 000
　　应交税费——应交增值税（进项税额）　　　　　　　5 494.4
　　贷：应付账款　　　　　　　　　　　　　　　　　　40 494.4

甲材料的总成本=32 320+2 680=35 000（元），实际入库数量=2 020－20=2 000（千克），所以甲材料入库单位成本=35 000÷2 000=17.5（元/千克），故选项ACD正确；原材料采购过程中发生的合理损耗，已经反映在总成本中，不会增加总成本，故选项B错误。

2. 根据资料（2），下列各项中，该企业销售甲材料的会计处理结果正确的是（　　）。

A.银行存款增加2 340元

B.主营业务收入增加2 000元

C.其他业务收入增加2 000元

D.应收账款增加2 340元

【答案】CD

【解析】企业销售原材料确认收入账务处理为：

借：应收账款　　　　　　　　　　　　　　　　　　　　　2 340

　　贷：其他业务收入　　　　　　　　　　　　　　　　　　2 000

　　　　应交税费——应交增值税（销项税额）　　　　　　　 340

3.根据资料(3)，下列各项中，关于该企业发出材料会计处理的表述正确的是(　　)。

A.生产产品耗用原材料应计入制造费用

B.生产产品耗用原材料应计入生产成本

C.生产车间一般耗用原材料应计入管理费用

D.生产车间一般耗用原材料应计入制造费用

【答案】BD

【解析】生产产品耗用原材料应计入生产成本，故选项A错误、选项B正确；生产车间一般耗用原材料应计入制造费用，故选项C错误、选项D正确。

4.根据期初资料，资料（1）至（4），下列各项中，关于结转销售材料成本的会计处理结果正确的是（　　）。

A.甲材料加权平均单位成本15.58元

B.其他业务成本增加1 625元

C.主营业务成本增加1 625元

D.甲材料加权平均单位成本16.25元

【答案】BD

【解析】企业发出原材料采用月末一次加权平均法核算，本月甲原材料加权平均单位成本=（2 000×15+2 000×17.5）÷（2 000+2 000）=16.25（元/千克）。结转本月发出甲原材料成本的账务处理为：

借：其他业务成本　　　　　　　　　　（100×16.25）1 625

　　生产成本　　　　　　　　　　　　（3 000×16.25）48 750

　　制造费用　　　　　　　　　　　　（100×16.25）1 625

　　贷：原材料　　　　　　　　　　　　　　　　　　52 000

5.根据期初资料，资料（1）至（5），下列各项中，关于该企业12月末原材料的会计处理结果表述正确的是（　　）。

A.12月末应计提存货跌价准备200元

B.12月末列入资产负债表"存货"项目的"原材料"金额为12 800元

C.12月末甲材料的成本为13 000元

D.12月末甲材料成本高于其可变现净值,不计提存货跌价准备

【答案】ABC

【解析】期末结存甲材料成本=(4 000－3 200)×16.25=13 000(元),原材料成本大于可变现净值12 800元,应计提存货跌价准备=13 000－12 800=200(元)。12月末列入资产负债表"存货"项目的"原材料"金额为其账面价值,即12 800元。

借:资产减值损失　　　　　　　　　　　　　　200

　　贷:存货跌价准备　　　　　　　　　　　　　　　　200

第五节　固定资产

一、固定资产概述

(一)固定资产的概念和特征

固定资产是指同时具有以下特征的有形资产:为生产商品、提供劳务、出租或经营管理而持有(区别于存货等流动资产的重要标志);使用寿命超过一个会计年度。

(二)固定资产的分类

按固定资产的经济用途和使用情况等综合分类,可把企业的固定资产划分为七大类。

1.生产经营用固定资产

2.非生产经营用固定资产

3.租出固定资产(指企业在经营租赁方式下出租给外单位使用的固定资产)

4.不需用固定资产

5.未使用固定资产

6.土地(指过去已经估价单独入账的土地)

7.融资租入固定资产(指企业以融资租赁方式租入的固定资产,在租赁期内,应同自有固定资产进行管理)

【注意】不作为固定资产管理和核算的土地:(1)因征地而支付的补偿费应计入与土地有关的房屋、建筑物价值内,不单独作为土地价值入账;(2)企业取得的土地使用权应作为无形资产管理和核算。

(三)固定资产核算应设置的会计科目

为了反映和监督固定资产的取得、计提折旧和处置等情况,企业一般需要设置"固定资产""累计折旧""在建工程""工程物资""固定资产清理"等科目。

【注意】企业固定资产、在建工程、工程物资发生减值的,还应当设置"固定资产减值准备""在建工程减值准备""工程物资减值准备"等科目进行核算。

二、取得固定资产

（一）外购固定资产

情况	会计分录
1.不需要安装	借：固定资产（买价+装卸费+运输费+安装费+相关税费） 　　应交税费——应交增值税（进项税额） 　贷：银行存款等
2.需要安装	借：在建工程（买价+装卸费+运输费+安装费+相关税费+专业人员服务费） 　　应交税费——应交增值税（进项税额） 　贷：银行存款、应付职工薪酬等 借：固定资产 　贷：在建工程

【注意1】增值税一般纳税人购入动产支付的增值税：记入"应交税费——应交增值税（进项税额）"，在购置当期全部一次性扣除；购入不动产的增值税：在2016年5月1日后，自取得之日起分2年抵扣，第1年60%，第2年40%。小规模纳税人发生的进项税额需计入固定资产成本。

【注意2】企业以一笔款项购入多项没有单独标价的固定资产，应将各项资产单独确认为固定资产，并按各项固定资产公允价值的比例对总成本进行分配。

【注意3】相关税费包括进口环节关税、消费税、车辆购置税等。

【例1·单选】某企业为增值税一般纳税人，购入一台不需要安装的设备，增值税专用发票上注明的价款为50 000元。增值税税额为8 500元。另发生运输费1 000元，包装费500元（均不考虑增值税）。不考虑其他因素，该设备的入账价值为（　　）元。（2017年）

A.50 000　　　　　　　　　　B.60 000
C.58 500　　　　　　　　　　D.51 500

【答案】D

【解析】该设备的入账价值=50 000+1 000+500=51 500（元）。

（二）建造固定资产

企业自行建造固定资产，应当按照建造该项资产达到预定可使用状态前所发生的必要支出，作为固定资产的成本。

1.自营工程

自营工程，是指企业自行组织工程物资采购、自行组织施工人员施工的建筑工程和安装工程。

经济业务	账务处理	
	属于动产的固定资产（如生产线、机器设备等）	属于不动产的固定资产（如厂房、仓库等）
（1）购入工程物资	借：工程物资 　　应交税费——应交增值税（进项税额） 　贷：银行存款等	借：工程物资 　　应交税费——应交增值税（进项税额）（当期可抵扣的增值税额，60%） 　　　　　　——待抵扣进项税额（以后期间可抵扣的增值税额，40%） 　贷：银行存款等
（2）领用工程物资	借：在建工程 　贷：工程物资	
（3）领用本企业外购的原材料（或商品）	借：在建工程 　贷：原材料/库存商品	借：在建工程 　贷：原材料/库存商品（成本价） 借：应交税费——待抵扣进项税额 　贷：应交税费——应交增值税（进项税额转出） 【注意】根据相关规定，一般纳税人购进时已全额抵扣进项税额的货物或服务等转用于不动产在建工程的，原已抵扣进项税额的40%部分应于转用当期转出。
（4）领用本企业生产的商品	借：在建工程 　贷：库存商品	借：在建工程 　贷：库存商品（成本价） 借：应交税费——待抵扣进项税额 　贷：应交税费——应交增值税（进项税额转出）
（5）发生的工程其他费用（如人员工资等）	借：在建工程 　贷：应付职工薪酬 　　　银行存款	
（6）工程达到预定可使用状态时	借：固定资产 　贷：在建工程	

【例2·单选】某企业为增值税一般纳税人，适用的增值税税率为17%。2018年自建厂房一栋，购入工程物资200万元，增值税税额为34万元，已全部用于建造仓库；领用外购原材料一批，成本20万元，计税价格为25万元；领用自产产品一批，实际成本10万元，计税价格为12万元；支付建筑工人工资30万元。该仓库建造完成并达到预定可使用状态，其入账价值为（　　）万元。

A.260　　　　　　　　　　B.265

C.294　　　　　　　　　　D.267

【答案】A

【解析】建造固定资产相关的增值税可以抵扣，所以该厂房的入账价值=200+20+10+30=260（万元）。

2.出包工程

出包工程是指企业通过招标方式将工程项目发包给建造承包商，由建造承包商组织施工的建筑工程和安装工程。

情形	会计分录
（1）企业按合理估计的发包工程进度和合同规定向建造商支付预付款或进度款	借：在建工程 　　应交税费——应交增值税（进项税额） 　　（当期可抵扣的增值税额，60%） 　　　　　　——待抵扣进项税额 　　（以后期间可抵扣的增值税额，40%） 　贷：银行存款等
（2）工程完工补付工程价款	
（3）工程完工交付使用时	借：固定资产 　贷：在建工程

三、对固定资产计提折旧

（一）固定资产折旧概述

固定资产折旧是指在固定资产使用寿命内，按照确定的方法对应计折旧额进行系统分摊。应计折旧额是指应当计提折旧的固定资产的原价扣除其预计净残值后的金额。已计提减值准备的固定资产，还应当扣除已计提的固定资产减值准备累计金额。

1.影响固定资产折旧的主要因素

（1）固定资产原价。

（2）预计净残值。

（3）固定资产减值准备。

（4）固定资产的使用寿命。

【注意】固定资产的使用寿命、预计净残值一经确定，不得随意变更。

【例3·多选】下列各项中，影响固定资产折旧的因素有（　　）。

A.固定资产原价

B.固定资产的预计使用寿命

C.固定资产预计净残值

D.已计提的固定资产减值准备

【答案】ABCD

【解析】影响折旧的主要因素：固定资产原价、预计净残值、减值准备和使用寿命。

2.固定资产的折旧范围

（1）除以下情况外，企业应当对所有固定资产计提折旧：

①已提足折旧仍继续使用的固定资产。

②单独计价入账的土地。

（2）在确定计提折旧的范围时，应注意以下几点：

①固定资产应当按月计提折旧，当月增加的固定资产，当月不计提折旧，从下月起计提折旧；当月减少的固定资产，当月仍计提折旧，从下月起不计提折旧。

②固定资产提足折旧后，不论能否继续使用，均不再计提折旧；提前报废的固定

资产，也不再补提折旧。所谓提足折旧，是指已经提足该项固定资产的应计折旧额。

③已达到预定可使用状态但尚未办理竣工决算的固定资产，应当按照估计价值确定其成本，并计提折旧；待办理竣工决算后，再按实际成本调整原来的暂估价值，但不需要调整原已计提的折旧额。

【例4·判断】企业当月新增加的固定资产，当月不计提折旧，自下月起计提折旧，当月减少的固定资产，当月仍计提折旧。（   ）（2017年）

【答案】√

3.固定资产使用寿命、预计净残值和折旧方法的复核

企业至少应当于每年年度终了，对固定资产的使用寿命、预计净残值和折旧方法进行复核。使用寿命预计数与原先估计数有差异的，应当调整固定资产使用寿命。预计净残值预计数与原先估计数有差异的，应当调整预计净残值。与固定资产有关的经济利益预期实现方式有重大改变的，应当改变固定资产折旧方法。

固定资产使用寿命、预计净残值和折旧方法的改变应当作为会计估计变更进行会计处理。

【例5·判断】固定资产使用寿命、预计净残值和折旧方法的改变应当作为会计政策变更进行会计处理。

【答案】×

【解析】固定资产使用寿命、预计净残值和折旧方法的改变应当作为会计估计变更进行会计处理。

【例6·多选】下列关于固定资产计提折旧的表述中，正确的有（   ）。

A.提前报废的固定资产，不再计提折旧

B.固定资产折旧方法的改变属于会计估计变更

C.当月减少的固定资产，当月起停止计提折旧

D.已提足折旧但仍然继续使用的固定资产不再计提折旧

【答案】ABD

【解析】当月减少的固定资产，当月照提折旧，从下月起不计提折旧。

(二)固定资产的折旧方法

固定资产折旧方法包括年限平均法（又称直线法）、工作量法、双倍余额递减法和年数总和法（又称年限合计法）等。

1.年限平均法

年折旧额=（原价－预计净残值）÷预计使用年限

=原价×（1－预计净残值/原价）÷预计使用年限

=原价×年折旧率

其中：

预计净残值率=预计净残值÷原价×100%

年折旧率=（1-预计净残值率）÷预计使用年限

2. 工作量法

单位工作量折旧额=[固定资产原价×（1-预计净残值率）]÷预计总工作量

某项固定资产月折旧额=该项固定资产当月工作量×单位工作量折旧额

3. 双倍余额递减法

年折旧率=2÷预计使用寿命（年）×100%（不考虑残值）

年折旧额=期初固定资产账面净值×年折旧率

月折旧额=年折旧额÷12

在固定资产折旧年限到期的前两年内，将固定资产的账面净值扣除预计净残值后的净值平均摊销。

【注意】这里的折旧年度是指"以固定资产开始计提折旧的月份为始计算的1个年度期间"，如某公司3月取得某项固定资产，其折旧年度为"从4月至第二年3月的期间"。

4. 年数总和法

年折旧率=尚可使用年限÷预计使用年限的年数总和×100%

年折旧额=（固定资产原值-预计净残值）×折旧率

已计提减值准备的固定资产，应当按照该项资产的账面价值（固定资产账面余额扣减累计折旧和累计减值准备后的金额）以及尚可使用寿命重新计算确定折旧率和折旧额。

【注意】

固定资产账面余额=固定资产的账面原价

固定资产账面净值=固定资产原值-累计折旧

固定资产账面价值=固定资产原值-累计折旧-固定资产减值准备

=固定资产账面净值-固定资产减值准备

【举例说明】甲公司购入一台生产设备确认为固定资产，原价120万元，预计净残值为5万元，预计使用年限为5年，假设该设备总产出量为120吨，第一年产量为40吨，后四年均为20吨。

折旧方法	计算公式		
年限平均法（又称直线法）	净残值率=净残值÷原价 年折旧额=（原值－净产值）÷预计使用年限		
	第一年折旧额	以后每年的折旧额都是23万元	
	（120－5）÷5=23（万元）		
工作量法	单位工作量折旧额=固定资产原价×（1－预计净残值率）÷预计总工作量 某项固定资产年折旧额=该项固定资产当年工作量×单位工作量折旧额		
	第一年折旧额	第二年折旧额	第五年折旧额
	40×（115÷120）=38.33（万元）	20×（115÷120）=19.17（万元）	20×（115÷120）=19.17（万元）
双倍余额递减法	年折旧率=2÷预计使用寿命（年）×100% 年折旧额=期初固定资产账面价值×年折旧率 前几年不考虑净残值，最后两年改为年限平均法，需要考虑净残值		
	第一年折旧额	第二年折旧额	第五年折旧额
	120×（2÷5）=48（万元）	账面价值=120－48=72 72×（2÷5）=28.80（万元）	按前面规律推算账面价值为25.92万元，再按年限平均法，则： （25.92－5）÷2=10.46（万元）
年数总和法	年折旧率=尚可使用寿命÷预计使用寿命的年数总和×100% 年折旧额=（固定资产原值－预计净残值）×折旧率		
	第一年折旧额	第二年折旧额	第五年折旧额
	（120－5）×（5÷15）=38.33（万元）	（120－5）×（4÷15）=30.67（万元）	（120－5）×（1÷15）=7.67（万元）

【例7·多选】2016年12月20日，某企业购入一台设备，其原价为2 000万元，预计使用年限5年，预计净残值5万元，采用双倍余额递减法计提折旧。下列各项中，该企业采用双倍余额递减法计提折旧的结果表述正确的有（　　）。（2018年）

A.年折旧率为33%

B.2017年折旧额为800万元

C.应计折旧总额为1 995万元

D.2017年折旧额为665万元

【答案】BC

【解析】年折旧率=2÷5=40%，故选项A错误；2017年折旧额为2 000×40%=800（万元），故选项B正确、选项D错误；双倍余额递减法前N－2年不考虑净残值，最后2年用直线法，应计折旧总额为2 000－5=1 995（万元），故选项C正确。

【例8·判断】对于某项预计使用年限为5年的固定资产，企业未对该项固定资产计提减值准备，如果分别采用直线法和年数总和法计提折旧，则不论其原价、净残值是多少，第3年计提折旧额相等。（　　）

【答案】√

【解析】直线法下：第3年计提折旧额＝（原值－净残值）÷5；年数总和法下：第3年计提的折旧额＝（原值－净残值）÷15×3＝（原值－净残值）÷5。

(三)固定资产折旧的账务处理

固定资产应当按月计提折旧，计提的折旧应当记入"累计折旧"科目，并根据固定资产的用途计入相关资产的成本或者当期损益。

借：制造费用（生产车间计提折旧）
　　管理费用（企业管理部门、未使用的固定资产计提折旧）
　　销售费用（企业专设销售部门计提折旧）
　　其他业务成本（企业出租固定资产计提折旧）
　　研发支出（企业研发无形资产时使用固定资产计提折旧）
　　在建工程（在建工程中使用固定资产计提折旧）
　贷：累计折旧

四、固定资产的后续支出

(一)概念

固定资产的后续支出，是指固定资产在使用过程中发生的更新改造支出、修理费用等；与固定资产有关的更新改造等后续支出，符合资本化条件的应当予以资本化。

(二)账务处理

1.固定资产转入改扩建时

借：在建工程
　　累计折旧
　　固定资产减值准备
　贷：固定资产

2.动产发生改扩建工程支出时

借：在建工程
　　应交税费——应交增值税（进项税额）
　贷：银行存款等

若为不动产发生改扩建工程支出时

借：在建工程
　　应交税费——应交增值税（进项税额）（当期可抵扣的增值税额，60%）
　　　　　　——待抵扣进项税额（以后期间可抵扣的增值税额，40%）
　贷：银行存款等

3.需替换原固定资产的某组成部分时

企业发生的某些固定资产后续支出可能涉及到替换原固定资产的某组成部分，当发生的后续支出符合固定资产确认条件时，应将其计入固定资产成本，同时将被替换部分的账面价值扣除。这样可以避免将替换部分的成本和被替换部分的成本同时计入固定资产成本，导致固定资产成本高估。账务处理：

借：银行存款/原材料（残料价值）
　　营业外支出（净损失）
　　贷：在建工程（被替换部分的账面价值）

4.改扩建工程达到预定可使用状态时

借：固定资产
　　贷：在建工程

【注意】转为固定资产后，按重新确定的使用寿命、预计净残值和折旧方法计提折旧。

【例9·单选】某企业对生产设备进行改良，发生资本化支出共计45万元，被替换旧部件的账面价值为10万元，该设备原价为500万元，已计提折旧300万元，不考虑其他因素。该设备改良后的入账价值为（　　）万元。（2017年）

A.245　　　　　　　　　　　B.235
C.200　　　　　　　　　　　D.190

【答案】B

【解析】设备改良后的入账价值=45－10+500－300=235（万元）。

【例10·单选】某企业对生产设备进行改良，发生资本化支出共计45万元，被替换旧部件的账面原值为10万元，该设备原价为500万元，已计提折旧300万元，不考虑其他因素。该设备改良后的入账价值为（　　）万元。

A.245　　　　　　　　　　　B.235
C.241　　　　　　　　　　　D.239

【答案】C

【解析】设备改良后的入账价值=45－（10－300÷500×10）+500－300=241（万元）。

5.其他后续支出不符合固定资产确认条件时

与固定资产有关的修理费用等后续支出，不符合固定资产确认条件的，应当根据不同情况分别在发生时计入当期管理费用或销售费用。账务处理：

借：管理费用（生产车间、行政管理部门）
　　销售费用（专设销售机构）
　　应交税费——应交增值税（进项税额）
　　贷：银行存款等

五、处置固定资产

固定资产处置，即固定资产的终止确认，具体包括固定资产的出售、报废、毁损、对外投资、非货币性资产交换、债务重组等。

处置固定资产应通过"固定资产清理"科目核算。

情形	会计分录	
1.固定资产转入清理时	借：固定资产清理 　　累计折旧 　　固定资产减值准备 　贷：固定资产	
2.发生的清理费用	借：固定资产清理 　　应交税费——应交增值税（进项税额） 　贷：银行存款等	
3.收回出售固定资产的价款、残料价值和变价收入等	借：原材料 　　银行存款等 　贷：固定资产清理 　　应交税费——应交增值税（销项税额）	
4.应收取保险赔偿的处理	借：其他应收款等 　贷：固定资产清理	
5.清理净损益的处理	（1）生产经营期间正常的处理损失	借：营业外支出——非流动资产处置损失 　贷：固定资产清理
	（2）自然灾害等非正常原因造成的损失	借：营业外支出——非常损失 　贷：固定资产清理 如为贷方余额： 借：固定资产清理 　贷：营业外收入——非流动资产处置利得

【例11·单选】某公司出售专用设备一台，取得价款30万元（不考虑增值税），发生清理费用5万元（不考虑增值税），该设备的账面价值22万元，不考虑其他因素。下列各项中，关于此项交易净损益会计处理结果表述正确的是（　　）。（2017年）

A.营业外收入增加8万元　　　　　B.营业外收入增加3万元
C.营业外收入增加25万元　　　　D.营业外收入增加27万元

【答案】B
【解析】企业处置固定资产的账务处理为：
借：银行存款　　　　　　　　　　　　　　　　　　　　30
　贷：固定资产清理　　　　　　　　　　　　　　　　　　30
借：固定资产清理　　　　　　　　　　　　　　　　　　　5
　贷：银行存款　　　　　　　　　　　　　　　　　　　　5
借：固定资产清理　　　　　　　　　　　　　　　　　　22
　贷：固定资产　　　　　　　　　　　　　　　　　　　　22
借：固定资产清理　　　　　　　　　　　　　　　　　　　3
　贷：营业外收入　　　　　　　　　　　　　　　　　　　3

【例12·多选】下列通过"固定资产清理"核算的有（　　）。（2018年）

A.固定资产盘亏账面价值　　　　　B.固定资产更新改造
C.固定资产毁损净损失　　　　　　D.固定资产出售账面价值

【答案】CD

【解析】企业处置固定资产应通过"固定资产清理"科目进行核算，具体包括固定资产的出售、报废、损毁、对外投资、非货币性资产交换、债务重组等，故选项CD正确；固定资产盘亏账面价值通过"待处理财产损溢"核算，故选项A错误；固定资产更新改造通过"在建工程"核算，故选项B错误。

六、固定资产清查

企业应定期或者至少于每年年末对固定资产进行清查盘点，以保证固定资产核算的真实性，充分挖掘企业现有固定资产的潜力。在固定资产清查过程中，如果发现盘盈、盘亏的固定资产，应填制固定资产盘盈盘亏报告表。清查固定资产的损溢，应及时查明原因，并按照规定程序报批处理。

（一）固定资产盘盈

（按前期差错进行处理）

1.批准前

借：固定资产（重置成本）
　　贷：以前年度损益调整

2.批准后

借：以前年度损益调整
　　贷：盈余公积——法定盈余公积
　　　　利润分配——未分配利润

（二）固定资产盘亏

1.批准前

借：待处理财产损溢
　　累计折旧
　　固定资产减值准备
　　贷：固定资产

2.转出不可抵扣进项税时

借：待处理财产损溢
　　贷：应交税费——应交增值税（进项税转出）

3.批准后

借：其他应收款（应收保险赔款或过失人赔款）
　　营业外支出（差额）
　　贷：待处理财产损溢

【例13·判断】固定资产盘盈应先按重置成本记入"待处理财产损溢"科目，经

批准后再转入营业外收入。（　　）（2015年）

【答案】×

【解析】盘盈的固定资产作为前期差错进行处理，应当按重置成本确定其入账价值，借记"固定资产"科目，贷记"以前年度损益调整"科目。经批准后，调整留存收益。

【例14·单选】某企业2017年7月被盗，丢失固定资产一台，该固定资产原值120万元，已提折旧12万元，经调查，该损失属于企业管理不善造成的，保险公司赔偿金为20万元。不考虑相关税费，则报经批准后应计入（　　）。

A.管理费用88万元　　　　　　B.营业外支出88万元
C.资产减值损失88万元　　　　D.其他应收款88万元

【答案】B

【解析】企业固定资产盘亏净损失应计入营业外支出中，企业清查后应计入营业外支出的金额=120－12－20=88（万元）。

七、固定资产减值

（一）固定资产减值金额的确定

固定资产在资产负债表日存在可能发生减值的迹象时，其可收回金额低于账面价值的，企业应当将该固定资产的账面价值减记至可收回金额，减记的金额确认为减值损失，计入当期损益，同时计提相应的资产减值备。

（二）固定资产减值的账务处理

借：资产减值损失——计提的固定资产减值准备
　　贷：固定资产减值准备

【注意】固定资产减值损失一经确认，在以后会计期间不得转回。

【例15·判断】固定资产在资产负债表日存在可能发生减值的迹象时，其可收回金额低于账面的，企业应当将该固定资产的账面价值减记至可收回金额，减记的金额确认为减值损失，计入当期损益，同时计提相应的资产减值准备。（　　）

【答案】√

【例16·不定项】甲公司为增值税一般纳税人，2013年第四季度该公司发生的固定资产相关业务如下：

（1）10月8日，甲公司购入一台需要安装的设备，取得的增值税专用发票上注明的价格为98万元，增值税税额为16.66万元，另支付安装费2万元，全部款项以银行存款支付，该设备预计可使用年限为6年，预计净残值为4万元，当月达到预定可使用状态。

（2）11月，甲公司对其一条生产线进行更新改造，该生产线的原价为200万元，已计提折旧120万元，改造过程中发生支出70万元，被替换部件的账面价值为10万元。

（3）12月，甲公司某仓库因火灾发生毁损，该仓库原价为400万元，已计提折旧100万元，其残料估计价值为5万元，残料已办理入库，发生的清理费用2万元以现金支付，经保险公司核定应赔偿损失150万元，尚未收到赔款。

（4）12月末，甲公司对固定资产进行盘点，发现短缺一台笔记本电脑，原价为1万元，已计提折旧0.6万元，损失中应由相关责任人赔偿0.1万元。

要求：根据上述资料，假定不考虑其他因素，分析回答下列问题。（答案中的金额单位用万元表示）

1. 根据资料（1），甲公司购入设备的入账成本是（　　）万元。
   A.116.66　　　　　　　　　　B.98
   C.100　　　　　　　　　　　D.114.66

【答案】C

【解析】甲公司购入设备的入账成本=98+2=100（万元）。

2. 根据资料（1），下列关于该设备计提折旧的表述中正确的是（　　）。
   A.2013年10月该设备不应计提折旧
   B.如采用直线法，该设备2013年第四季度应计提折旧额为3.2万元
   C.如采用双倍余额递减法，其年折旧率应为40%
   D.如采用年数总和法，其第一年的年折旧率应为5/16

【答案】A

【解析】购入需安装的固定资产，在固定资产达到预定可使用状态的次月开始计提折旧，即11月开始计提折旧，所以该设备2013年10月份不应计提折旧，故选项A正确；如果采用直线法，该设备2013年第四季度计提折旧的月份是11、12月，折旧额=（98+2－4）÷6÷12×2=2.67（万元），故选项B错误；如果采用双倍余额递减法，年折旧率=2÷预计使用寿命×100%=2÷6×100%=33.33%，故选项C错误；如果采用年数总和法，第一年的年折旧率=尚可使用年限÷预计使用寿命的年数总和=6÷（1+2+3+4+5+6）=2/7，故选项D错误。

3. 根据资料（2），更新改造后该生产线的入账成本是（　　）万元。
   A.140　　　　　　　　　　　B.260
   C.270　　　　　　　　　　　D.150

【答案】A

【解析】更新改造后该生产线的入账成本=（200－120）+70－10=140（万元）。

4. 根据资料（3），下列各项中，甲公司毁损固定资产的会计处理正确的是（　　）。
   A.支付清理费用时：
   　借：固定资产清理　　　　　　　　　　　　　　　　2
   　　　贷：银行存款　　　　　　　　　　　　　　　　　　2
   B.确定应由保险公司理赔的损失时：
   　借：其他应收款　　　　　　　　　　　　　　　　150

    贷：营业外收入   150

  C.将毁损的仓库转入清理时：

    借：固定资产清理   300

      累计折旧   100

      贷：固定资产   400

  D.残料入库时：

    借：原材料   5

      贷：固定资产清理   5

  【答案】CD

  【解析】甲公司毁损固定资产时，分录如下：

  结转固定资产的账面价值时：

    借：固定资产清理   300

      累计折旧   100

      贷：固定资产   400

  残料入库时：

    借：原材料   5

      贷：固定资产清理   5

  以现金支付清理费用时：

    借：固定资产清理   2

      贷：库存现金   2

  确定应由保险公司理赔的损失时：

    借：其他应收款   150

      贷：固定资产清理   150

  结转清理净损失时：

    借：营业外支出   147

      贷：固定资产清理   147

  所以选项CD正确。

5.根据资料（4），应记入"营业外支出"科目借方的金额是（ ）万元。

A.0.8   B.0.1

C.0.3   D.1

【答案】C

【解析】短缺笔记本电脑应记入"营业外支出"科目借方的金额=1－0.6－0.1=0.3（万元）。

  相关分录如下：

  盘亏固定资产时：

    借：待处理财产损溢   0.4

      累计折旧   0.6

　　　　贷：固定资产　　　　　　　　　　　　　　　　　1
确定应由责任人赔偿时：
　　借：其他应收款　　　　　　　　　　　　　　　　0.1
　　　　贷：待处理财产损溢　　　　　　　　　　　　　　0.1
报经批准转销时：
　　借：营业外支出　　　　　　　　　　　　　　　　0.3
　　　　贷：待处理财产损溢　　　　　　　　　　　　　　0.3

第六节　无形资产和长期待摊费用

一、无形资产

（一）无形资产概述

1.概念	是指企业拥有或者控制的没有实物形态的可辨认非货币性资产
2.特征	（1）不具有实物形态 （2）具有可辨认性 （3）非货币性长期资产
3.内容	主要包括专利权、非专利技术、商标权、著作权、土地使用权和特许权等

【注意】商誉的存在无法与企业自身分离，不具有可辨认性，不属于无形资产。

（二）无形资产账务处理

1.无形资产核算应设置的会计科目

为了反映和监督无形资产的取得、摊销和处置等情况，企业应当设置"无形资产""累计摊销"等科目进行核算。"累计摊销"科目属于"无形资产"的调整科目，核算企业对使用寿命有限的无形资产计提的累计摊销。

企业无形资产发生减值的，还应当设置"无形资产减值准备"科目进行核算。

2.取得无形资产

取得的无形资产应当按照成本进行初始计量。

（1）外购无形资产。外购无形资产的成本包括购买价款、相关税费以及直接归属于使该项资产达到预定用途所发生的其他支出。

【注意】下列各项不包括在初始成本中：（1）为引入新产品进行宣传发生的广告费、管理费用及其他间接费用；（2）无形资产已经达到预定用途以后发生的费用。

（2）自行研发的无形资产：

①能够区分研究阶段和开发阶段：

a.研究阶段。应将其所发生的研发支出全部费用化，计入当期损益，即管理费用。

支出发生时：

　　借：研发支出——费用化支出
　　　　贷：银行存款

应付职工薪酬等

期末：
借：管理费用
　　贷：研发支出——费用化支出

b.开发阶段情况见下表。

不满足资本化条件的支出	满足资本化条件的支出
支出发生时： 借：研发支出——费用化支出 　　贷：银行存款 　　　　应付职工薪酬等 期末： 借：管理费用 　　贷：研发支出——费用化支出	支出发生时： 借：研发支出——资本化支出 　　应交税费——应交增值税（进项税额） 　　贷：银行存款 　　　　应付职工薪酬等 达到预定用途形成无形资产： 借：无形资产 　　贷：研发支出——资本化支出

②无法可靠区分研究阶段和开发阶段的支出的，应将发生的研发支出全部费用化，计入当期损益（管理费用）。

【例1·单选】某企业自行研发一项非专利技术累计支出680万元，其中280万元属于开发阶段符合资本化条件的支出，240万元属于研究阶段的支出，160万元属于无法可靠区分研究阶段和开发阶段的支出。该技术研发完成并形成一项非专利技术。不考虑其他因素，该非专利技术的入账价值为（　　）万元。（2017年）

A.520　　　　　　　　　　B.680
C.280　　　　　　　　　　D.440

【答案】C
【解析】开发阶段符合资本化条件的支出计入无形资产，所以该非专利技术的入账价值为280万元。

【例2·单选】2016年1月1日，某企业开始自行研究开发一套软件，研究阶段发生支出30万元，开发阶段发生支出125万元。开发阶段的支出均满足资本化条件，4月15日，该软件开发成功并依法申请了专利。支付相关手续费1万元，不考虑其他因素，该项无形资产的入账价值为（　　）万元。

A.126　　　　　　　　　　B.155
C.125　　　　　　　　　　D.156

【答案】A
【解析】无形资产的入账价值=125+1=126（万元）。

3.无形资产的摊销

企业应当于取得无形资产时分析判断其使用寿命。使用寿命有限的无形资产应进行摊销，其残值通常视为零。使用寿命不确定的无形资产不应摊销，但每期期末应进行减值测试，如果发生减值，要计提减值准备。

对于使用寿命有限的无形资产应当自可供使用（即其达到预定用途）当月起开始摊销，处置当月不再摊销。

无形资产摊销法包括年限平均法（即直线法）、生产总量法等。企业选择的无形资产摊销方法，应当反映与该项无形资产有关的经济利益的预期实现方式。无法可靠确定预期实现方式的，应当采用年限平均法（直线法）摊销。

无形资产摊销的账务处理：

借：制造费用（用于产品生产的无形资产）
　　管理费用（管理用无形资产）
　　其他业务成本（出租的无形资产）
　　贷：累计摊销

【例3·单选】下列各项中，关于无形资产摊销的会计处理表述正确的是（　　）。（2017年）

A.无形资产摊销额应全部计入管理费用

B.用于生产产品的无形资产的摊销额应计入其他业务成本

C.使用寿命不确定的无形资产不应摊销

D.使用寿命有限的无形资产自可供使用下月开始摊销

【答案】C

【解析】无形资产摊销额应计入管理费用、其他业务成本、生产成本等科目，故选项A错误；用于生产产品的无形资产的摊销额应计入制造费用，故选项B错误；使用寿命有限的无形资产自可供使用当月开始摊销，故选项D错误。

【例4·多选】某公司为增值税一般纳税人。2017年1月4日购入一项无形资产，取得的增值税专用发票注明价款为880万元，增值税税额为52.8万元。该无形资产使用年限为5年，按年限平均法进行摊销，预计残值为零。下列关于该项无形资产的会计处理中正确的有（　　）。（2018年）

A.2017年1月4日取得该无形资产的成本为880万元

B.该项无形资产自2017年2月起开始摊销

C.该无形资产的应计摊销额为932.8万元

D.2017年12月31日，该无形资产的累计摊销额为176万元

【答案】AD

【解析】2017年无形资产摊销=880÷5=176（万元），故选项D正确；无形资产当月增加，当月开始摊销，当月减少，当月不再摊销，故选项B错误；无形资产的应计摊销额为880万元，故选项C错误。

4.处置无形资产

企业处置无形资产，应将所得价款（不包括增值税）扣除该项无形资产账面价值以及相关税费（不包括增值税）后的差额，计入当期损益（营业外收入或营业外

支出)。

账务处理:
借: 银行存款等
　　无形资产减值准备
　　累计摊销
　　营业外支出——非流动资产处置损失(借差)
贷: 无形资产
　　应交税费——应交增值税(销项税额)
　　营业外收入——非流动资产处置利得(贷差)

【例5·单选】某企业为增值税一般纳税人,转让一项专利权,开具增值税专用发票,注明的价款为200万元,增值税税额为12万元。全部款项已存入银行。该专利权的成本为240万元,已摊销100万元,不考虑其他,该企业转让专利权实现的净收益为(　　)万元。(2018年)

A.72　　　　　　　　　　　　B.48
C.140　　　　　　　　　　　D.60

【答案】D
【解析】净收益=200-(240-100)=60(万元)。

【例6·单选】甲公司出售商标权取得不含税100万元,应交增值税6万元,商标权取得时,实际成本70万元,已摊销14万元,已计提减值准备4万元,甲公司出售该商标权,应记入当期损益的金额是(　　)。(2018年)

A.48　　　　　　　　　　　　B.54
C.30　　　　　　　　　　　　D.44

【答案】A
【解析】当期损益=出售商标权收入-商标权的账面价值=100-(70-14-4)=48(万元)。

5.无形资产的减值

无形资产在资产负债表日存在可能发生减值的迹象时,其可收回金额低于账面价值的,企业应当将该无形资产的账面价值减记至可收回金额,减记的金额确认为减值损失,计入当期损益,同时计提相应的减值准备。

账务处理:
借: 资产减值损失——计提无形资产减值准备
贷: 无形资产减值准备

【注意】无形资产减值损失一经确认,在以后会计期间不得转回。

【例7·单选】下列各项中,关于无形资产会计处理表述正确的是( )。(2016年)

A.已确认的无形资产减值损失在以后会计期间可以转回

B.使用寿命不确定的无形资产按月进行摊销

C.处置无形资产的净损益计入营业利润

D.出租无形资产的摊销额计入其他业务成本

【答案】D

【解析】无形资产减值损失一经确认,在以后会计期间不得转回,故选项A错误;使用寿命不确定的无形资产不应摊销,故选项B错误;处置无形资产的净损益计入营业外收支,不影响营业利润,故选项C错误;出租无形资产的摊销额计入其他业务成本,故选项D正确。

【例8·多选】下列关于无形资产的说法中,正确的有( )。(2018年)

A.企业购入的无形资产成本应当包括购买价款、相关税费以及可直接归属于该项资产达到预定用途所发生的其他支出

B.无形资产处置时发生的净收益应计入其他业务收入

C.无形资产应当按月计提摊销,处置当月不再进行摊销

D.无形资产计提的减值准备在持有期间不能转回

【答案】ACD

【解析】无形资产处置时发生的净收益应计入营业外收入。

【总结】资产减值。

资产	减值科目	是否可以转回
应收款项	坏账准备	可以
存货	存货跌价准备	可以
固定资产	固定资产减值准备	不可以
无形资产	无形资产减值准备	不可以
交易性金融资产	期末账面价值随公允价值的变动而调整,不单独考虑计提减值准备	

二、长期待摊费用

长期待摊费用是指企业已经发生但应由本期和以后各期负担的分摊期限在一年以上的各项费用,如以经营租赁方式租入的固定资产发生的改良支出等。

(一)发生支出时

借:长期待摊费用

　　应交税费——应交增值税(进项税额)

　贷:原材料/银行存款/应付职工薪酬等

(二)摊销长期待摊费用

借：管理费用/销售费用
　　贷：长期待摊费用

【注意】资产负债表中的"长期待摊费用"项目，根据"长期待摊费用"科目的期末余额减去将于一年内（含一年）摊销数额后的净额分析填列。

【例9·单选】下列各项中，应计入长期待摊费用的是（　　）。（2018年）
A.生产车间固定资产日常修理
B.融资租赁方式租入固定资产改良支出
C.经营租赁方式租入固定资产改良支出
D.生产车间固定资产更新改造支出
【答案】C
【解析】生产车间固定资产日常修理费用计入管理费用；融资租赁方式租入固定资产改良支出、生产车间固定资产更新改造支出计入固定资产成本。

【例10·不定项】2016年，甲公司发生有关经济业务如下：

（1）1月10日，接收乙公司作为资本投入的M非专利技术，投资合同约定价值为300万元（与公允价值一致），该出资在甲公司注册资本中享有份额的金额为250万元。不考虑相关税费。合同规定M非专利技术的受益年限为10年。该非专利技术用于行政管理，采用直线法进行摊销。

（2）1月15日，开始自行研发一项N专利技术，1月至4月发生不符合资本化条件的研究支出320万元，5月至10月共发生开发支出800万元，其中符合资本化条件的支出为600万元。10月31日，N专利技术达到预定用途，并直接用于产品的生产，其有效期为10年，采用直线法进行摊销。

（3）11月5日，为宣传应用N专利技术生产的新产品，以银行存款支付广告宣传费10万元（不考虑增值税）。

（4）12月26日，为使用公司经营战略调整，将M非专利技术出售，取得价款260万元。不考虑相关税费。该非专利技术已计提摊销额27.5万元，未计提资产减值准备。

要求：根据上述资料，不考虑其他因素，分析回答下列小题。（金额单位用万元表示）

1.根据资料（1），下列关于接受M非专利技术作为资本投入的会计处理表述正确的是（　　）。
A.确认盈余公积50万元　　　　　　B.确认资本公积50万元
C.确认实收资本250万元　　　　　　D.确认无形资产300万元
【答案】BCD

【解析】接受投资时：

借：无形资产　　　　　　　　　　　　　　　　　　　　　　　　300
　　贷：实收资本　　　　　　　　　　　　　　　　　　　　　　　　250
　　　　资本公积——资本溢价　　　　　　　　　　　　　　　　　　50

2.根据资料（2），下列各项中，甲公司N专利技术会计处理正确的是（　　）。

A.无形资产按月摊销时：

借：制造费用　　　　　　　　　　　　　　　　　　　　　　　　　5
　　贷：累计摊销　　　　　　　　　　　　　　　　　　　　　　　　5

B.无形资产按月摊销时：

借：管理费用　　　　　　　　　　　　　　　　　　　　　　　　　5
　　贷：累计摊销　　　　　　　　　　　　　　　　　　　　　　　　5

C.10月31日，研发活动结束确认无形资产时：

借：无形资产　　　　　　　　　　　　　　　　　　　　　　　　600
　　贷：研发支出——资本化支出　　　　　　　　　　　　　　　　600

D.10月31日，研发活动结束确认无形资产时：

借：无形资产　　　　　　　　　　　　　　　　　　　　　　　　800
　　贷：研发支出——资本化支出　　　　　　　　　　　　　　　　800

【答案】AC

【解析】1月至4月发生不符合资本化条件的支出时：

借：研发支出——费用化支出　　　　　　　　　　　　　　　　320
　　贷：银行存款　　　　　　　　　　　　　　　　　　　　　　320

5月至10月发生开发支出时：

借：研发支出——费用化支出　　　　　　　　　　　　　　　　200
　　　　　　　——资本化支出　　　　　　　　　　　　　　　　600
　　贷：银行存款　　　　　　　　　　　　　　　　　　　　　　800

10月31日，无形资产达到预定用途：

借：管理费用　　　　　　　　　　　　　　　　　　　　　　　520
　　无形资产　　　　　　　　　　　　　　　　　　　　　　　600
　　贷：研发支出——费用化支出　　　　　　　　　　　　　　520
　　　　　　　　——资本化支出　　　　　　　　　　　　　　600

无形资产从10月份达到预定用途，从10月计提摊销，每月摊销额=600÷10÷12=5（万元）：

借：制造费用　　　　　　　　　　　　　　　　　　　　　　　　5
　　贷：累计摊销　　　　　　　　　　　　　　　　　　　　　　　5

3.根据资料（3），下列各项中，支付广告宣传费对甲公司财务状况和经营成果的影响是（　　）。

A.营业利润减少10万元　　　　　　B.销售费用增加10万元

C.管理费用增加10万元　　　　　　D.无形资产增加10万元

【答案】AB

【解析】广告宣传费计入销售费用，增加销售费用，减少营业利润10万元。

支付广告宣传费用时：

借：销售费用　　　　　　　　　　　　　　　　　　　　　　　10
　　贷：银行存款　　　　　　　　　　　　　　　　　　　　　　　　10

4.根据资料（1）和（4），甲公司出售M非专利技术对当期损益影响表述正确的是（　　）。

A.利润总额减少12.5万元　　　　　B.营业利润减少12.5万元

C.营业外支出增加12.5万元　　　　D.其他业务成本增加12.5万元

【答案】AC

【解析】甲公司出售M非专利技术的账务处理为：

借：银行存款　　　　　　　　　　　　　　　　　　　　　　　260
　　累计摊销　　　　　　　　　　　　　　　　　　　　　　　27.5
　　营业外支出　　　　　　　　　　　　　　　　　　　　　　12.5
　　贷：无形资产　　　　　　　　　　　　　　　　　　　　　　　300

处置M非专利技术，增加营业外支出12.5万元，会使利润总额减少12.5万元。

5.根据资料（1）至（4），上述业务对该公司2016年度管理费用的影响金额是（　　）万元。

A.547.5　　　　　　　　　　　　　B.42.5

C.542.5　　　　　　　　　　　　　D.27.5

【答案】A

【解析】上述业务对该公司2016年度管理费用的影响金额=27.5（资料4）+520（资料2）=547.5（万元）。

第三章　负债

一、负债的概念

负债是企业过去的交易或者事项形成的、预期会导致经济利益流出企业的现时义务。负债一般按其偿还时间的长短划分为流动负债和非流动负债两类。

二、负债的特征

负债是企业承担的的现时义务；是企业过去的交易或者事项形成的；预期会导致经济利益流出。

三、负债的分类

（一）流动负债

流动负债是指在1年（含1年）或超过1年的一个营业周期内偿还的债务。包括：短期借款、应付票据、应付账款、应付利息、预收账款、应付职工薪酬、应交税费、应付股利、其他应付款等。

（二）非流动负债

非流动负债是指偿还期在1年或超过1年的一个营业周期以上的债务。包括：长期借款、应付债券、长期应付款等。

第一节　短期借款

短期借款，是指企业向银行或其他金融机构等借入的期限在1年以下（含1年）的各种借款。

企业应通过"短期借款"科目，核算短期借款的取得及偿还情况。短期借款利息应确认为"财务费用"。

一、借入短期借款

（一）取得短期借款

借：银行存款
　　贷：短期借款

（二）计提利息

借：财务费用
　　贷：应付利息

（三）支付利息

借：应付利息
　　财务费用
　　贷：银行存款

二、归还短期借款

（一）分期付息，到期偿还本金

借：短期借款
　　贷：银行存款

（二）一次还本付息

借：短期借款
　　财务费用
　　贷：银行存款

【例1·单选】2016年1月1日，某企业向银行借入资金600 000元，期限为6个月，年利率为5%，借款利息分月计提，季末交付，本金到期一次归还，下列各项中，2016年6月30日，该企业交付借款利息的会计处理正确的是（　　）。（2017年）

A.借：财务费用　　　　　　　　　　　　　　　　　　5 000
　　应付利息　　　　　　　　　　　　　　　　　　2 500
　　　贷：银行存款　　　　　　　　　　　　　　　　　　7 500

B.借：财务费用　　　　　　　　　　　　　　　　　　7 500
　　　贷：银行存款　　　　　　　　　　　　　　　　　　7 500

C.借：应付利息　　　　　　　　　　　　　　　　　　5 000
　　　贷：银行存款　　　　　　　　　　　　　　　　　　5 000

D.借：财务费用　　　　　　　　　　　　　　　　　　2 500
　　应付利息　　　　　　　　　　　　　　　　　　5 000
　　　贷：银行存款　　　　　　　　　　　　　　　　　　7 500

【答案】D

【解析】借款利息分月计提，按季支付。2016年6月30日支付利息时：

借：应付利息　　　　　　　　　（600 000×5%÷12×2）5 000
　　财务费用　　　　　　　　　　（600 000×5%÷12）2 500
　　　贷：银行存款　　　　　　　　　　　　　　　　　　7 500

【例2·单选】2017年9月1日，某企业向银行借入资金350万元用于生产经营，借款期限为3个月，年利率为6%，到期一次还本付息，利息按月计提。下列各项中，关于该借款相关科目的会计处理结果正确的是（　　）。（2018年）

A.每月预提借款利息时，借记应付利息科目1.75万元

B.借款到期归还本息时，贷记银行存款科目355.25万元

C.每月预提借款利息时，贷记财务费用科目5.25万元

D.借入款项时，借记短期借款科目350万元

【答案】B

【解析】3个月的利息费用=350×6%÷12×3=5.25（万元）。选项A，应借记"财

务费用"科目1.75万元;选项C,贷记"应付利息"1.75万元;选项D,短期借款属于负债类,故借入款项时,应贷记"短期借款"科目。

第二节 应付及预收款项

一、应付票据

(一)应付票据概述

应付票据是指企业购买材料、商品和接受劳务供应等而开出、承兑的商业汇票,包括商业承兑汇票和银行承兑汇票。企业应通过"应付票据"科目核算应付票据的发生、偿付等情况。

(二)应付票据的账务处理

情形	会计分录
1.因赊购开出商业汇票时	借:材料采购/原材料/库存商品等 　　应交税费——应交增值税(进项税额) 贷:应付票据
2.企业因开出银行承兑汇票而支付银行的手续费/贴现息	借:财务费用 贷:银行存款
3.偿还票据时	借:应付票据 贷:银行存款
4.应付商业承兑汇票到期,但企业无力支付票款时	借:应付票据 贷:应付账款
5.企业无力支付票款,由承兑银行代为支付时	借:应付票据 贷:短期借款

【注意】企业因购买材料、商品和接受劳务供应等而开出、承兑的商业汇票,应当按其票面金额作为应付票据的入账金额。

【例1·单选】企业开具银行承兑汇票到期而无力支付票款,应按该票据的账面余额贷记的会计科目是(　　)。(2017年)

A.应付账款　　　　　　　　B.其他货币资金

C.短期借款　　　　　　　　D.其他应付款

【答案】C

【解析】企业开具银行承兑汇票到期而无力支付票款时转入短期借款。

【例2·多选】下列各项中,引起"应付票据"科目金额发生增减变动的有(　　)。

A.开出商业承兑汇票购买原材料

B.转销已到期无力支付票款的商业承兑汇票

C.转销已到期无力支付票款的银行承兑汇票

D.支付银行承兑汇票手续费

【答案】ABC

【解析】选项A，增加"应付票据"科目余额；选项BC，减少"应付票据"科目余额；选项D，计入财务费用，不影响"应付票据"科目余额。

二、应付账款

（一）应付账款概述

应付账款是指企业因购买材料、商品或接受劳务供应等经营活动应支付给供应单位的款项。应付账款如果出现借方余额代表的是"预付账款"。

企业应通过"应付账款"科目核算应付账款的发生、偿还、转销等情况。

企业购入材料、商品等或接受劳务所产生的应付账款，应按应付金额入账。

（二）发生与偿还应付账款

1.购入材料，但尚未付款

借：材料采购/在途物资/原材料/库存商品等
　　应交税费——应交增值税（进项税额）
　　贷：应付账款

2.应付账款附有现金折扣的

借：应付账款（扣除现金折扣前的应付款总额）
　　贷：银行存款（实际偿付的金额）
　　　　财务费用（享有的现金折扣）

3.企业偿还应付账款或开出商业汇票抵付应付账款时

借：应付账款
　　贷：银行存款
　　　　应付票据（开出商业汇票抵付）

4.企业外购电力、燃气

（1）在每月付款时先作暂付款处理：

借：应付账款
　　应交税费——应交增值税（进项税额）
　　贷：银行存款

（2）月末按照外购动力的用途分配：

借：生产成本
　　制造费用
　　管理费用等
　　贷：应付账款

5.转销确实无法支付的应付账款

借：应付账款
　　贷：营业外收入

【例3·单选】某企业赊购一批原材料,取得增值税专用发票,注明的价款为10万元。增值税税额为1.7万元,现金折扣为2/10,1/20,n/30。计算现金折扣不考虑增值税。该企业购进原材料确认的应付账款金额为(　　)万元。(2018年)

A.11.6　　　　　　　　　　　　B.11.7

C.9.8　　　　　　　　　　　　　D.11.5

【答案】B

【解析】借:原材料　　　　　　　　　　　　　　　　　10

　　　　　　应交税费——应交增值税(进项税额)　　　1.7

　　　　　贷:应付账款　　　　　　　　　　　　　　　　11.7

【例4·判断】企业经批准转销无法支付的应付账款,应按其账面余额记入"其他综合收益"科目。(　　)(2017年)

【答案】×

【解析】企业经批准转销无法支付的应付账款,应按其账面余额记入"营业外收入"科目。

三、预收账款

预收账款是指企业按照合同规定向购货单位预收的款项。与应付账款不同,预收账款所形成的负债不是以货币偿付,而是以货物偿付。

企业应通过"预收账款"科目核算预收账款的取得、偿付等情况。预收账款情况不多的企业,也可不设"预收账款"科目,将预收的款项直接记入"应收账款"科目的贷方。

(一)预收货款时

借:银行存款

　　贷:预收账款

(二)实现收入时

借:预收账款

　　贷:主营业务收入

　　　　应交税费——应交增值税(销项税额)

(三)收到补付货款时

借:银行存款

　　贷:预收账款

(四)退回多付款时

借:预收账款

　　贷:银行存款

【例5·判断】预收账款与应付账款虽然均属于负债项目,但与应付账款不同,它

通常不需要以货币偿付。（　　）

【答案】√

【解析】预收账款是指企业按照合同规定，向购货单位预先收取的款项。与应付账款不同，这一负债不是以货币偿付，而是以货物或劳务清偿。

四、应付利息和应付股利

（一）应付利息

应付利息是指企业按照合同约定应支付的利息，包括短期借款、分期付息到期还本的长期借款、企业债券等应支付的利息。

企业应当设置"应付利息"科目核算按照合同约定计算的应付利息的发生、支付等情况。

1.发生时

借：在建工程/财务费用/研发支出等

　　贷：应付利息

2.实际支付时

借：应付利息

　　贷：银行存款

（二）应付股利

应付股利是指企业根据股东大会或类似机构审议批准的利润分配方案确定分配给投资者的现金股利或利润。

企业应通过"应付股利"科目，核算企业确定或宣告发放但尚未实际支付的现金股利或利润。企业分配的股票股利不通过"应付股利"核算。

1.确认或宣告发放时

借：利润分配——应付现金股利或利润

　　贷：应付股利

2.实际支付时

借：应付股利

　　贷：银行存款等

【注意】企业董事会或类似机构通过的利润分配方案中拟分配的股票股利或利润，不做账务处理，但应在附注中披露。

【例6·单选】下列根据股东大会或类似机构审议批准的利润分配方案，确定应付给投资者的现金股利的会计处理中，正确的是（　　）。

A.借：利润分配——应付现金股利

　　贷：应付股利

B.借：应付利润

贷：利润分配——应付现金股利

C.不做会计处理

D.不做会计处理，只需在报表中进行披露

【答案】A

【解析】根据股东大会或类似机构审议批准的利润分配方案，确定应付给投资者的现金股利时，借记"利润分配——应付现金股利"，贷记"应付股利"。

【例7·判断】企业向投资者宣告发放现金股利，应在宣告时确认为费用。（　　）（2016年）

【答案】×

【解析】企业向投资者宣告发放现金股利时，借记"利润分配——应付现金股利"，贷记"应付股利"，不确认为费用。

五、其他应付款

其他应付款是企业除应付票据、应付账款、预收账款、应付职工薪酬、应交税费、应付股利等经营活动以外的其他各项应付、暂收的款项，如应付经营租赁固定资产租金、租入包装物租金、存入保证金等。

企业应通过"其他应付款"科目，核算其他应付款的增减变动及其结存情况。

（一）发生时

借：管理费用等
  贷：其他应付款

（二）实际支付时

借：其他应付款
  管理费用等
  应交税费——应交增值税（进项税额）
  贷：银行存款等

【例8·多选】下列各项中，工业企业应通过"其他应付款"科目核算的有（　　）。（2017年）

A.应付融资租入设备的租金

B.应交纳的教育费附加

C.应付经营租入设备的租金

D.应付租入包装物的租金

【答案】CD

【解析】选项A计入长期应付款；选项B计入应交税费。

【例9·多选】下列各项中,属于"其他应付款"科目核算的有(   )。(2018年)
A.应付供货方代垫的运杂费
B.应付投资者的现金股利
C.应退回出租包装物收取的押金
D.应付经营租入固定资产的租金
【答案】CD
【解析】应付供货方代垫的运杂费,计入"应付账款",故选项A错误;应付投资者的现金股利,计入"应付股利",故选项B错误。

第三节　应付职工薪酬

一、职工薪酬的内容

职工薪酬,是指企业为获得职工提供的服务或解除劳动关系而给予的各种形式的报酬或补偿。

这里所称的"职工",是指与企业订立劳动合同的所有人员,含全职、兼职和临时职工,也包括虽未与企业订立劳动合同但由企业正式任命的人员。未与企业订立劳动合同或未由其正式任命,但向企业所提供服务与职工所提供服务类似的人员,也属于职工的范畴,包括通过企业与劳务中介公司签订用工合同而向企业提供服务的人员。

职工薪酬包括短期薪酬、离职后福利、辞退福利和其他长期职工福利。企业提供给职工配偶、子女、受赡养人、已故员工遗属及其他受益人等的福利,也属于职工薪酬。

（一）短期薪酬

短期薪酬是指企业在职工提供相关服务的年度报告期间结束后12个月内需要全部予以支付的职工薪酬,因解除与职工的劳动关系给予的补偿除外。

短期薪酬具体包括:(1)职工工资、奖金、津贴和补贴;(2)职工福利费;(3)医疗保险费、工伤保险费和生育保险费等社会保险费(不包括养老保险和失业保险);(4)住房公积金;(5)工会经费和职工教育经费;(6)短期带薪缺勤;(7)短期利润分享计划;(8)其他短期薪酬。

【例1·单选】下列社会保险费中,不属于职工薪酬中短期薪酬范围的是(   )。
A.养老保险费　　　　　　　　B.医疗保险费
C.工伤保险费　　　　　　　　D.生育保险费
【答案】A
【解析】社会保险费中,不属于职工薪酬中短期薪酬范围的是养老和失业保险费。

(二)离职后福利

离职后福利是指企业为获得职工提供的服务而在职工退休或与企业解除劳动关系后，提供的各种形式的报酬和福利，短期薪酬和辞退福利除外。企业应当将离职后福利计划分类为设定提存计划和设定受益计划。

离职后福利计划，是指企业与职工就离职后福利达成的协议，或者企业为向职工提供离职后福利制定的规章或办法等。设定提存计划，是指向独立的基金缴存固定费用后，企业不再承担进一步支付义务的离职后福利计划；如养老保险和失业保险；设定受益计划，是指除设定提存计划以外的离职后福利计划。

(三)辞退福利

辞退福利是指企业在职工劳动合同到期之前解除与职工的劳动关系，或者为鼓励职工自愿接受裁减而给予职工的补偿。

(四)其他长期职工福利

其他长期职工福利是指除短期薪酬、离职后福利、辞退福利之外所有的职工薪酬，包括长期带薪缺勤、长期残疾福利、长期利润分享计划等。

【例2·多选】属于应付职工薪酬核算的有(   )。(2018年)

A.已订立劳动合同的全职职工奖金

B.正式任命并聘请的独立董事津贴

C.已订立劳动合同的临时工

D.向住房公积金管理机构缴存的住房公积金

【答案】ABCD

二、应付职工薪酬的科目设置

企业应当设置"应付职工薪酬"科目，核算应付职工薪酬的计提、结算、使用等情况。

"应付职工薪酬"科目应当按照"工资、奖金、津贴和补贴""职工福利费""非货币性福利""社会保险费""住房公积金""工会经费和职工教育经费""带薪缺勤""利润分享计划""设定提存计划""设定受益计划义务""辞退福利"等职工薪酬项目设置明细账进行明细核算。

三、短期薪酬的核算

企业应当在职工为其提供服务的会计期间，将实际发生的短期薪酬确认为负债，并计入当期损益，其他会计准则要求或允许计入资产成本的除外。

(一)货币性职工薪酬

1.职工工资、奖金、津贴和补贴以及职工福利费

情形	会计分录
（1）发生时	借：管理费用（行政管理人员的薪酬） 　　生产成本（生产工人的薪酬） 　　制造费用（车间管理人员的薪酬） 　　销售费用（销售人员的薪酬） 　　在建工程（工程人员的薪酬） 　贷：应付职工薪酬——工资、奖金、津贴和补贴 　　　　　　　　——职工福利费 　　　　　　　　——社会保险费——基本医疗保险等 　　　　　　　　——住房公积金 　　　　　　　　——工会经费和职工教育经费等
（2）支付时	借：应付职工薪酬——工资、奖金、津贴和补贴等 　贷：银行存款 　　　其他应收款（扣还代垫的各种款项） 　　　应交税费——应交个人所得税（代扣个人所得税）

【例3•单选】甲企业结算本月管理部门人员的应付职工工资共500 000元，代扣该部门职工个人所得税30 000元，实发工资470 000元，下列该企业会计处理中，不正确的是（　　）。

A.借：管理费用　　　　　　　　　　　　　　　500 000
　　贷：应付职工薪酬　　　　　　　　　　　　　　500 000

B.借：应付职工薪酬　　　　　　　　　　　　　30 000
　　贷：应交税费——应交个人所得税　　　　　　　30 000

C.借：其他应收款　　　　　　　　　　　　　　30 000
　　贷：应交税费——应交个人所得税　　　　　　　30 000

D.借：应付职工薪酬　　　　　　　　　　　　　470 000
　　贷：银行存款　　　　　　　　　　　　　　　　470 000

【答案】C

【解析】企业代扣职工个人所得税，通过"应付职工薪酬"核算。

2.国家规定计提标准的职工薪酬

对于国家规定了计提基础和计提比例的医疗保险费、工伤保险费、生育保险费等社会保险费和住房公积金，以及按规定提取的工会经费和职工教育经费，企业应当在职工为其提供服务的会计期间，根据规定的计提基础和计提比例计算确定相应的职工薪酬金额，计入当期损益或相关资产成本，借记"生产成本""制造费用""管理费用"等科目，贷记"应付职工薪酬"。

3.短期带薪缺勤

短期带薪缺勤，是指职工虽然缺勤但企业仍向其支付报酬的安排，包括年休假、病假、婚假、产假、丧假、探亲假等。

对于职工带薪缺勤，企业应当根据其性质及职工享有的权利，分为累积带薪缺勤和非累积带薪缺勤两类。

企业应根据计算确定的带薪缺勤的金额,计入当期损益或相关资产成本,同时确认为应付职工薪酬。

(1)累积带薪缺勤:是指带薪权利可以结转下期的带薪缺勤,本期尚未用完的带薪缺勤权利可以在未来期间使用。比如,带薪年假。

企业应当在职工提供服务从而增加了其未来享有的带薪缺勤权利时,确认与累积带薪缺勤相关的职工薪酬,并以累积未行使权利而增加的预期支付金额计量。

确认累积带薪缺勤时:

借:管理费用等(根据受益对象)
　　贷:应付职工薪酬——带薪缺勤——短期带薪缺勤——累积带薪缺勤

【例4·判断】企业应当在职工提供了服务从而增加了其未来享有的带薪缺勤权利时,确认与累积带薪缺勤相关的职工薪酬。(　　)(2018年)

【答案】√

(2)非累积带薪缺勤:是指带薪权利不能结转下期的带薪缺勤,本期尚未用完的带薪缺勤权利将予以取消,并且职工离开企业时也无权获得现金支付。我国企业职工休婚假、产假、丧假、探亲假、病假期间的工资通常属于非累积带薪缺勤。

由于职工提供服务本身不能增加其能够享受的福利金额,在职工未缺勤时不计提相关费用和负债,故企业应当在职工实际发生缺勤的会计期间确认与非累积带薪缺勤相关的职工薪酬。

(二)非货币性职工薪酬

企业向职工提供职工福利费为非货币性福利的,应当按照公允价值计量。

1.以自产产品为非货币性福利提供给职工的

(1)计提时:

借:管理费用/生产成本/制造费用等(公允价值+销项税额)
　　贷:应付职工薪酬——非货币性福利(公允价值+销项税额)

(2)实际发放时:

借:应付职工薪酬——非货币性福利
　　贷:主营业务收入
　　　　应交税费——应交增值税(销项税额)

同时:

借:主营业务成本
　　存货跌价准备(如有)
　　贷:库存商品

2.将拥有的房屋等资产无偿提供给职工使用

借:管理费用

　　　　生产成本
　　　　制造费用等
　　　　贷：应付职工薪酬——非货币性福利（折旧的金额）
　同时：
　　借：应付职工薪酬——非货币性福利
　　　　贷：累计折旧
　3.租赁住房等资产供职工无偿使用时
　　借：管理费用
　　　　生产成本
　　　　制造费用等
　　　　贷：应付职工薪酬——非货币性福利
　支付租金时：
　　借：应付职工薪酬——非货币性福利
　　　　贷：银行存款

【例5·单选】某企业为增值税一般纳税人。2015年12月25日，向职工发放一批自产的空气净化器作为福利，该批产品售价为10万元，生产成本为7.5万元，按计税价格计算的增值税销项税额为1.7万元。不考虑其他因素，该笔业务应确认的应付职工薪酬为（　　）万元。（2016年）

　A.7.5　　　　　　　　　　　　B.11.7
　C.10　　　　　　　　　　　　 D.9.2

【答案】B

【解析】企业确认非货币性职工福利时进行账务处理为：
　　借：管理费用等　　　　　　　　　　　　　　　　　11.7
　　　　贷：应付职工薪酬　　　　　　　　　　　　　　11.7
　实际发放时：
　　借：应付职工薪酬　　　　　　　　　　　　　　　　11.7
　　　　贷：主营业务收入　　　　　　　　　　　　　　10
　　　　　　应交税费——应交增值税（销项税额）　　　1.7
　　借：主营业务成本　　　　　　　　　　　　　　　　7.5
　　　　贷：库存商品　　　　　　　　　　　　　　　　7.5

【例6·单选】下列各项中，关于企业以自产产品作为福利发放给职工的会计处理表述不正确的是（　　）。（2017年）
　A.按产品的账面价值确认主营业务成本
　B.按产品的公允价值确认主营业务收入
　C.按产品的账面价值加上增值税销项税额确认应付职工薪酬

D.按产品的公允价值加上增值税销项税额确认应付职工薪酬

【答案】C

【解析】以自产产品作为福利发放给职工公允价值确认主营业务收入,以公允价值加上增值税销项税额确认应付职工薪酬,以账面价值确认主营业务成本。

(三)设定提存计划的核算

对于设定提存计划,企业应当根据在资产负债表日为换取职工在会计期间提供的服务而应向单独主体缴存的提存金,确认为应付职工薪酬,并计入当期损益或相关资产成本。

账务处理:

借:生产成本/制造费用/管理费用/销售费用等
　　贷:应付职工薪酬——设定提存计划

【例7·单选】某企业计提生产车间管理人员基本养老保险费120 000元。下列各项中,关于该事项的会计处理正确的是(　　)。(2017年)

A.借:管理费用　　　　　　　　　　　　　　　　　　　120 000
　　贷:应付职工薪酬——设定提存计划——基本养老保险费　120 000

B.借:制造费用　　　　　　　　　　　　　　　　　　　120 000
　　贷:应付职工薪酬——设定提存计划——基本养老保险费　120 000

C.借:制造费用　　　　　　　　　　　　　　　　　　　120 000
　　贷:银行存款　　　　　　　　　　　　　　　　　　　120 000

D.借:制造费用　　　　　　　　　　　　　　　　　　　120 000
　　贷:其他应付款　　　　　　　　　　　　　　　　　　120 000

【答案】B

【解析】计提生产车间管理人员的养老保险费:

借:制造费用　　　　　　　　　　　　　　　　　　　120 000
　　贷:应付职工薪酬——设定提存计划——基本养老保险费　120 000

【例8·判断】资产负债表日企业按工资总额的一定比例缴存基本养老保险属于设定提存计划,应确认为应付职工薪酬。(　　)(2016年、2017年)

【答案】√

【例9·不定项】企业为增值税一般纳税人,适用的增值税税率为17%,该企业2015年12月初"应付职工薪酬"科目贷方余额为286万元,12月发生的有关职工薪酬的业务资料如下:

(1)以银行存款支付上月的应付职工薪酬,并按规定代扣代缴职工个人所得税6万元和个人负担的社会保险费30万元,实发工资250万元。

(2)分配本月货币性职工薪酬300万元(未包括累计带薪缺勤相关的职工薪酬),

其中，直接生产产品人员210万元，车间管理人员30万元，企业行政管理人员40万元，专设销售机构人员20万元，该职工薪酬将于下月初支付。

（3）外购200桶食用油作为本月生产车间工人的福利补贴并已发放。每桶食用油买价117元，其中含增值税17元，款项以银行存款支付。

（4）该企业实行累积带薪缺勤制度，期末由于预计10名部门经理人员和15名销售人员未使用带薪休假，预期支付的薪酬金额分别为4万元和8万元。

要求：根据上述资料，不考虑其他因素，分析回答下列小题。（答案中的金额单位用万元表示）

1.根据资料（1），下列各项中，关于支付职工薪酬的会计处理正确的是（　　）。

A.借：应付职工薪酬　　　　　　　　　　　　　　　　250
　　贷：银行存款　　　　　　　　　　　　　　　　　　　　250

B.借：应付职工薪酬　　　　　　　　　　　　　　　　286
　　贷：银行存款　　　　　　　　　　　　　　　　　　　　250
　　　　应交税费　　　　　　　　　　　　　　　　　　　　　6
　　　　其他应付款　　　　　　　　　　　　　　　　　　　30

C.借：应付职工薪酬　　　　　　　　　　　　　　　　286
　　贷：银行存款　　　　　　　　　　　　　　　　　　　　250
　　　　其他应付款　　　　　　　　　　　　　　　　　　　36

D.借：应付职工薪酬　　　　　　　　　　　　　　　　250
　　贷：银行存款　　　　　　　　　　　　　　　　　　　　214
　　　　应交税费　　　　　　　　　　　　　　　　　　　　　6
　　　　其他应付款　　　　　　　　　　　　　　　　　　　30

【答案】B

【解析】应付职工工资时：

借：应付职工薪酬　　　　　　　　　　　　　　　　　286
　　贷：银行存款　　　　　　　　　　　　　　　　　　　　250
　　　　应交税费——应交个人所得税　　　　　　　　　　　6
　　　　其他应付款　　　　　　　　　　　　　　　　　　　30

2.根据资料(2)，下列各项中，关于确认本月职工薪酬的会计处理结果正确的是(　　)。

A.车间管理人员薪酬30万元计入管理费用

B.企业行政管理人员薪酬40万元计入管理费用

C.直接生产产品人员薪酬210万元计入生产成本

D.专设销售机构人员薪酬20万元计入销售费用

【答案】BCD

【解析】分配本月货币性职工薪酬的账务处理如下：

借：生产成本　　　　　　　　　　　　　　　　　　　210

制造费用　　　　　　　　　　　　　　　　　　30
　　　管理费用　　　　　　　　　　　　　　　　　　40
　　　销售费用　　　　　　　　　　　　　　　　　　20
　　　　贷：应付职工薪酬　　　　　　　　　　　　　　　　　300

3.根据资料(3)，下列各项中，关于该企业发放福利补贴的会计处理正确的是(　　)。
A.借：应付职工薪酬　　　　　　　　　　　　　　　2
　　　应交税费——应交增值税（进项税额）　　　　0.34
　　　　贷：银行存款　　　　　　　　　　　　　　　　　2.34
B.借：生产成本　　　　　　　　　　　　　　　　　2.34
　　　　贷：银行存款　　　　　　　　　　　　　　　　　2.34
C.借：生产成本　　　　　　　　　　　　　　　　　2.34
　　　　贷：应付职工薪酬　　　　　　　　　　　　　　　2.34
　　借：应付职工薪酬　　　　　　　　　　　　　　　2.34
　　　　贷：库存商品　　　　　　　　　　　　　　　　　2.34
D.借：生产成本　　　　　　　　　　　　　　　　　2
　　　应交税费——应交增值税（进项税额）　　　　0.34
　　　　贷：银行存款　　　　　　　　　　　　　　　　　2.34

【答案】C
【解析】将外购货物用于职工福利，税进项税额不得抵扣。
计提职工福利时：
借：生产成本　　　　　　　　　　　　　　　　　　2.34
　　贷：应付职工薪酬　　　　　　　　　　　　　　　　　2.34
实际发放时：
借：应付职工薪酬　　　　　　　　　　　　　　　　2.34
　　贷：库存商品　　　　　　　　　　　　　　　　　　　2.34

4.根据资料(4)，下列各项中，关于该企业累积带薪缺勤事项会计处理正确的(　　)。
A.借：生产成本　　　　　　　　　　　　　　　　　12
　　　　贷：应付职工薪酬　　　　　　　　　　　　　　　12
B.借：其他应付款　　　　　　　　　　　　　　　　12
　　　　贷：应付职工薪酬　　　　　　　　　　　　　　　12
C.借：管理费用　　　　　　　　　　　　　　　　　4
　　　销售费用　　　　　　　　　　　　　　　　　8
　　　　贷：应付职工薪酬　　　　　　　　　　　　　　　12
D.借：管理费用　　　　　　　　　　　　　　　　　4
　　　销售费用　　　　　　　　　　　　　　　　　8
　　　　贷：其他应付款　　　　　　　　　　　　　　　　12

【答案】C

【解析】计提累积带薪缺勤：

借：管理费用　　　　　　　　　　　　　　　　　　　　　　　　4

　　销售费用　　　　　　　　　　　　　　　　　　　　　　　　8

　　贷：应付职工薪酬　　　　　　　　　　　　　　　　　　　　12

5.根据期初资料，资料（1）至（4），该企业12月末"应付职工薪酬"科目额是（　　）万元。

A.312　　　　　　　　　　　　B.314

C.308　　　　　　　　　　　　D.300

【答案】A

【解析】企业12月末"应付职工薪酬"科目余额=286（期初）－286（资料1）+300（资料2）+2.34－2.34（资料3）+12（资料4）=312（万元）。

【例10·不定项】某家电企业为增值税一般纳税人，适用的值税税率为17%，2017年8月份该企业发生的有关职工薪酬的资料如下：

（1）当月应付职工工资总额为500万元，"工资费用分配汇总表"中列示的产品生产工人工资为350万元，车间管理人员工资为70万元，企业行政管理人员工资为50万元，专设销售机构人员工资为30万元。

（2）根据"工资费用分配汇总表"，本月企业应付职工工资总额为500万元，扣回代垫的职工家属医药费6万元，按税法规定应代扣代缴职工个人所得税共计15万元，企业以银行存款支付工资479万元。

（3）根据国家规定的计提基础和计提标准，当月应计提的基本养老保险费为60万元，基本医疗保险费为50万元，其他保险费为40万元；住房公积金为50万元。

（4）当月企业以其生产的电风扇作为福利发放给500名直接参加产品生产的职工，该型号电风扇市场销售价为每台600元，每台成本为400元。该电风扇当月已发放。

要求：根据上述资料，不考虑其他因素，分析回答下列小题。（答案中的金额单位用万元表示）

1.根据资料（1），不考虑其他因素，下列选项中正确的是（　　）。

A.生产成本增加350万元　　　　B.制造费用增加70万元

C.管理费用增加50万元　　　　　D.销售费用增加30万元

【答案】ABCD

【解析】生产工人工资计入生产成本，车间管理人员工资计入制造费用，企业行政管理人员工资计入管理费用，专设销售机构人员工资计入销售费用。

2.根据资料（2），下列分录中正确的是（　　）。

A.扣回医药费时：

　　借：库存现金　　　　　　　　　　　　　　　　　　　　　　6

贷：其他应收款　　　　　　　　　　　　　　　　　　　　　　　　　6

B．代扣个人所得税时：

借：其他应收款　　　　　　　　　　　　　　　　　　　　　　　　15

贷：应交税费——应交个人所得税　　　　　　　　　　　　　　　15

C．支付工资薪金时：

借：应付职工薪酬　　　　　　　　　　　　　　　　　　　　　　　500

贷：银行存款　　　　　　　　　　　　　　　　　　　　　　　　500

D．支付工资薪金时：

借：应付职工薪酬　　　　　　　　　　　　　　　　　　　　　　　500

贷：银行存款　　　　　　　　　　　　　　　　　　　　　　　　479

其他应收款　　　　　　　　　　　　　　　　　　　　　　　6

应交税费——应交个人所得税　　　　　　　　　　　　　　　15

【答案】D

【解析】扣回代垫的职工家属医药费：

借：应付职工薪酬　　　　　　　　　　　　　　　　　　　　　　　6

贷：其他应收款　　　　　　　　　　　　　　　　　　　　　　　6

代扣代缴个人所得税：

借：应付职工薪酬　　　　　　　　　　　　　　　　　　　　　　　15

贷：应交税费——应交个人所得税　　　　　　　　　　　　　　　15

支付应付职工薪酬：

借：应付职工薪酬　　　　　　　　　　　　　　　　　　　　　　　479

贷：银行存款　　　　　　　　　　　　　　　　　　　　　　　　479

3．根据资料（3），下列关于企业计提基本养老保险费和医疗保险费表述正确的是（　　）。

A．企业计提的基本养老保险费属于离职后福利

B．应贷记"应付职工薪酬——设定提存计划——基本养老保险费"科目60万元

C．企业计提的基本医疗保险费属于短期薪酬

D．应贷记"应付职工薪酬——社会保险费——基本医疗保险费"科目50万元

【答案】ABCD

【解析】企业计提的基本养老保险费属于离职后福利，计提时应贷记"应付职工薪酬——设定提存计划——基本养老保险费"科目60万元，故选项AB正确；企业计提的基本医疗保险费属于短期薪酬，计提时应贷记"应付职工薪酬——社会保险费——基本医疗保险费"科目50万元，故选项CD正确。

4．根据资料（4），下列各项中，关于该企业会计处理结果正确的是（　　）。

A．主营业务收入增加30万元

B．主营业务成本增加20万元

C.应付职工薪酬增加35.1万元

D.生产成本增加20万元

【答案】AB

【解析】企业以自产产品作为职工福利:

借:生产成本　　　　　　　　　　　　　　　　　　35.1
　　贷:应付职工薪酬　　　　　　　　　　　　　　　　35.1
借:应付职工薪酬　　　　　　　　　　　　　　　　　35.1
　　贷:主营业务收入　　　　　　　　　　　　　　　　30
　　　　应交税费——应交增值税(销项税额)　　　　　5.1
借:主营业务成本　　　　　　　　　　　　　　　　　20
　　贷:库存商品　　　　　　　　　　　　　　　　　　20

5.根据资料(1)至(4),下列各项中,该企业"应付职工薪酬"科目的贷方发生额是(　　)万元。

A.735.1　　　　　　　　　　B.710.1

C.500　　　　　　　　　　　D.200

【答案】A

【解析】"应付职工薪酬"科目的贷方发生额=500+60+50+40+50+35.1=735.1(万元)。

第四节　应交税费

一、应交税费概述

企业根据税法规定应交纳的各种税费包括:增值税、消费税、城市维护建设税、资源税、企业所得税、土地增值税、房产税、车船税、城镇土地使用税、教育费附加、矿产资源补偿费、印花税、耕地占用税等。

【注意】印花税、耕地占用税不需要预计应交数,不在"应交税费"核算。企业代扣代缴的个人所得税,也通过"应交税费"科目核算。

【例1·判断】企业代扣代缴的个人所得税,不通过"应交税费"科目进行核算。(　　)

【答案】×

【解析】企业代扣代缴的个人所得税,通过"应交税费——应交个人所得税"科目进行核算。

二、应交增值税

(一)增值税概述

1.增值税概念

增值税是以商品（含应税劳务、应税行为）在流转过程中实现的增值额作为计税依据而征收的一种流转税。按照我国现行增值税制度的规定，在我国境内销售货物或者提供加工、修理、修配劳务以及进口货物的单位和个人为增值税的纳税人。

"服务"包括交通运输服务、建筑服务、邮政服务、电信服务、金融服务、现代服务、生活服务。

【注意】增值税是在价格以外另外收取的，属于价外税，不影响企业当期损益。

2.纳税人的分类

根据经营规模大小及会计核算水平的健全程度，增值税纳税人分为一般纳税人和小规模纳税人。

3.计税方法

计税方法	计算公式	注意
一般计税方法	当期应纳税额=当期销项税额—当期进项税额 销项税额=销售额×增值税税率	当期销项税额小于当期进项税额不足抵扣时，其不足部分可以结转下期继续抵扣
简易计税方法	应纳税额=销售额（不含税）×征收率	一般纳税人销售服务、无形资产或者不动产，符合规定，可以采用简易计税方法

4.准予从销项税额中抵扣的进项税额

（1）增值税专用发票（含税控机动车销售统一发票，下同）上注明的增值税税额。

（2）海关进口增值税专用缴款书上注明的增值税税额。

（3）购进农产品，除取得增值税专用发票或者海关进口增值税专用缴款书外：

①如用于生产税率为11%的产品，按照农产品收购发票或者销售发票上注明的农产品买价和11%的扣除率计算的进项税额。

②如用于生产税率为17%的产品，按照农产品收购发票或者销售发票上注明的农产品买价和13%的扣除率计算的进项税额。

（4）从境外单位或者个人购进服务、无形资产或者不动产，自税务机关或者扣缴义务人取得的解缴税款的完税凭证上注明的增值税税额。

（5）一般纳税人支付的道路、桥、闸通行费，凭取得的通行费发票上注明的收费金额和规定的方法计算的可抵扣的增值税进项税额。

【例2·判断】保管不善丢失的货物，运费的增值税可以抵扣进项税额。（　　）（2018年）

【答案】×

【解析】保管不善丢失的货物，运费的增值税不可以抵扣。

（二）一般纳税人增值税的账务处理

1.增值税核算应设置的会计科目

为了核算企业应交增值税的发生、抵扣、交纳、退税及转出等情况，增值税一般纳税人增值税核算应设置的会计科目见下表：

二级科目	三级科目
应交税费	
应交增值税	进项税额
	销项税额
	销项税额抵减
	已交税金
	转出未交增值税
	转出多交增值税
	减免税款
	出口退税
	进项税额转出
	出口抵减内销产品应纳税额
未交增值税	—
预交增值税	—
待抵扣进项税额	—
待认证进项税额	—
待转销项税额	—
增值税留底税额	—
简易计税	—
转让金融商品应交增值税	—
代扣代交增值税	—

【例3·多选】下列各项中，不属于"应交税费——应交增值税"的三级专栏的有（　　）。

A.减免税款　　　　　　　　　　B.未交增值税

C.待抵扣进项税额　　　　　　　D.待转销项税额

【答案】BCD

【解析】选项BCD均属于"应交税费"的二级明细科目。

2.取得资产、接受应税劳务或应税行为

情形	会计分录
（1）购进货物、接受劳务或服务、无形资产	借：材料采购，管理费用等（买价） 　　应交税费——应交增值税（进项税额） 　贷：银行存款、应付账款、应付票据等 【注意】如原增值税专用发票未做认证，退回发票做相反分录。
（2）购进农产品	借：材料采购、库存商品等（买价—买价×11%或13%） 　　应交税费——应交增值税（进项税额）（买价×11%或13%） 　贷：银行存款、应付账款、应付票据等 【注意】用于生产17%的产品，按13%抵扣；用于生产11%的产品，按11%抵扣。
（3）购进不动产或不动产在建工程	借：固定资产，在建工程（买价） 　　应交税费——应交增值税（进项税额）（税额×60%） 　　　　　　——待抵扣进项税额（倒挤）（税额×40%） 　贷：银行存款、应付账款、应付票据等 允许抵扣时： 借：应交税费——应交增值税（进项税额） 　贷：应交税费——待抵扣进项税额
（4）进项税额转出	①事后改变用途或发生非正常损失：借：待处理财产损溢 　　应付职工薪酬 　贷：应交税费——应交增值税（进项税额转出） 　　原材料等
	②购进货物等，用于 a.简易计税项目 b.免征增值税项目 c.集体福利/个人消费：借：库存商品等 　　应交税费——待认证进项税额 　贷：银行存款 税务机关认证不可抵扣时： 借：应交税费——应交增值税（进项税额） 　贷：应交税费——待认证进项税额 同时： 借：库存商品等 　贷：应交税费——应交增值税（进项税额转出） 实际发放时： 借：应付职工薪酬 　贷：库存商品

3.销售货物、提供应税劳务、发生应税行为

情形	会计分录
（1）企业销售货物、提供加工修理修配劳务、销售服务	借：应收账款等 　贷：主营业务收入等 　　应交税费——应交增值税（销项税额）

续表

情形		会计分录
（2）视同销售	①自产委托加工 集体福利或个人消费	借：应付职工薪酬 　　贷：主营业务收入等 　　　　应交税费——应交增值税（销项税额） 同时： 借：主营业务成本等 　　贷：库存商品
	对外投资	借：长期股权投资等 　　贷：主营业务收入等 　　　　应交税费——应交增值税（销项税额） 同时： 借：主营业务成本等 　　贷：库存商品等
	②自产委托加工外购 分配给股东或投资者	借：应付股利 　　贷：主营业务收入 　　　　应交税费——应交增值税（销项税额） 同时： 借：主营业务成本 　　贷：库存商品
	无偿赠送	借：营业外支出 　　贷：库存商品（成本价） 　　　　应交税费——应交增值税（销项税额）

【注意】会计上收入或利得确认时点先于增值税纳税义务发生时点的，两步走：

第一步，确认收入，增值税待转：

借：应收账款、应收票据、银行存款
　　贷：主营业务收入
　　　　其他业务收入
　　　　应交税费——待转销项税额

第二步，实际发生纳税义务时：

借：应交税费——待转销项税额
　　贷：应交税费——应交增值税（销项税额）

【例4·多选】甲公司为增值税一般纳税人，2017年底将一批成本为20万元的电热毯无偿捐赠给贫困山区，该批电风扇的市场计税价格为25万元，下列说法中，正确的有（　　）。

A.对外无偿捐赠属于视同销售行为

B.应确认"应交税费——应交增值税（销项税额）"3.4万元

C.应确认"应交税费——应交增值税（销项税额）"4.25万元

D.应确认"营业外支出"24.25万元

【答案】ACD

【解析】对外无偿捐赠，分录如下：

借：营业外支出　　　　　　　　　　　　　　　　　　　　24.25
　　贷：库存商品　　　　　　　　　　　　　　　　　　　　20
　　　　应交税费——应交增值税（销项税额）　　（25×17%）4.25

4.交纳增值税

（1）交纳当月应交的增值税。

借：应交税费——应交增值税（已交税金）
　　贷：银行存款

（2）交纳以前期间未交的增值税。

借：应交税费——未交增值税
　　贷：银行存款

5.月末转出多交增值税和未交增值税

月度终了，企业应当将当月应交未交或多交的增值税自"应交增值税"明细科目转入"未交增值税"明细科目。

（1）当月应交未交的增值税：

借：应交税费——应交增值税（转出未交增值税）
　　贷：应交税费——未交增值税

（2）当月多交的增值税：

借：应交税费——未交增值税
　　贷：应交税费——应交增值税（转出多交增值税）

【总结】当月已交用已交，转出未交和多交，下月交时用未交。

【例5·多选】甲公司为增值税一般纳税人，2018年2月当期销项税额合计100万元，进项税额66万元，进项税额转出2万元，已交税金40万元，则下列处理不正确的有（　　）。

A.借：应交税费——应交增值税（转出未交增值税）　　　　36
　　贷：应交税费——未交增值税　　　　　　　　　　　　36

B.借：应交税费——应交增值税（转出多交增值税）　　　　40
　　贷：应交税费——未交增值税　　　　　　　　　　　　40

C.借：应交税费——未交增值税　　　　　　　　　　　　　40
　　贷：应交税费——应交增值税（转出多交增值税）　　　40

D.借：应交税费——未交增值税　　　　　　　　　　　　　4
　　贷：应交税费——应交增值税（转出多交增值税）　　　4

【答案】ABC

【解析】当期应纳增值税=100－66+2=36（万元），当月已交税金40万元，多交税金=40－36=4（万元）。月末应编制的会计分录：

借：应交税费——未交增值税　　　　　　　　　　　　　　4
　　贷：应交税费——应交增值税（转出多交增值税）　　　4

(三)小规模纳税人的账务处理

情形	会计分录	注意
1.购进货物(服务)	借：原材料等 　　贷：银行存款等	小规模纳税人进项税额一律不予抵扣，直接计入有关货物或劳务的成本
2.销售货物(服务)	借：银行存款等 　　贷：主营业务收入等 　　　　应交税费——应交增值税	一般来说，小规模纳税人采用销售额和应纳税额合并定价的方法并向客户结算款项，销售货物或提供应税劳务后，应进行价税分离，确定不含税的销售额： 不含税销售额=含税销售额÷（1+征收率） 应纳税额=不含税销售额×征收率
3.交纳增值税	借：应交税费——应交增值税 　　贷：银行存款	

【例6·单选】甲企业为增值税小规模纳税人，本月采购原材料2 060千克，每千克50元（含增值税），运输途中的合理损耗为60千克，入库前的挑选整理费用为500元，企业该批原材料的入账价值为（　　）元。(2017年)

A.100 500　　　　　　　　　　　B.103 500

C.103 000　　　　　　　　　　　D.106 500

【答案】B

【解析】运输途中的合理损耗计入采购原材料的成本，甲企业该批原材料的入账价值=2 060×50+500=103 500（元）。

(四)差额征税的账务处理

情形	会计分录
1.按规定相关成本费用允许扣减销售额的账务处理	借：主营业务成本等 　　应交税费——应交增值税（销项税额抵减） 　　贷：银行存款 借：银行存款 　　贷：主营业务收入 　　　　应交税费——应交增值税（销售税额）
2.转让金融商品按规定以盈亏相抵后的余额作为销售额	产生转让收益： 　借：投资收益 　　贷：应交税费——转让金融商品应交增值税 （转让损失做相反分录） 实际交纳时： 　借：应交税费——转让金融商品应交增值税 　　贷：银行存款 年末，"应交税费——转让金融商品应交增值税"如有借方余额： 　借：投资收益 　　贷：应交税费——转让金融商品应交增值税

(五)税控系统专用设备和技术维护费用抵减增值税的账务处理

情形	会计分录
初次购买金额抵扣	初次购入税控设备: 借:固定资产(价税合计) 　　贷:银行存款
	发生设备技术服务费: 借:管理费用 　　贷:银行存款
	抵减增值税应纳税额: 借:应交税费——应交增值税(减免税款) 　　贷:管理费用

三、消费税

(一)消费税概述

消费税是指在我国境内生产、委托加工和进口应税消费品的单位和个人,按其流转额交纳的一种税。企业应在"应交税费"科目下设置"应交消费税"明细科目,核算应交消费税的发生、交纳情况。

(二)应交消费税的账务处理

1.销售应税消费品

借:税金及附加
　　贷:应交税费——应交消费税

2.自产自用应税消费品

(1)用于在建工程等非生产机构:

借:在建工程(成本)
　　贷:库存商品
　　　　应交税费——应交消费税

(2)用于集体福利或个人消费的:

借:应付职工薪酬(售价+增值税销项税额)
　　税金及附加(消费税)
　　贷:主营业务收入
　　　　应交税费——应交增值税(销项税额)
　　　　　　　　——应交消费税

借:主营业务成本
　　贷:库存商品

3.委托加工应税消费品

(1)收回后直接用于销售的,计入"委托加工物资"。

(2)收回后用于连续生产应税消费品的,计入"应交税费——应交消费税"。

4.进口应税消费品应交的消费税,计入该物资的成本

【例7·判断】委托加工应税消费品收回后直接用于出售的,委托方代扣代缴的消费税应计入"应交税费——应交消费税"科目。( )(2017年)

【答案】×

【解析】委托加工应税消费品收回后直接用于出售的,委托方代扣代缴的消费税应计入成本。

四、其他应交税费

(一)应交资源税

1. 概念

资源税是指对在我国境内开采矿产品或生产盐的单位和个人征收的税。

2. 账务处理

借:税金及附加(对外销售应税产品交纳的资源税)
　　生产成本/制造费用等(自产自用应税产品交纳的资源税)
　　贷:应交税费——应交资源税

(二)应交城市维护建设税和教育费附加

1. 概念

城市维护建设税和教育费附加,是指以增值税、消费税为计税依据的一种税。

2. 计算

应纳税额=(应交增值税+应交消费税)×适用税率

3. 账务处理

借:税金及附加
　　贷:应交税费——应交城市维护建设税
　　　　　　　——应交教育费附加

【例8·单选】甲公司2016年6月发生的相关税费如下:增值税1 100 000元,城镇土地使用税200 000元,消费税500 000元,土地增值税350 000元,城市维护建设税税率为7%。该企业2016年6月应记入"应交税费——应交城市维护建设税"科目的金额为( )元。

A.112 000　　　　　　　　　　B.150 500
C.77 000　　　　　　　　　　　D.35 000

【答案】A

【解析】城市维护建设税=(1 100 000+500 000)×7%=112 000(元)。

(三)应交土地增值税

1. 概念

土地增值税是指对转让国有土地使用权、地上的建筑物及其附着物并取得增值性收入的单位和个人所征收的一种税。

2. 账务处理

（1）转让的土地使用权连同地上建筑物及其附着物一并在"固定资产"科目核算的：
借：固定资产清理
　　贷：应交税费——应交土地增值税
（2）土地使用权在"无形资产"核算的：
借：银行存款
　　累计摊销
　　无形资产减值准备
　　营业外支出（亏损差额）
　　贷：无形资产
　　　　应交税费——应交土地增值税
　　　　营业外收入（利得差额）
（3）房地产开发企业销售房地产：
借：税金及附加
　　贷：应交税费——应交土地增值税

（四）应交房产税、城镇土地使用税、车船税和矿产资源补偿费的账务处理
借：税金及附加
　　贷：应交税费——应交房产税
　　　　　　　　——应交城镇土地使用税
　　　　　　　　——应交车船税
　　　　　　　　——应交矿产资源补偿费

【注意】增值税不通过"税金及附加"科目核算。

（五）应交个人所得税
企业按规定计算的代扣代缴的职工个人所得税，计入"应付职工薪酬"科目。
1.代扣个人所得税时的账务处理
借：应付职工薪酬——工资、奖金、补贴、津贴等
　　贷：应交税费——应交个人所得税
2.企业缴纳个人所得税时的账务处理
借：应交税费——应交个人所得税
　　贷：银行存款等

【注意】个税通常由单位代扣代缴。

【例9·判断】某企业为增值税一般纳税人，2016年应交各种税金为：增值税350万元，消费税150万元，城市维护建设税35万元，车辆购置税10万元，耕地占用税5万元，所得税150万元。该企业当期"应交税费"科目余额为（　　　）万元。

A.535　　　　　　　　　　　　B.545
C.550　　　　　　　　　　　　D.685

【答案】D

【解析】车辆购置税与耕地占用税都计入相关资产的成本中,不在"应交税费"中核算,其他的税费都在"应交税费"中核算,因此"应交税费"科目余额=350+150+35+150=685(万元)。

第四章　所有者权益

一、所有者权益的概念

所有者权益是指企业资产扣除负债后由所有者享有的剩余权益。公司所有者权益又称为股东权益。

二、所有者权益的特征

除非发生减资、清算或分派现金股利，企业不需要偿还所有者权益；企业清算时，只有在清偿所有的负债后，所有者权益才返还给所有者；所有者凭借所有者权益能够参与企业利润的分配。

三、所有者权益的来源构成

实收资本（股本）：所有者投入的资本；资本公积：资本或股本溢价；其他综合收益：直接计入所有者权益的利得和损失；留存收益：盈余公积和未分配利润。

第一节　实收资本

一、实收资本概述

实收资本是指企业按照章程规定或合同、协议约定，接受投资者投入企业的资本。实收资本的构成比例或股东的股份比例，是确定所有者在企业所有者权益中份额的基础，也是企业进行利润或股利分配的主要依据。

我国《公司法》规定，股东可以多种形式出资，全体股东的货币出资金额不得低于有限责任公司注册资本的30%。无论以何种方式出资，投资者如在投资过程中违反投资合约或协议约定，不按规定如期缴足出资额，企业可以追究投资者的违约责任。

二、实收资本的账务处理

(一)接受现金资产投资

1.股份有限公司以外的企业接受现金资产投资

借：银行存款（按实际收到的金额）
　　贷：实收资本（按投资合同或协议约定的投资者在企业注册资本中应享有的份额）
　　　　资本公积——资本溢价（差额）

2.股份有限公司接受现金资产投资

借：银行存款（每股发行价格 × 发行股数）
　　贷：股本（股数 × 面值）
　　　　资本公积——股本溢价（差额）

【注意1】股份有限公司发行股票时，既可以按面值发行股票，也可以溢价发行

(我国目前不允许折价发行)。

【注意2】股份有限公司发行股票发生的手续费、佣金等交易费用,应从股票溢价中抵扣,即冲减"资本公积——股本溢价";溢价金额不足抵扣的,应将不足抵扣的部分依次冲减"盈余公积"和"未分配利润"。

借:资本公积——股本溢价
  盈余公积
  利润分配——未分配利润
 贷:银行存款

【例1·多选】某公司由甲乙投资者分别出资100万元设立,为扩大经营规模,该公司的注册资本由200万元增加到250万元,丙企业以现金出资100万元享有公司20%的注册资本。不考虑其他因素。该公司接受丙企业出资相关科目的处理结果正确的有( )。(2018年)

A.贷记"实收资本"科目100万元
B.借记"银行存款"科目100万元
C.贷记"资本公积"科目50万元
D.贷记"盈余公积"科目100万元

【答案】BC
【解析】该公司接受丙企业出资的会计处理:

借:银行存款   100
 贷:实收资本   (250×20%)50
   资本公积   (差额)50

【例2·单选】某股份有限公司首次公开发行普通股500万股。每股面值1元,发行价格6元,相关手续费和佣金共计95万元(不考虑增值税)。不考虑其他因素,该公司发行股票应计入资本公积的金额为( )万元。(2017年)

A.2 905   B.2 405
C.2 500   D.3 000

【答案】B
【解析】应计入资本公积的金额=500×6-500-95=2 405(万元)。

(二)接受非现金资产投资

企业接受投资者作价投入的非现金资产,应按投资合同或协议约定价值(不公允的除外)确定资产入账价值,按投资合同或协议约定的投资者在注册资本或股本中所占份额的部分作为实收资本或股本入账,投资合同或协议约定的价值(不公允的除外)超过投资者在企业注册资本或股本中所占份额的部分,计入资本公积(资本溢价或股本溢价)。

接受投入固定资产/无形资产/原材料

借：固定资产/无形资产/原材料（按投资合同或协议约定的价值，不公允的除外）
　　应交税费——应交增值税（进项税额）
　　贷：实收资本（或股本）
　　　　资本公积——资本溢价（或者股本溢价）（差额）

【注意】不动产进项税额需分两年抵扣，第一年抵扣60%，第二年抵扣40%。

【例3·单选】甲、乙公司均为增值税一般纳税人，适用的增值税税率为17%，甲公司接受乙公司追加投入原材料一批，账面价值100 000元，投资协议约定价值120 000元，假定投资协议约定的价值与公允价值相符，该项投资没有产生资本溢价。甲公司实收资本应增加（　　）元。

A.100 000　　　　　　　　　　B.117 000
C.120 000　　　　　　　　　　D.140 400

【答案】D
【解析】甲公司应增加实收资本=120 000×（1+17%）=140 400（元）。

（三）实收资本（或股本）的增减变动

一般情况下，企业的实收资本应相对固定不变，但在某些特定情况下，实收资本也可能发生增减变化。当实收资本比原注册资金增加或减少超过20%时，应持资金使用证明或者验资证明，向原登记主管机关申请变更登记。

1.实收资本（或股本）的增加

一般企业增加资本主要有三个途径：接受投资者追加投资、资本公积转增资本和盈余公积转增资本。

资本公积转增资本和盈余公积转增资本：
借：资本公积——资本溢价（或股本溢价）/盈余公积
　　贷：实收资本（或股本）

【例4·多选】下列各项中，会导致企业实收资本增加的有（　　）。（2015年）

A.资本公积转增资本　　　　　B.接受投资者追加投资
C.盈余公积转增资本　　　　　D.接受非流动资产捐赠

【答案】ABC
【解析】选项A，借记"资本公积"，贷记"实收资本"，增加实收资本；选项B，借记"银行存款"等，贷记"实收资本"，增加实收资本；选项C，借记"盈余公积"，贷记"实收资本"，增加实收资本；选项D，借记"固定资产"等，贷记"营业外收入"，不增加实收资本。

2.实收资本（或股本）的减少

企业按法定程序报经批准减少注册资本的，按减少的注册资本金额减少实收资本。

股份有限公司采用收购本公司股票方式减资的，通过"库存股"科目核算回购股份的金额。减资时，按股票面值和注销股数计算的股票面值总额，借记"股本"科目，按注销库存股的账面余额，贷记"库存股"科目，按其差额，依次冲减"资本公积——股本溢价"、"盈余公积"和"利润分配——未分配利润"科目；相反增加"资本公积——股本溢价"。

基本账务处理：

（1）回购股票时：

借：库存股（按照实际支付的回购价款）
　　贷：银行存款

（2）注销库存股时：

①回购支付的价款＞面值总额：

借：股本（股票面值×注销股数）
　　资本公积——股本溢价（借方差额）
　　盈余公积
　　利润分配——未分配利润
　　贷：库存股（每股回购价格×注销股数）

②回购支付的价款＜面值总额：

借：股本（股票面值×注销股数）
　　贷：库存股（每股回购价格×注销股数）
　　　　资本公积——股本溢价（差额）

【注意】库存股属于所有者权益备抵项，回购库存股使所有者权益减少；注销库存股属于所有者权益内部变动，不影响所有者权益总额。

【例5·单选】某股份有限公司股本为1 000万元（每股面值1元），资本公积（股本溢价）为150万元，盈余公积为100万元。经股东大会批准以每股3元价格回购本公司股票100万股并予以注销，不考虑其他因素，下列关于该公司注销库存股的会计处理正确的是（　　）。（2015年）

A.借：股本　　　　　　　　　　　　　　　　　　1 000 000
　　　资本公积——股本溢价　　　　　　　　　　 1 500 000
　　　盈余公积　　　　　　　　　　　　　　　　　 500 000
　　　贷：库存股　　　　　　　　　　　　　　　 3 000 000

B.借：股本　　　　　　　　　　　　　　　　　　1 000 000
　　　资本公积——股本溢价　　　　　　　　　　 1 500 000
　　　盈余公积　　　　　　　　　　　　　　　　　 500 000
　　　贷：银行存款　　　　　　　　　　　　　　 3 000 000

C.借：库存股　　　　　　　　　　　　　　　　　3 000 000

　　　　贷：银行存款　　　　　　　　　　　　　　　　　　3 000 000
　　D.借：股本　　　　　　　　　　　　　　　　　　　　　3 000 000
　　　　贷：银行存款　　　　　　　　　　　　　　　　　　3 000 000
【答案】A
【解析】回购本公司股票时：
借：库存股　　　　　　　　　　　　　　　　　　　　　　3 000 000
　　贷：银行存款　　　　　　　　　　　　　　（1 000 000×3）3 000 000
注销本公司股票时：
借：股本　　　　　　　　　　　　　　　　　　　　　　　1 000 000
　　资本公积——股本溢价　　　　　　　　　　　　　　　　1 500 000
　　盈余公积　　　　　　　　　　　　　　　　　　　　　　500 000
　　贷：库存股　　　　　　　　　　　　　　　　　　　　3 000 000

第二节　资本公积

一、资本公积概述

　　资本公积是企业收到投资者出资额超出其在注册资本（或股本）中所占份额的部分，以及其他资本公积等。资本公积包括资本溢价（或股本溢价）和其他资本公积等。
　　形成资本溢价（或股本溢价）的原因有溢价发行股票、投资者超额缴入资本等。

　　【例1•判断】资本公积是企业收到投资者出资额超出其在注册资本（或股本）中所占份额的部分。（　　）
　　【答案】×
　　【解析】资本公积是企业收到投资者出资额超出其在注册资本（或股本）中所占份额的部分，以及其他资本公积等。

二、资本公积的账务处理

（一）资本溢价（股本溢价）
　　企业应通过"资本公积"科目核算资本公积的增减变动，并分别"资本溢价（股本溢价）""其他资本公积"进行明细核算。
　　1.资本溢价
　　非股份有限公司接受投资者投入资产的金额超过投资者在企业注册资本中所占份额的部分，通过"资本公积——资本溢价"科目核算。
　　2.股本溢价
　　股份有限公司是以发行股票方式筹集股本的，股票可按面值发行，也可按溢价发行,我国目前不准折价发行。

在按面值发行股票的情况下,企业发行股票取得的收入,应全部作为股本处理;在溢价发行股票的情况下,企业发行股票取得的收入,等于股票面值的部分作为股本处理,超出股票面值的溢价收入应作为股本溢价处理。

股份有限公司发行股票发生的手续费、佣金等交易费用,如果是溢价发行股票的,应从溢价中抵扣,冲减"资本公积——股本溢价";无溢价或溢价金额不足以抵扣的,应将不足抵扣的部分依次冲减"盈余公积"和"未分配利润"。

(二)其他资本公积

其他资本公积是指除资本溢价(或股本溢价)、净损益、其他综合收益和利润分配以外所有者权益的其他变动。

长期股权投资采用权益法核算,根据持股比例确认的因被投资单位除净损益、其他综合收益和利润分配以外所有者权益的其他变动,投资企业根据持股比例应享有的份额确认"资本公积——其他资本公积"。

处置相关股权投资时需将"资本公积——其他资本公积"的金额结转至"投资收益"科目中。

(三)资本公积转增资本

经股东大会或类似机构决议,用资本公积转增资本时:

借:资本公积
　　贷:实收资本(或股本)

【例2·单选】甲公司委托乙证券公司代理发行普通股2 000万股,每股面值1元,每股发行价4元,按协议约定,乙证券公司从发行收入中提取2%的手续费,甲公司发行普通股应计入资本公积的金额为(　　)万元。(2014年)

A.6 000　　　　　　　　　　B.5 840
C.5 880　　　　　　　　　　D.6 160

【答案】B

【解析】企业发行股票的收入大于面值的部分需要计入资本公积,发行股票的手续费、佣金等费用需要从溢价当中扣除,冲减资本公积。甲公司发行普通股应计入资本公积的金额=2 000×4−2 000−2 000×4×2%=5 840(万元)。

第三节　留存收益

一、留存收益的概述

留存收益是指企业从历年实现的利润中提取或形成的留存于企业的内部积累,包括盈余公积和未分配利润两类。

```
                            按照法律规定比例计提，目前规定按挣利润
                      法定  （弥补以前年度亏损后）的10%提取。累计
               盈余        额已达到注册资本的50%时可以不再提取
               公积
               ────  任意  企业自行决定是否计提
留存
收益
                      企业实现的净利润经过弥补亏损、提取盈余
               未分配  公积和向投资者分配利润后留存在企业的、
               利润   历年结存的利润
```

二、留存收益的账务处理

（一）利润分配

利润分配是指企业根据国家有关规定和企业章程、投资者协议等，对企业当年可供分配的利润所进行的分配。

可供分配的利润＝当年实现的净利润（或净亏损）＋年初未分配利润（－年初未弥补亏损）＋其他转入

可供分配的利润，按下列顺序分配：

1.提取法定盈余公积

2.提取任意盈余公积

3.向投资者分配利润

企业应通过"利润分配"科目，核算利润的分配（或亏损的弥补）和历年分配（或弥补）后的未分配利润（或未弥补亏损），应设置"提取法定盈余公积""提取任意盈余公积""应付现金股利或利润""盈余公积补亏""未分配利润"等明细科目进行核算。企业未分配利润通过"利润分配——未分配利润"明细科目进行核算。

年度终了，企业应将全年实现的净利润或发生的净亏损，自"本年利润"科目转入"利润分配——未分配利润"科目，并将"利润分配"科目下所属其他明细科目的余额，转入"未分配利润"明细科目。结转后，"利润分配——未分配利润"明细科目如为贷方余额，表示累积未分配的利润金额；如为借方余额，则表示累积未弥补的亏损金额。

【例1·单选】某公司年初未分配利润为1 000万元，当年实现净利润500万元，按10%提取法定盈余公积，按5%提取任意盈余公积，宣告发放现金股利100万元，不考虑其他因素，该公司年末未分配利润为（　　　）万元。（2017年）

　　A.1 450　　　　　　　　　　　　　　B.1 475

　　C.1 325　　　　　　　　　　　　　　D.1 400

【答案】C

【解析】该公司年末未分配利润=1 000+500－500×（10%＋5%）－100=1 325（万元）。

【例2·单选】2017年年初某企业"利润分配——未分配利润"科目借方余额为20万元，2017年度该企业实现净利润为160万元，根据净利润的10%提取盈余公积。2017年年末该企业可供分配利润的金额为（　　）万元。（2015年）

A.140　　　　　　　　　　B.124

C.126　　　　　　　　　　D.160

【答案】A

【解析】2017年年末该企业可供分配利润的金额=年初未分配利润＋本年实现的净利润＋其他转入＝－20+160+0=140（万元）。

【例3·多选】下列各项中，引起企业留存收益额增减变动的有（　　）。（2018年）

A.盈余公积转增资本

B.提取法定盈余公积

C.向投资者宣告分配现金股利

D.本年度实现净利润

【答案】ACD

【解析】选项A，留存收益包括企业的盈余公积和未分配利润两个部分，实收资本或者股本不属于留存收益，盈余公积转资本会减少企业的留存收益，但不会引起所有者权益总额的变化；选项B，提取法定盈余公积，在利润分配和盈余公积两个科目之间变化，不影响企业的留存收益；选项C，向投资者宣告分配现金股利，借记"利润分配"科目，贷记"应付股利"科目，减少企业的留存收益；选项D，本年度实现的净利润，将增加企业的未分配利润，即增加企业的留存收益。

（二）盈余公积

公司制企业可根据股东会或股东大会的决议提取任意盈余公积。非公司制企业经类似权力机构批准，也可提取任意盈余公积。法定盈余公积和任意盈余公积的区别在于其各自计提的依据不同，前者以国家的法律法规为依据，后者由企业的权力机构自行决定。

企业提取的盈余公积经批准可用于弥补亏损、转增资本、发放现金股利或利润等。

情形	会计分录
1.提取盈余公积	借：利润分配——提取法定（任意）盈余公积 　贷：盈余公积——法定（任意）盈余公积
2.盈余公积补亏	借：盈余公积 　贷：利润分配——盈余公积补亏

情形	会计分录
3.盈余公积转增资本（或股本）	借：盈余公积 　　贷：实收资本（或股本）
4.用盈余公积发放现金股利或利润	（1）发放现金股利时 借：盈余公积 　　贷：应付股利 （2）支付股利时 借：应付股利 　　贷：银行存款

【注意】如果以前年度未分配利润有盈余（即年初未分配利润余额为正数），在计算提取法定盈余公积的基数时，不应包括企业年初未分配利润；如果以前年度有亏损（即年初未分配利润额为负数），应先弥补以前年度亏损再提取盈余公积。

【例4·多选】下列各项中，导致企业留存收益发生增减变动的有（　　）。（2017年）

A.盈余公积分配现金股利　　　　B.盈余公积弥补亏损

C.资本公积转增资本　　　　　　D.盈余公积转增资本

【答案】AD

【解析】选项A，减少盈余公积，减少留存收益；选项B，属于留存收益内部的增减变动；选项C，不影响留存收益；选项D，减少盈余公积，减少留存收益。

【例5·不定项】2017年1月1日，某股份有限公司资产负债表中股东权益各项目年初余额为：股本3 000万元，资本公积8 000万元，盈余公积800万元，未分配利润2 000万元。2017年公司发生相关业务资料如下：

（1）经股东大会批准，宣告发放2016年度现金股利1 500万元。

（2）经股东大会批准并已履行相应增资手续，将资本公积4 000万元转增股本。

（3）经批准增资扩股，委托证券公司发行普通股400万股，每股面值1元，每股发行价格6元，按照发行价的3%向证券公司支付相关发行费用（不考虑增值税）。

（4）当年实现净利润3 000万元，提取法定盈余公积和任意盈余公积的比例分别为10%和5%。

要求：根据上述资料，不考虑其他因素，分别回答下列小题。（答案中的金额单位用万元表示）

1.根据期初资料和资料（1），下列各项中，关于宣告发放现金股利对股东权益和负债项目影响结果的表述正确的是（　　）。

A."盈余公积"项目减少1 500万元

B."未分配利润"项目减少1 500万元

C."负债合计"项目增加1 500万元

D."股东权益合计"项目减少1 500万元

【答案】BCD

【解析】借记"利润分配"科目，减少未分配利润（选项B），因此会减少企业的所有者权益总额（选项D）；贷记"应付股利"，负债增加。

会计分录：

借：利润分配——应付现金股利　　　　　　　　　　　　　　　1 500
　　贷：应付股利　　　　　　　　　　　　　　　　　　　　　　1 500
借：利润分配——未分配利润　　　　　　　　　　　　　　　　1 500
　　贷：利润分配——应付现金股利　　　　　　　　　　　　　1 500

2.根据资料（2），下列各项中，关于该公司以资本公积转增股本的会计处理结果表述正确的是（　　）。

A.股东权益总额不变　　　　　　B.股本增加4 000万元

C.股东权益减少4 000万元　　　　D.留存收益减少4 000万元

【答案】AB

【解析】选项AC，资本公积和股本均属于所有者权益（股东权益），故资本公积转增股本不影响股东权益，选项A正确，选项C错误；选项BD，根据会计分录可知：股本增加4 000万元，资本公积减少4 000万元，留存收益包括盈余公积与未分配利润，故不影响留存收益。

会计分录：

借：资本公积　　　　　　　　　　　　　　　　　　　　　　4 000
　　贷：股本　　　　　　　　　　　　　　　　　　　　　　　4 000

3.根据资料（3），该公司增发股票计入资本公积的金额是（　　）万元。

A.1 928　　　　　　　　　　　B.2 000

C.1 940　　　　　　　　　　　D.2 328

【答案】A

【解析】股份有限公司发行股票支付的手续费、佣金等发行费用，从发行股票的溢价中抵扣，即借记"资本公积——股本溢价"，故该公司增加股票计入资本公积的金额=（6-1）×400-6×400×3%=1 928（万元）。

4.根据期初资料和资料（4），下列各项中，关于该公司盈余公积计算正确的是（　　）。

A.期末盈余公积余额为1 250万元　　B.本年增加盈余公积300万元

C.本年增加盈余公积450万元　　　　D.期末盈余公积余额为1 100万元

【答案】AC

【解析】选项AD，"盈余公积"账户的期末余额=期初贷方余额+本期贷方发生额-本期借方发生额=800+3 000×（10%+5%）-0=1 250（万元），故选项A正确，选项D错误；选项BC，本年增加盈余公积=3 000×（10%+5%）=450（万元）（本年提取法定盈余公积和任意盈余公积），故选项C正确，选项B错误。

5.根据期初资料、资料（1）至（4），下列各项中，关于2017年12月31日该公司资产负债表"股东权益"有关项目的期末余额计算结果正确的是（　　）。

A. "资本公积"项目为5 928万元

B. "未分配利润"项目为3 050万元

C. "股东权益合计"项目为17 628万元

D. "股本"项目为7 400万元

【答案】ABCD

【解析】

（1）选项A，"资本公积"账户的期末余额＝期初贷方余额＋本期贷方发生额－本期借方发生额＝8 000＋1 928（材料3）－4 000（材料2）＝5 928（万元）；

（2）选项B，未分配利润＝年初未分配利润＋其他转入＋本年净利润－本年各项利润分配＝2 000＋0＋3 000－450（材料4）－1 500（材料1）＝3 050（万元）；

（3）选项D，"股本"账户的期末余额＝期初贷方余额＋本期贷方发生额－本期借方发生额＝3 000＋4 000（材料2）＋400（材料3）＝7 400（万元）；

股东权益期末余额＝股本期末余额＋资本公积期末余额＋盈余公积期末余额＋未分配利润期末余额＝7 400＋5 928＋1 250（第4小题）＋3 050＝17 628（万元）。

第五章 收入、费用和利润

第一节 收入

一、收入的特点与分类

收入是指企业在日常活动中形成的、会导致所有者权益增加的、与所有者投入资本无关的经济利益的总流入。

（一）特点

1. 收入是企业在日常活动中形成的经济利益的总流入
2. 收入会导致企业所有者权益的增加
3. 收入与所有者投入资本无关

（二）分类

1. 按企业从事日常活动的性质不同

分为销售商品收入、提供劳务收入和让渡资产使用权收入。

2. 按企业经营业务的主次不同

分为主营业务收入和其他业务收入。

【例1·多选】下列各项中，属于工业企业营业收入的有（   ）。（2017年）

A. 出售无形资产的净收益
B. 出租无形资产的租金收入
C. 销售产品取得的收入
D. 债权投资的利息收入

【答案】BC

【解析】选项A计入营业外收入；选项B计入其他业务收入；选项C计入主营业务收入；选项D计入投资收益。所以选项BC属于工业企业的营业收入。

二、销售商品收入

（一）销售商品收入的确认

销售商品收入同时满足下列条件的，才能予以确认。

一是企业已将商品所有权上的主要风险和报酬转移给购货方。

二是企业既没有保留通常与所有权相联系的继续管理权，也没有对已售出的商品实施有效控制。

三是相关的经济利益很可能流入企业。

四是收入的金额能够可靠地计量。

五是相关的已发生或将发生的成本能够可靠地计量。

【例2·判断】销售商品相关的已发生或将发生的成本不能合理估计的，企业应在

收到货款时确认收入。(　　)(2016年)

【答案】×

【解析】销售商品相关的已发生或将发生的成本不能合理估计的，不满足收入确认条件，企业不应确认收入。

(二)一般销售商品业务收入的账务处理

1.收入确认时间点

情形	确认时点
(1) 采用托收承付方式销售商品	在办妥托收手续时
(2) 交款提货方式销售商品	在开出发票账单收到货款时
(3) 预收款方式销售商品	通常在发出商品时
(4) 采用支付手续费方式委托代销商品	在收到受托方开出的代销清单时

【例3·多选】下列关于企业销售商品收入确认时点的表述中，正确的有(　　)。(2014年)

A.采用支付手续费委托代销方式销售商品，应在收到代销清单时确认收入

B.采用预收货款方式销售商品，应在收到货款时确认收入

C.采用交款提货方式销售商品，应在开出发票收到货款时确认收入

D.采用托收承付方式销售商品，应在办妥托收手续时确认收入

【答案】ACD

【解析】采用预收货款方式销售商品，应在发出商品时确认收入。选项B不正确。

2.账务处理

企业销售商品满足收入确认条件时，应当按照已收或应收合同或协议价款的公允价值确定销售商品收入金额。通常情况下，购货方已收或应收的合同或协议价款即为其公允价值，应当以此确定销售商品收入的金额。企业销售商品所实现的收入以及结转的相关销售成本，通过"主营业务收入""主营业务成本"等科目核算。

借：应收账款等
　　贷：主营业务收入
　　　　应交税费——应交增值税(销项税额)
借：主营业务成本
　　贷：库存商品

(三)已经发出但不符合销售商品收入确认条件的商品的处理

如果企业售出商品不符合销售商品收入确认的五项条件，不应确认收入。为了单独反映已经发出但尚未确认销售收入的商品成本，企业应增设"发出商品"科目。

1.发出商品时

借：发出商品(成本价)
　　贷：库存商品(成本价)

2.纳税义务已经发生时

借：应收账款

　　贷：应交税费——应交增值税（销项税额）（售价×适用税率）

　　　　或"应交税费——简易计税"科目

3.满足确认条件时

借：银行存款/应收账款等

　　贷：主营业务收入

　　　　应交税费——应交增值税（销项税额）（如之前开出增值税专用发票时已做，此处无需再做）

借：主营业务成本

　　贷：发出商品

【例4·判断】如果销售商品不符合收入确认条件，在商品发出时不需要进行会计处理。（　　）（2017年）

【答案】×

【解析】如果销售商品不符合收入确认条件，在商品发出时不需要确认收入，但是需要将库存商品转出记入"发出商品"科目。

【例5·多选】某企业销售一批商品，该商品已发出且纳税义务已发生，由于货款收回存在较大不确定性，不符合收入确认条件。下列各项中，关于该笔销售业务会计处理表述正确的有（　　）。（2016年）

A.发出商品的同时结转其销售成本

B.根据增值税专用发票上注明的税额确认应收账款

C.根据增值税专用发票上注明的税额确认应交税费

D.将发出商品的成本记入"发出商品"科目

【答案】BCD

【解析】由于货款收回存在较大的不确定性，不符合收入确认条件，所以不能确认收入及结转成本，故选项A错误；发出商品时，应借记"发出商品"科目，贷记"库存商品"科目，故选项D正确；纳税义务发生，应借记"应收账款"科目，贷记"应交税费——应交增值税（销项税额）"科目，故选项BC正确。

（四）商业折扣、现金折扣和销售折让的处理

在确定销售商品收入的金额时，应注意区分商业折扣、现金折扣和销售折让及其不同的账务处理方法。

1.商业折扣

商业折扣是指企业为促进商品销售而给予的价格扣除。

商业折扣在销售时即已发生，并不构成商品最终成交价格的一部分，因此，销售商品确认收入的金额应是扣除商业折扣后的金额。

2.现金折扣

现金折扣是指债权人为鼓励债务人在规定期限内付款而向债务人提供的债务扣除。

（1）表现形式："折扣率／付款期限"。如"2/10，1/20，N/30"（在10天内付款，可享受2%的折扣；在20天内付款，可享受1%的折扣；如果在21天至30天内付款，将不能享受现金折扣。）

（2）处理：企业销售商品涉及现金折扣的，应当按照扣除现金折扣前的金额确定销售商品收入。现金折扣在实际发生时计入当期财务费用。

（3）账务处理：

①销售实现时：

借：应收账款（全额）
　　贷：主营业务收入（扣除现金折扣前的金额）
　　　　应交税费——应交增值税（销项税额）
借：主营业务成本
　　贷：库存商品

②收到货款（实际发生现金折扣）时：

借：银行存款（扣除现金折扣后的金额）
　　财务费用（现金折扣额）
　　贷：应收账款

【例6·多选】下列各项中，关于现金折扣会计处理表述正确的是（　　）。（2018年）

A.收回销货款发生的现金折扣，应计入当期财务费用
B.收回销货款发生的现金折扣，应冲减当期商品销售收入
C.销售商品附有现金折扣条件，应当按照扣除现金折扣前的金额确定商品销售收入
D.销售商品附有现金折扣条件，应当按照扣除现金折扣后的金额确认应收账款

【答案】AC

【解析】收回销货款发生的现金折扣，应计入当期财务费用，故选项A正确、选项B错误；销售商品附有现金折扣条件，应当按照扣除现金折扣前的金额确定商品销售收入，故选项C正确、选项D错误。

【例7·单选】某企业为增值税一般纳税人，适用的增值税税率为17%。2016年11月1日，对外销售M商品20 000件，每件不含增值税销售价格为15元，给予10%的商业折扣，符合收入确认条件。下列各项中，该企业销售商品会计处理正确的是（　　）。（2017年）

A.确认管理费用3万元　　　　　　B.确认主营业务收入27万元
C.确认应交税费5.1万元　　　　　D.确认财务费用3万元

【答案】B

【解析】相关会计分录为：

借：应收账款　　　　　　　　　　　　　　　　　　　　315 900
　　贷：主营业务收入　　　　　　　[20 000×15×（1-10%）]270 000
　　　　应交税费——应交增值税（销项税额）　　　　　　45 900

【例8•单选】A企业为增值税一般纳税人，适用的增值税税率为17%，2016年12月1日，A企业向B企业销售产品500件，每件产品销售价格为1 500元（不含增值税）。现金折扣条件为2/10，1/20，N/30，计算现金折扣时不考虑增值税。B企业于12月15日交付货款，A企业实际收到的款项为（　　）元。（2017年）

A.877 500　　　　　　　　　　B.862 500
C.750 000　　　　　　　　　　D.870 000

【答案】D

【解析】A企业实际收到的款项=500×1 500×17%+(500×1 500×99%)=870 000（元）。

3.销售折让

销售折让是指企业因售出商品质量不符合要求等原因而在售价上给予的减让。

（1）发生在确认销售收入之前：则应在确认销售收入时直接按扣除销售折让后的金额确认。

账务处理：

借：银行存款等
　　贷：主营业务收入（扣除折让后的净额）
　　　　应交税费——应交增值税（销项税额）

同时：

借：主营业务成本
　　贷：库存商品

【注意】商品已发出不满足收入确认条件的，应当将库存商品结转至"发出商品"科目中。

（2）已确认销售收入的售出商品发生销售折让，且不属于资产负债表日后事项的，应在发生时冲减当期销售商品收入，如按规定允许扣减增值税税额的，还应冲减已确认的应交增值税销项税额。

账务处理：

借：主营业务收入
　　应交税费——应交增值税（销项税额）
　　贷：银行存款

【例9•单选】2016年8月2日，甲公司向乙公司赊销一批商品。增值税专用发票上注明的价款为300万元。增值税税额为51万元。符合收入确认条件。9月15日，乙公司发现该批商品外观有瑕疵，要求按不含税销售价格给予5%的折让。甲公司同意并开具了红字增值税专用发票。同日收到乙公司支付的货款。下列各项中,关于甲公司销售折让会计处理结果表述不正确的是(　　)。(2017年)

A.冲减应交税费2.55万元　　　B.增加销售费用17.55万元
C.冲减主营业务收入15万元　　D.冲减应收账款17.55万元

【答案】B

【解析】2016年8月2日,赊销商品:

借：应收账款　　　　　　　　　　　　　　　　351
　　贷：主营业务收入　　　　　　　　　　　　　　300
　　　　应交税费——应交增值税（销项税额）　　　51

9月15日,发生销售折让:

借：主营业务收入　　　　　　　　　　　　　　15
　　应交税费——应交增值税（销项税额）　　　2.55
　　贷：应收账款　　　　　　　　　　　　　　　17.55
借：银行存款　　　　　　　　　　　　　　　333.45
　　贷：应收账款　　　　　　　　　　　　　　　333.45

【例10·判断】已确认销售收入的售出商品发生销售折让,且不属于资产负债表日后事项的,企业应在销售折让发生时冲减当期销售商品收入。(　　)(2017年)

【答案】√

(五)销售退回的处理

企业售出的商品由于质量、品种不符合要求等原因而发生的退回,应当分别不同情况进行会计处理。

情形			会计分录
1.尚未确认销售收入的售出商品发生销售退回时			借：库存商品 　　贷：发出商品
2.发生在确认销售收入之后	（1）销售实现时		借：应收账款 　　贷：主营业务收入 　　　　应交税费——应交增值税（销项税额） 借：主营业务成本 　　贷：库存商品
	（2）分情况	①已收款	借：银行存款 　　贷：应收账款 销售退回时： 借：主营业务收入 　　应交税费——应交增值税（销项税额） 　　贷：银行存款 借：库存商品 　　贷：主营业务成本

续表

情形			会计分录
2.发生在确认销售收入之后	（2）分情况	②未收款	销售退回时： 借：主营业务收入 　　应交税费——应交增值税（销项税额） 　贷：应收账款 借：库存商品 　贷：主营业务成本

【注意1】销售折让：涉及收入的减少及增值税的调整，不涉及成本和存货的调整。

【注意2】销售退回：既涉及收入的减少及增值税税额的调整，也涉及成本和存货的调整；如该项销售退回已发生现金折扣，应同时调整相关财务费用的金额。

【例11·单选】某企业售出商品发生销售退回，该商品销售尚未确认收入且增值税纳税义务尚未发生，该企业收到退回的商品应贷记的会计科目是（　　）。（2017年）

A.应收账款　　　　　　　　B.主营业务成本
C.发出商品　　　　　　　　D.其他业务成本

【答案】C

【解析】未确认收入的发出商品退回，由于这种销售退回发生在企业确认收入之前，因此只需要将已计入"发出商品"科目的商品成本转回即可。发出商品被退回时，应按其成本，借记"库存商品"科目，贷记"发出商品"科目。

【例12·判断】企业售出商品发生销售退回，对于已确认收入且不属于资产负债表日后事项的，应冲减退回当期的销售收入和销售成本。（　　）（2017年）

【答案】√

（六）采用预收款方式销售商品的处理

预收款销售方式下，销售方直到收到最后一笔款项才将商品交付购货方，表明商品所有权上的主要风险和报酬只有在收到最后一笔款项时才转移给购货方，销售方通常应在发出商品时确认收入，在此之前预收的货款应确认为预收账款。

账务处理：

1.收到预收款项时
　借：银行存款
　　贷：预收账款

2.满足收入确认条件时
　借：预收账款
　　　银行存款
　　贷：主营业务收入
　　　　应交税费——应交增值税（销项税额）
　借：主营业务成本
　　贷：库存商品

(七)采用支付手续费方式委托代销商品的处理

采用支付手续费委托代销方式下,收到受托方开出的代销清单时确认销售商品收入,同时将应支付的代销手续费计入销售费用;受托方应在代销商品销售后,按合同或协议约定的方式计算确定代销手续费,确认劳务收入。

账务处理:

委托方	业务处理	受托方	业务处理
1.发出商品	借:委托代销商品(发出商品) 贷:库存商品	1.收到商品	借:受托代销商品(售价) 贷:受托代销商品款(售价)
2.收到受托方开具的代销清单,根据已售商品确认收入	借:应收账款 贷:主营业务收入 　　应交税费——应交增值税 　　　　(销项税额) 借:主营业务成本 贷:委托代销商品(发出商品)	2.对外销售	借:银行存款 贷:受托代销商品(售价) 　　应交税费——应交增值税(销项税额)
3.确定代销手续费	借:销售费用 　　应交税费——应交增值税(进项税额) 贷:应收账款	3.收到委托方开具的增值税专用发票	借:应交税费——应交增值税(进项税额) 贷:应付账款 借:受托代销商品款 贷:应付账款
4.收到款项	借:银行存款 贷:应收账款	4.支付货款并计算代销手续费时	借:应付账款 贷:银行存款 　　其他业务收入(手续费) 　　应交税费——应交增值税(销项税额)

【例13·单选】下列各项中,采用支付手续费方式委托代销商品,委托方支付的手续费应借记的会计科目(　　)。(2017年)

A.管理费用　　　　　　　　　　B.其他业务成本

C.销售费用　　　　　　　　　　D.主营业务成本

【答案】C

【解析】委托方支付的手续费计入"销售费用"。

【例14·单选】委托方采用支付手续费的方式委托代销商品,委托方在收到代销清单后应按(　　)确认收入。

A.销售价款和增值税之和　　　　B.商品的进价

C.销售价款和手续费之和　　　　D.商品售价

【答案】D

【解析】选项A，销售价款和增值税之和，通过"应收账款"或"银行存款"等科目核算；选项B，结转销售成本时，通过"主营业务成本"核算；选项C，销售的价款通过"主营业务收入"核算，手续费通过"销售费用"核算。

（八）销售材料等存货的处理

借：银行存款
　　贷：其他业务收入
　　　　应交税费——应交增值税（销项税额）
借：其他业务成本
　　贷：原材料等

【总结】

（1）其他业务收入：销售材料、出租包装物和商品、出租固定资产、出租无形资产等实现的收入。投资性房地产的租金收入或处置收入也构成其他业务收入。

（2）其他业务成本：销售材料的成本、出租固定资产的折旧额、出租无形资产的摊销额、出租包装物的成本或摊销额。采用成本模式计量投资性房地产的，其投资性房地产计提的折旧额或摊销额，也构成其他业务成本。

（3）出售固定资产、转让无形资产所有权等实现的净收益或净损失属于非日常活动的利得或损失，计入营业外收入或营业外支出。

【例15·判断】企业出售不需用原材料取得的收入计入"主营业务收入"中，结转的成本计入"主营业务成本"中。（　　）

【答案】×

【解析】企业出售不需用原材料取得的收入应确认为其他业务收入，相应的成本应转入其他业务成本。

三、提供劳务收入

（一）在同一会计期间内开始并完成的劳务账务处理

1.一次就能完成的劳务

借：银行存款等
　　贷：主营业务收入
　　　　应交税费——应交增值税（销项税额）
借：主营业务成本等
　　贷：银行存款等

2.持续一段时间但在同一会计期间内开始并完成的劳务

（1）发生相关支出时

借：劳务成本（归集发生的成本支出）
　　贷：银行存款/应付职工薪酬/原材料等

（2）劳务完成时

借：银行存款/应收账款
　　贷：主营业务收入等
　　　　应交税费——应交增值税（销项税额）
借：主营业务成本等
　　贷：劳务成本

【例16·判断】让渡资产使用权合同或协议规定一次性收取使用费，且提供后续服务的，应在合同或协议规定的有效期内分期确认收入。（　　）

【答案】√

【解析】本题表述正确。

（二）劳务的开始和完成分属不同的会计期间的账务处理

1.提供劳务交易结果能够可靠估计

如劳务的开始和完成分属不同的会计期间，且企业在资产负债表日提供劳务交易结果能够可靠估计的，应采用完工百分比法确认提供劳务收入。

同时满足下列条件的，为提供劳务交易的结果能够可靠估计：

（1）收入的金额能够可靠地计量。指提供劳务收入的总额能够合理估计。通常情况下，企业应当按照从接受劳务方已收或应收的合同或协议价款确定提供劳务收入总额。随着劳务的不断提供，可能会根据实际情况增加或减少已收或应收的合同或协议价款，此时，企业应及时调整提供劳务收入总额。

（2）相关的经济利益很可能流入企业。指提供劳务收入总额收回的可能性大于不能收回的可能性。企业在确定提供劳务收入总额能否收回时，应当结合接受劳务方的信誉、以前的经验以及双方就结算方式和期限达成的合同或协议条款等因素，综合进行判断。通常情况下，企业提供的劳务符合合同或协议要求，接受劳务方承诺付款，就表明提供劳务收入总额收回的可能性大于不能收回的可能性。

（3）交易的完工进度能够可靠地确定。企业可以根据提供劳务的特点，选用下列方法确定提供劳务交易的完工进度：

①已完工作的测量，这是一种比较专业的测量方法，由专业的测量师对已经提供的劳务进行测量，并按一定方法计算确定提供劳务交易的完工程度；

②已经提供的劳务占应提供劳务总量的比例，这种方法主要以劳务量为标准确定提供劳务交易的完工程度。

③已经发生的成本占估计总成本的比例，这种方法主要以成本为标准确定提供劳务交易的完工程度。

（4）交易中已发生和将发生的成本能够可靠地计量。指交易中已经发生和将要发生的成本能够合理地估计。企业应当建立完善的内部成本核算制度和有效的内部财务预算及报告制度，准确地提供每期发生的成本，并对完成剩余劳务将要发生的成本作出科学、合理的估计。同时应随着劳务的不断提供或外部情况的不断变化，随时对将要发生的成本进行修订。

情形	会计分录
①预收劳务款时	借：银行存款 　　贷：预收账款
②收到预收款时，按照规定的预征率预缴增值税	借：应交税费——预交增值税 　　贷：银行存款等
③确认收入、结转成本 （一般期末）	借：预收账款/银行存款/应收账款 　　贷：主营业务收入等 　　　　应交税费——应交增值税（销项税额） 借：主营业务成本等 　　贷：劳务成本

【注意】

本期确认的收入＝劳务总收入×本期末止劳务的完工进度－以前期间已确认的收入

本期确认的成本＝劳务总成本×本期末止劳务的完工进度－以前期间已确认的成本

劳务总成本＝资产负债表日已发生的成本＋尚需发生的成本

【例17·单选】甲公司2015年5月承接一项工程，劳务合同收入1 500万元，预计合同总成本1 050万元，合同价款已收。采用完工百分比确认劳务收入，2015年确认劳务收入380万元，截止2016年12月31日，累计完工程度60%，2016年甲公司确认劳务收入（　　）万元。（2018年）

A.900　　　　　　　　　　B.520

C.630　　　　　　　　　　D.450

【答案】B

【解析】当年确认的收入＝劳务总收入×本年末止劳务的完成程度－以前年度已确认的收入＝1 500×60%－380＝520（万元）。

【例18·单选】2016年12月1日，甲企业与乙企业签订为期2个月的软件开发合同，合同总价为60万元（不考虑增值税），当日收到乙企业预付的合同款40万元，截止2016年12月31日，甲企业履行该合同累计发生劳务成本24万元。预计还将发生劳务成本16万元，经规定该合同完工进度为60%。不考虑其他因素，2016年12月甲企业确认的该项业务劳务收入为（　　）万元。（2017年）

A.24　　　　　　　　　　B.60

C.40　　　　　　　　　　D.36

【答案】D

【解析】题干给出，经测定该合同完工进度为60%，所以应确认的劳务收入＝60×60%＝36(万元)。

【例19·单选】2014年11月1日，甲公司接受乙公司委托为其安装一项大型设备，安装期限为3个月，合同约定乙公司应支付安装费总额为60 000元（不含增值税）。当日收到乙公司20 000元预付款，其余款项安装结束验收合格后一次付清。截至2014年12月31日，甲公司实际发生安装费15 000元，预计至安装完成还将发生安装费用25 000元；该公司按已发生的成本占估计总成本的比例确定完工进度。不考虑其他因素，甲公司2014年应确认的收入为（　　）元。（2015年）

A.20 000　　　　　　　　　　B.22 500
C.15 000　　　　　　　　　　D.60 000

【答案】B

【解析】2014年年末的完工进度=15 000÷（15 000 +25 000）×100%=37.5%，2014年应确认的收入 = 60 000 × 37.5%=22 500（元）。

2.提供劳务交易结果不能可靠估计

如劳务的开始和完成分属不同的会计期间，且企业在资产负债表日提供劳务交易结果不能可靠估计的，即不能同时满足上述四个条件的，不能采用完工百分比法确认提供劳务收入。此时，企业应当正确预计已经发生的劳务成本能否得到补偿，分别下列情况处理：

（1）预计全部能够得到补偿的：按已收或预计能够收回的金额确认提供劳务收入，并结转已经发生的劳务成本。

（2）预计部分能够得到补偿的：按能够得到部分补偿的劳务成本金额确认提供劳务收入，并结转已经发生的劳务成本。

（3）预计全部不能得到补偿的：将已经发生的劳务成本计入当期损益（主营业务成本或其他业务成本），不确认提供劳务收入。

情形	会计分录
①预收劳务款时	借：银行存款 　　贷：预收账款 　　　　应交税费——应交增值税（销项税额）
②发生的成本	借：劳务成本 　　贷：应付职工薪酬等
③确认收入、结转成本 （一般期末）	借：预收账款/银行存款/应收账款 　　贷：主营业务收入等 借：主营业务成本等 　　贷：劳务成本 借：应收账款 　　贷：应交税费——应交增值税（销项税额）

【例20·判断】企业对外提供的劳务分属不同会计期间且资产负债日提供劳务的交易结果不能可靠估计的，不能采用完工百分比法确认其当期劳务收入。（　　）（2017年）

【答案】√

【例21·单选】A公司2017年4月11日与客户签订了一项工程劳务合同，合同期为9个月，合同总收入1 500万元，预计合同总成本1 200万元；至2017年12月31日，实际发生成本660万元。在年末确认劳务收入时，甲公司发现，客户已发生严重的财务危机，估计只能从工程款中收回成本1 050万元。则A公司2017年度应确认的劳务收入为（　　）万元。

A.1 050　　　　　　　　B.1 200
C.660　　　　　　　　　D.825

【答案】A

【解析】因为客户发生严重的财务危机，因此提供劳务的结果不能可靠的估计，应根据已经发生的劳务成本是否能得到补偿来确认收入。已经发生的劳务成本为660万元，预计能收回成本1 050万元，表明已经发生的劳务成本能全部得到补偿，应按已收或预计能收回的金额确认收入。

四、让渡资产使用权收入

让渡资产使用权收入通常包括：

1.让渡无形资产等资产使用权而取得的使用费收入

2.出租固定资产取得的租金

3.进行债权投资收取的利息

4.进行股权投资取得的现金股利等

（一）让渡资产使用权收入的确认和计量

1.让渡资产使用权的使用费收入应满足的确认条件

（1）相关的经济利益很可能流入企业。

（2）收入的金额能够可靠地计量。

2.让渡资产使用权的使用费收入的确定

（1）合同或协议规定一次性收取使用费，且不提供后续服务的，应当视同销售该项资产一次性确认收入；提供后续服务的，应在合同或协议规定的有效期内分期确认收入。

（2）合同或协议规定分期收取使用费的，应按合同或协议规定的收款时间和金额或规定的收费方法计算确定的金额分期确认收入。

【例22·多选】下列各项中，属于企业让渡资产使用权收入的有（　　）。（2017年）

A.股权投资取得的现金股利

B.接受捐赠取得的现金

C.处置无形资产取得的净收益

D.出租固定资产取得的租金

【答案】AD

【解析】选项BC计入营业外收入，不属于让渡资产使用权收入。

【例23·判断】让渡资产使用权合同或协议规定一次性收取使用费,且提供后续服务的,应在合同或协议规定的有效期内分期确认收入。( )(2015年)

【答案】√

(二)让渡资产使用权收入的账务处理

企业让渡资产使用权的使用费收入,一般通过"其他业务收入"科目核算;所让渡资产计提的摊销额等,一般通过"其他业务成本"科目核算。

账务处理:

1.确认收入时

借:银行存款、应收账款等
　　贷:其他业务收入
　　　　应交税费——应交增值税(销项税额)

2.计提摊销时

借:其他业务成本
　　贷:累计摊销

【例24·不定项】甲公司为增值税一般纳税人,适用的增值税税率为17%。2016年7月甲公司发生如下业务:

(1)1日,与乙公司签订委托代销合同,委托乙公司销售N商品2 000件,合同约定乙公司按每件100元对外销售。甲公司按售价的10%同乙公司支付手续费。商品已经发出,每件成本为60元。

(2)8日,收到乙公司开具的代销清单,乙公司实际对外销售N商品1 000件。甲公司开具的增值税专用发票上注明的价款为100 000元。增值税税额为17 000元,款项尚未收到。甲公司收到乙公司开具的代销清单时,向乙公司开具一张相同金额的增值税专用发票,并收到乙公司提供代销服务开具的增值税专用发票,注明的价款为10 000元,增值税税额为600元。

(3)10日,用托收承付结算方式向丙公司销售M商品,并办妥托收手续。开具的增值税专用发票上注明的价款为500 000元。增值税税额为85 000元,该批M商品的成本为350 000元。15日丙公司发现该批商品有假货,要求给予5%的折让。甲公司同意并办妥相关手续,开具了增值税专用发票(红字)。20日,甲公司收到扣除折让后的全部款项存入银行。

(4)25日,收到以经营租赁方式出租设备的本月租金20 000元及相应增值税税额3 400元。该设备本月应计提折旧12 000元。

要求:根据上述资料,不考虑其他因素,分析回答下列小题。(2017年)

1.根据资料(1),下列各项中,甲公司发出委托代销商品时会计处理结果表述正确的是( )。

A."应交税费"科目贷方登记34 000元

B."库存商品"科目贷方登记120 000元

C."发出商品"科目借方登记200 000元

D."委托代销商品"科目借方登记120 000元

【答案】BD

【解析】甲公司发出委托代销商品时的会计处理为：

借：委托代销商品　　　　　　　　　　　　　　　　　　120 000
　　贷：库存商品　　　　　　　　　　　　　　　　　　　　120 000

2.根据资料（1）和（2），下列各项中，甲公司收到代销清单会计处理结果表述正确的是（　　）。

A.结转主营业务成本60 000元

B.确认销售费用10 000元

C.确认应收账款107 000元

D.确认主管业务收入100 000元

【答案】ABD

【解析】甲公司收到代销清单时：

借：应收账款　　　　　　　　　　　　　　　　　　　　117 000
　　贷：主营业务收入　　　　　　　　　　　　　　　　　100 000
　　　　应交税费——应交增值税（销项税额）　　　　　　 17 000
借：主营业务成本　　　　　　　　　　　　　　　　　　 60 000
　　贷：委托代销商品　　　　　　　　　　　　　　　　　 60 000
借：销售费用　　　　　　　　　　　　　　　　　　　　 10 000
　　应交税费——应交增值税（进项税额）　　　　　　　　　600
　　贷：应收账款　　　　　　　　　　　　　　　　　　　 10 600

3.根据资料（3），下列各项中，关于甲公司销售M商品会计处理结果表述正确的是（　　）。

A.发生销售折让时，确认销售费用24 000元

B.发生销售折让时，冲减主营业务收入25 000元

C.收到销售款项时，增加银行存款555 750元

D.办妥托收手续时，确认应收账款585 000元

【答案】BCD

【解析】10日销售M产品时：

借：应收账款　　　　　　　　　　　　　　　　　　　　585 000
　　贷：主营业务收入　　　　　　　　　　　　　　　　　500 000
　　　　应交税费——应交增值税（销项税额）　　　　　　 85 000
借：主营业务成本　　　　　　　　　　　　　　　　　　350 000
　　贷：库存商品　　　　　　　　　　　　　　　　　　　350 000

15日发生销售折让时：

借：主营业务收入　　　　　　　　　　　　　　　　　　 25 000

应交税费——应交增值税（销项税额）		4 250
贷：应收账款		29 250

20日收到款项时：

借：银行存款		555 750
贷：应收账款		555 750

4.根据资料（4），下列各项中，甲公司7月份出租设备相关的会计处理正确的是（　　）。

A.收到租金时：

借：银行存款		23 400
贷：其他业务收入		23 400

B.计提折旧时：

借：制造费用		12 000
贷：累计折旧		12 000

C.收到租金时：

借：银行存款		23 400
贷：其他业务收入		20 000
应交税费——应交增值税（销项税额）		3 400

D.计提折旧时：

借：其他业务成本		12 000
贷：累计折旧		12 000

【答案】CD

【解析】甲公司7月份出租设备的会计处理为：

借：银行存款		23 400
贷：其他业务收入		20 000
应交税费——应交增值税（销项税额）		3 400
借：其他业务成本		12 000
贷：累计折旧		12 000

5.根据资料（1）至（4），上述业务对甲公司7月份利润表中"营业收入"项目本期金额的影响是（　　）元。

A.600 000　　　　　　　　B.595 000
C.575 000　　　　　　　　D.620 000

【答案】B

【解析】对甲公司7月份利润表中"营业收入"项目本期金额的影响=100 000（资料2）+（500 000-25 000）（资料3）+20 000（资料4）=595 000（元）。

第二节 费用

一、费用的概念

费用是指企业在日常活动中发生的、会导致所有者权益减少的、与向所有者分配利润无关的经济利益的总流出。

（一）特点

1. 日常活动中形成
2. 导致所有者权益减少
3. 与所有者分配利润无关

（二）构成

包括营业成本、税金及附加和期间费用。

【注意】营业成本包括主营业务成本、其他业务成本；期间费用包括销售费用、管理费用和财务费用。

二、营业成本

（一）营业成本的概念

营业成本是指企业为生产产品、提供劳务等发生的可归属于产品成本、劳务成本等的费用，应当在确认销售商品收入、提供劳务收入等时，将已销售商品、已提供劳务的成本等计入当期损益。营业成本包括主营业务成本和其他业务成本。

（二）主营业务成本

1. 概念

主营业务成本是指企业销售商品、提供劳务等经常性活动所发生的成本。企业一般在确认销售商品、提供劳务等主营业务收入时，或在月末，将已销售商品、已提供劳务的成本转入主营业务成本。

2. 主营业务成本的账务处理

（1）销售实现，确认主营业务成本时：

借：银行存款/应收账款
　　贷：主营业务收入
　　　　应交税费——应交增值税（销项税额）

借：主营业务成本
　　贷：库存商品

（2）期末结转时：

借：本年利润
　　贷：主营业务成本

【注意】期末结转后，"主营业务成本"科目无余额。

(三)其他业务成本

1.概念

其他业务成本指企业确认的除主营业务活动以外的其他日常经营活动所发生的支出。包括以下内容：

(1)销售材料的成本。

(2)出租固定资产的折旧额。

(3)出租无形资产的摊销额。

(4)出租包装物的成本或摊销额。

(5)以成本模式计量的投资性房地产计提的折旧与摊销额等。

【例1•多选】下列各项中，应计入工业企业其他业务成本的有（　　）。（2017年）
A.结转销售商品的成本
B.结转销售原材料的成本
C.计提以成本模式计量的投资性房地产的折旧额
D.结转随同产品出售单独计价的包装物成本
【答案】BCD
【解析】结转销售商品的成本计入主营业务成本。

【例2•多选】下列不应通过"其他业务成本"科目核算的有（　　）。（2017年）
A.销售原材料所结转的实际成本
B.预计的产品质量保证损失
C.采用成本模式进行后续计量的投资性房地产计提的折旧
D.行政管理部门发生的固定资产修理费
【答案】BD
【解析】选项B计入销售费用；选项D计入管理费用。

2.其他业务成本的账务处理

(1)销售实现，确认其他业务成本时：

借：银行存款/应收账款
　　贷：其他业务收入
　　　　应交税费——应交增值税（销项税额）

借：其他业务成本
　　贷：原材料/周转材料/累计折旧/应付职工薪酬等

(2)期末结转时：

借：本年利润
　　贷：其他业务成本

【注意】期末结转后，"其他业务成本"科目无余额。

三、税金及附加

(一)概念

税金及附加是指企业经营活动应负担的相关税费,包括消费税、城市维护建设税、教育费附加和资源税、房产税、城镇土地使用税、车船税、印花税等。

【注意】不包括增值税和所得税。

(二)税金及附加的账务处理

1. 发生相关税费时

借:税金及附加

    贷:应交税费——应交消费税/城市维护建设税/教育费附加/资源税/房产税/城镇土地使用税/车船税

2. 实际缴纳税费时

借:应交税费——应交消费税/城市维护建设税/教育费附加/资源税/房产税/城镇土地使用税/车船税

    贷:银行存款

3. 期末结转时

借:本年利润

    贷:税金及附加

【注意】期末结转后,"税金及附加"科目无余额。企业交纳的印花税,不会发生应付未付税款的情况,不需要预计应纳税金额,同时也不存在与税务机关结算或者清算的问题。因此,企业交纳的印花税不通过"应交税费"科目核算,于购买印花税票时,直接借记"税金及附加"科目,贷记"银行存款"科目。

【例3·多选】下列各项中,应列入利润表中"税金及附加"项目的有(   )。(2014)

    A. 销售应税矿产品计提的应交资源税

    B. 经营活动中计提的应交教育费附加

    C. 销售应税消费品计提的应交消费税

    D. 经营活动中计提的应交城市维护建设税

【答案】ABCD

【解析】税金及附加是指企业经营活动应负担的相关税费,包括消费税、城市维护建设税、教育费附加和资源税、房产税、城镇土地使用税、车船税、印花税等。

【例4·单选】2015年10月,某企业销售应税消费品确认应交增值税20万元、消费税30万元、应交城市维护建设税3.5万元。不考虑其他因素,该企业2015年10月份利润表"税金及附加"项目本期金额为(   )万元。(2016年)

    A.23.5   B.33.5

    C.50   D.53.5

【答案】B

【解析】该企业2015年10月份利润表"税金及附加"项目本期金额=30+3.5=33.5（万元）。

四、期间费用

(一)期间费用的概述

期间费用是指企业日常活动发生的不能计入特定核算对象的成本，而应计入发生当期损益的费用。期间费用包括销售费用、管理费用和财务费用。

【例5·多选】下列各项中，应计入期间费用的有（　　）。（2011年）

A.销售商品发生的销售折让

B.销售商品发生的售后服务费

C.销售商品发生的商业折扣

D.委托代销商品支付的手续费

【答案】BD

【解析】选项A，销售商品发生的销售折让影响当期主营业务收入，不影响期间费用；选项B，销售商品发生的售后服务费计入销售费用；选项C，销售商品发生的商业折扣，不影响期间费用；选项D，委托代销商品支付的手续费计入当期销售费用。

【例6·单选】某企业2017年6月发生如下费用：支付办公用品费用10 000元，预付三季度房租9 000元，支付第二季度利息6 000元，其中4、5月预提利息4 000元。则该企业6月份应确认的期间费用为（　　）元。（2018年）

A.12 000　　　　　　　　　　B.10 000

C.25 000　　　　　　　　　　D.16 000

【答案】A

【解析】期间费用=10 000+（6 000－4 000）=12 000（元）。

(二)期间费用的账务处理

1.销售费用

（1）销售费用，是指企业销售商品和材料、提供劳务的过程中发生的各种费用。包括企业在销售商品过程中发生的保险费、包装费、展览费和广告费、商品维修费、预计产品质量保证损失、运输费、装卸费等以及为销售本企业商品而专设的销售机构（含销售网点、售后服务网点等）的职工薪酬、业务费、折旧费等经营费用。企业发生的与专设销售机构相关的固定资产修理费用等后续支出也属于销售费用。

【注意】销售费用不包括销售商品本身的成本和劳务成本。销售产品的成本属于"主营业务成本"，提供劳务所发生的成本属于"劳务成本"。随同商品出售而不单独计价的包装物成本，应在发生时计入销售费用。委托代销商品所支付的手续费计入销售费用。

（2）销售费用的账务处理。
①发生时：
借：销售费用
　　应交税费——应交增值税（进项税额）（如有）
　　贷：银行存款/应付职工薪酬/累计折旧等
②期末结转时：
借：本年利润
　　贷：销售费用
【注意】结转后，"销售费用"科目无余额。

【例7·多选】下列各项中，应计入销售费用的有（　　）。（2017年）
A.推广新产品的宣传费
B.预计产品质量保证损失
C.销售商品发生的运输费
D.专设销售机构的办公费
【答案】ABCD

【例8·判断】支付专设销售机构固定资产的日常修理费应计入管理费用。（　　）（2014年）
【答案】×
【解析】企业支付专设销售机构固定资产的日常修理费应计入销售费用。

2.管理费用

（1）管理费用，是指企业为组织和管理生产经营而发生的各种费用，包括企业在筹建期间内发生的开办费、董事会和行政管理部门在企业的经营管理中发生的，以及应由企业统一负担的公司经费（包括行政管理部门职工工资及福利费、物料消耗、低值易耗品摊销、办公费和差旅费等）、行政管理部门负担的工会经费、董事会费（包括董事会成员津贴、会议费和差旅费等）、聘请中介机构费、咨询费（含顾问费）、诉讼费、业务招待费、技术转让费、研究费用、排污费等。企业生产车间（部门）和行政管理部门发生的固定资产修理费用等后续支出，也作为管理费用核算。

（2）管理费用的账务处理。
①发生时：
借：管理费用
　　应交税费——应交增值税（进项税额）（如有）
　　贷：应付职工薪酬/累计折旧/银行存款等
②期末结转时：
借：本年利润
　　贷：管理费用
【注意】结转后，"管理费用"科目无余额。

【例9·多选】下列各项中,应通过"管理费用"科目核算的有（　　）。（2015年）
A.支付的排污费
B.支付的企业年度财务报告审计费
C.支付的广告费
D.发生的罚款支出
【答案】AB
【解析】选项C计入销售费用；选项D计入营业外支出。

【例10·单选】下列各项中,应计入企业管理费用的是（　　）。（2017年）
A.收回应收账款发生的现金折扣
B.处置无形资产净损失
C.生产车间机器设备的折旧费
D.生产车间发生的排污费
【答案】D
【解析】选项A计入财务费用,选项B计入营业外支出,选项C计入制造费用。

3.财务费用
（1）财务费用,是指企业为筹集生产经营所需资金等而发生的筹资费用,包括利息支出（减利息收入）、汇兑损益、相关的手续费（金融机构手续费）、企业发生或收到的现金折扣等。
（2）财务费用的账务处理。
①发生时：
借：财务费用
　　贷：银行存款等
②期末结转时：
借：本年利润
　　贷：财务费用
【注意】结转后,"财务费用"科目无余额。

【例11·单选】2016年11月份,某企业确认短期借款利息7.2万元（不考虑增值税）,收到银行活期存款利息收入1.5万元。开具银行承兑汇票支付手续费0.5万元（不考虑增值税）。不考虑其他因素。11月份企业利润表中"财务费用"项目的本期金额为（　　）万元。（2017年）
A.5.7　　　　　　　　　　　　B.7.7
C.5.2　　　　　　　　　　　　D.6.2
【答案】D
【解析】11月份企业利润表中"财务费用"项目的本期金额=7.2－1.5+0.5=6.2（万元）。

【例12·单选】为采购存货签发银行承兑汇票而支付的手续费应计入（　　）。（2017年）

A.营业外支出　　　　　　　　B.财务费用
C.管理费用　　　　　　　　　D.采购存货成本

【答案】B

【解析】签发银行承兑汇票而支付的手续费应计入财务费用。

【例13·单选】下列各项中，不应计入企业财务费用的是（　　）。（2017年）

A.支付的发行股票手续费　　　B.支付的银行结算手续费
C.支付的银行承兑汇票手续　　D.确认的短期借款利息费用

【答案】A

【解析】支付的发行股票手续费计入资本公积核算，不计入财务费用。

第三节　利润

一、利润的构成

利润是指企业在一定会计期间的经营成果。利润包括收入减去费用后的净额、直接计入当期利润的利得和损失等。未计入当期利润的利得和损失扣除所得税影响后的净额计入其他综合收益项目。净利润与其他综合收益的合计金额为综合收益总额。

利得是指由企业非日常活动所形成的、会导致所有者权益增加的、与所有者投入资本无关的经济利益的流入。损失是指企业非日常活动所形成的、会导致所有者权益减少的、与所有者分配利润无关的经济利益的流出。

由此得到如下公式：

利润=收入－费用+利得－损失

【例1·判断】损失是指企业非日常活动所发生的，会导致所有者权益减少的，与向所有者分配利润无关的经济利益的流出。（　　）（2017年）

【答案】√

（一）营业利润

营业利润=营业收入（主营业务收入+其他业务收入）－营业成本（主营业务成本+其他业务成本）－税金及附加－销售费用－管理费用－财务费用－资产减值损失+公允价值变动收益（－公允价值变动损失）+投资收益（－投资损失）+其他收益

（二）利润总额

利润总额=营业利润+营业外收入－营业外支出

（三）净利润

净利润=利润总额－所得税费用

【例2·单选】影响企业当期营业利润的是（　　）。（2018年）
A.处置房屋的净损失
B.经营出租设备的折旧费
C.向灾区捐赠商品的成本
D.火灾导致原材料毁损的净损失
【答案】B
【解析】处置房屋的净损失应计入营业外收入，不影响营业利润，故选项A错误；经营出租设备的折旧费应计入其他业务成本，影响营业利润，故选项B正确；向灾区捐赠商品的成本应计入营业外支出，不影响营业利润，故选项C错误；火灾导致原材料毁损的净损失应计入营业外支出，不影响营业利润，故选项D错误。

【例3·单选】下列各项中，不会引起利润总额发生增减变动的是（　　）。（2015年）
A.确认劳务收入
B.计提存货跌价准备
C.确认所得税费用
D.取得持有国债的利息收入
【答案】C
【解析】取得国债利息收入的分录是：
借：银行存款（应收利息）
　　贷：投资收益
投资收益影响利润总额；所得税费用影响净利润，不影响利润总额。

【例4·单选】某企业为增值税一般纳税人，增值税税率为17%。本月销售一批材料，价税合计为6 084元。该批材料计划成本为4 200元，材料成本差异率为2%。不考虑其他因素，该企业销售材料应确认的损益为（　　）元。（2018年）
A.1 884　　　　　　　　　　　B.1 084
C.1 968　　　　　　　　　　　D.916
【答案】D
【解析】该批材料的实际成本=4 200×（1+2%）=4 284（元）；
该批材料的不含税售价=6 084÷（1+17%）=5 200（元）；
销售材料应确认的损益=5 200－4 284=916（元）。

【例5·单选】下列各项中，不影响净利润的是（　　）。（2015年）
A.转回已计提的存货跌价准备
B.长期股权投资权益法下确认的其他综合收益
C.出租包装物的摊销额
D.计算确认应交的房产税

【答案】B

【解析】选项A，贷记资产减值损失；选项C，借记其他业务成本；选项D计入税金及附加。所以选项ACD都会影响净利润。

【例6·单选】2016年某企业取得债券投资利息收入15万元，其中国债利息收入5万元，全年税前利润总额为150万元，所得税税率为25%，不考虑其他因素，2016年该企业的净利润为（　　）万元。（2017年）

A.111.25　　　　　　　　　　　　B.112.5
C.113.75　　　　　　　　　　　　D.116.75

【答案】C

【解析】净利润=利润总额－所得税费用=150－（150－5）×25%=113.75（万元）。

二、营业外收支

（一）营业外收入

1.营业外收入核算内容

营业外收入是指企业确认的与其日常活动无直接关系的各项利得。主要包括：

（1）非流动资产的处置利得。

（2）盘盈利得。

（3）捐赠利得。

（4）非货币性资产交换利得。

（5）债务重组利得等。

2.营业外收入的账务处理

（1）企业确认处置非流动资产利得时：

借：固定资产清理/银行存款/待处理财产损溢/无形资产等
　　　贷：营业外收入

（2）企业确认盘盈利得、捐赠利得计入营业外收入时：

借：库存现金、待处理财产损溢等
　　　贷：营业外收入

（3）期末结转时：

借：营业外收入
　　　贷：本年利润

【注意】对于存货的盘盈，报经批准后计入管理费用；对于固定资产的盘盈，通过"以前年度损益调整"科目，报经批准后调整留存收益，不计入营业外收入。结转后，"营业外收入"科目应无余额。

【例7·多选】下列各项中，应计入营业外收入的有（　　）。（2015年）

A.大型设备处置利得
B.存货收发计量差错形成的盘盈
C.无形资产出售利得
D.无法支付的应付账款

【答案】ACD

【解析】选项B,存货收发计量差错形成的盘盈,计入管理费用。

(二)营业外支出

1.核算内容

营业外支出是指企业发生的与其日常活动无直接关系的各项损失。主要包括:

(1)非流动资产处置损失(固定资产、无形资产等)。

(2)公益性捐赠支出。

(3)盘亏损失(报经批准计入营业外支出的损失)。

(4)非常损失(客观原因,如自然灾害造成的损失,扣除保险公司赔偿后)。

(5)罚款支出(罚款、违约金、赔偿金等)。

(6)非货币性资产交换损失。

(7)债务重组损失等。

【例8·单选】下列各项中,属于营业外支出核算内容的是( )。(2017年)
　A.无法查明原因的现金短缺
　B.处置固定资产的净损失
　C.因计量误差造成的存货盘亏
　D.结转售出投资性房地产的成本

【答案】B

【解析】选项A,通过管理费用核算;选项C,通过管理费用核算;选项D,通过其他业务成本核算。

【例9·单选】下列各项中,应计入营业外支出的是( )。(2017年)
　A.合同违约金
　B.法律诉讼费
　C.出租无形资产的摊销额
　D.广告宣传费

【答案】A

【解析】选项B,计入管理费用;选项C,计入其他业务成本,选项D,计入销售费用。

【例10·单选】下列各项中,计入营业外支出的是( )。(2018年)
　A.结转售出材料的成本
　B.采购原材料运输途中合理损耗

C.管理原因导致的原材料盘亏

D.自然灾害导致的原材料损失

【答案】D

【解析】结转售出材料的成本应计入其他业务成本，故选项A错误；采购原材料运输途中合理损耗应计入成本，故选项B错误；管理原因导致的原材料盘亏应计入管理费用，故选项C错误。

2.营业外支出的账务处理

（1）企业确认处置非流动资产损失时：

借：营业外支出

　　贷：固定资产清理/无形资产等

（2）确认盘亏、罚款支出时：

借：营业外支出

　　贷：待处理财产损溢/库存现金等

（3）期末结转时：

借：本年利润

　　贷：营业外支出

【注意】存货的盘亏损失，属于一般经营损失的部分，计入管理费用；属于非常损失的部分，计入营业外支出；无法查明原因的现金短缺，计入管理费用。结转后，"营业外支出"科目应无余额。

三、所得税费用

（一）所得税费用的概念

所得税费用包括当期所得税和递延所得税。

1.当期所得税

当期所得税，是指当期应交所得税。

2.递延所得税

递延所得税，包括递延所得税资产和递延所得税负债。

（1）递延所得税资产：是指以未来期间很可能取得用来抵扣可抵扣暂时性差异的应纳税所得额为限确认的一项资产。

（2）递延所得税负债：是指根据应纳税暂时性差异计算的未来期间应付所得税的金额。

【例11·判断】利润表中"所得税费用"项目的本期金额等于当期所得税，而不应考虑递延所得税。（　　）（2017年）

【答案】×

【解析】企业根据会计准则的规定，计算确定的当期所得税和递延所得税之和，即为应从当期利润总额扣除的所得税费用。

(二)应交所得税的计算

应交所得税是指企业按照企业所得税法规定计算确定的针对当期发生的交易和事项,应交纳给税务部门的所得税金额,即当期应交所得税。

应交所得税=应纳税所得额×所得税税率

应纳税所得额=税前会计利润(即利润总额)+纳税调整增加额-纳税调整减少额

【链接】纳税调整额的内容见下表。

项目	内容
1.纳税调整增加额	(1)已计入当期费用但超过税法规定扣除标准的金额: ①职工福利费(工资总额×14%)、工会经费(工资总额×2%)、职工教育经费(工资总额×2.5%) ②业务招待费(按发生额的60%扣除,但不超过当年销售收入5‰) ③广告费和业务宣传费(销售/营业收入×15%) ④公益性捐赠支出(利润总额×12%)等 (2)已计入当期损失但企业所得税法规定不允许扣除项目的金额: ①税收滞纳金 ②罚款、罚金等 【注意】考试会直接给出标准,或直接给出调整增加的金额。
2.纳税调整减少额	(1)按企业所得税法规定允许弥补的亏损:前五年内未弥补亏损 (2)准予免税的项目:国债利息收入等

【例12·单选】甲公司2016年度实现利润总额1 350万元,适用的所得税税率为25%。本年度甲公司取得国债利息收入150万元,发生税收滞纳金4万元。不考虑其他因素,甲公司2016年度利润表"所得税费用"项目本期余额为( )万元。(2017年)

A.338.5   B.301
C.374   D.337.5

【答案】B

【解析】应纳税所得额=1 350 - 150+4=1 204(万元),所得税费用=1 204×25%=301(万元)。

【例13·判断】净利润是以营业利润为基础,加上营业外收入,减去营业外支出的金额。( )

【答案】×

【解析】利润总额是以营业利润为基础,加上营业外收入,减去营业外支出的金额。

(三)所得税费用的账务处理

企业应根据会计准则的规定,对当期应交所得税加以调整计算后,据以确认应从当期利润总额中扣除的所得税费用,通过"所得税费用"科目核算。

1.计算公式

（1）所得税费用：

所得税费用=当期所得税+递延所得税

（2）递延所得税：

递延所得税=（递延所得税负债的期末余额－递延所得税负债的期初余额）－（递延所得税资产的期末余额－递延所得税资产的期初余额）

2.所得税费用的账务处理

（1）确认时：

借：所得税费用

　　贷：应交税费——应交所得税（当期所得税）

　　　　递延所得税资产（增加在借方）

　　　　递延所得税负债（减少在借方）

（2）期末结转到本年利润：

借：本年利润

　　贷：所得税费用

【注意】结转后，"所得税费用"科目无余额。

【例14·单选】2015年度某企业实现利润总额为960万元，当年应纳税所得额为800万元，适用的所得税税率为25%。当年影响所得税费用的递延所得税负债增加50万元，企业2015年度利润表"所得税费用"项目本期金额为（　　）万元。（2016年）

A.250　　　　　　　　　　　　B.150

C.240　　　　　　　　　　　　D.200

【答案】A

【解析】所得税费用=当期所得税+递延所得税费用，当期所得税=应纳税所得额×所得税税率=800×25%=200（万元），递延所得税费用=50（万元），所得税费用=200+50=250（万元），选项A正确。

【例15·单选】甲公司2017年度实现利润总额为5 000万元，适用的企业所得税税率为25%，递延所得税资产期初余额20万元，期末余额50万元，递延所得税负债期初余额500万元，期末余额200万元。假定当年应纳税所得额调整增加为330万元，则甲公司当年的净利润为（　　）万元。

A.3 750　　　　　　　　　　　B.3 667.5

C.3 997.5　　　　　　　　　　D.4 327.5

【答案】C

【解析】甲公司当年应交所得税=（5 000+330）×25%=1 332.5（万元），递延所得税=（200－500）－（50－20）=－330（万元），所得税费用=1 332.5－330=1 002.5（万元），甲公司当年的净利润=5 000－1 002.5=3 997.5（万元）。

会计分录为：

借：所得税费用　　　　　　　　　　　　　　　　　1 002.5
　　递延所得税资产　　　　　　　　　　　　　　　　　30
　　递延所得税负债　　　　　　　　　　　　　　　　300
　　　贷：应交税费——应交所得税　　　　　　　　1 332.5

四、本年利润

(一)结转本年利润的方法

会计期末，结转本年利润的方法有表结法和账结法两种。

表结法下各损益类科目每月月末只需结计出本月发生额和月末累计余额，不结转到"本年利润"科目。

账结法下每月月末均需编制转账凭证，将在账上结计出的各损益类科目的余额结转入"本年利润"科目。

【总结】表结法只需要在年末的时候才需要结转，而账结法每月月末都需要进行结转。

【例16·单选】下列各项中，关于本年利润结转方法表述正确的是（　　）。(2017年)

A.采用表结法，增加"本年利润"科目的结转环节和工作量
B.采用表结法，每月月末应将各损益类科目的余额结转记入"本年利润"科目
C.采用账结法，减少"本年利润"科目的结转环节和工作量
D.采用账结法，每月月末应将各损益类科目的余额结转记入"本年利润"科目

【答案】D

【解析】表结法下，年中损益类科目无需结转入"本年利润"科目，从而减少了结转环节和工作量。账结法下，每月月末均需编制转账凭证，将在账上结计出的各损益类科目的余额结转入"本年利润"科目。账结法在各月均可通过"本年利润"科目提供当月及本年累计的利润(或亏损)额，但增加了转账环节和工作量。

【例17·判断】账结法下，每月末应编制转账凭证，将账上结计出的各损益科目余额转入"本年利润"科目。(　　)(2017年)

【答案】√

【例18·判断】会计年度终了，无论是表结法还是账结法，企业都应将各损益类科目的余额结转至"本年利润"科目。(　　)(2017年)

【答案】√

(二)结转本年利润的账务处理

会计期末时结转本年利润的账务处理参见下表。

情形		会计分录
（1）将损益类中的收益类账户的余额转入"本年利润"科目的贷方		借：主营业务收入 　　其他业务收入 　　营业外收入 　　公允价值变动损益 　　投资收益 　　其他收益 　　贷：本年利润
（2）将损益类中的费用类账户的余额转入"本年利润"科目的借方		借：本年利润 　　贷：主营业务成本 　　　　其他业务成本 　　　　税金及附加 　　　　销售费用 　　　　管理费用 　　　　财务费用 　　　　资产减值损失 　　　　营业外支出 　　　　所得税费用
（3）年度终了，将"本年利润"科目的本年累计余额转入"利润分配——未分配利润"科目	①"本年利润"为贷方余额	借：本年利润 　　贷：利润分配——未分配利润
	②"本年利润"为借方余额	借：利润分配——未分配利润 　　贷：本年利润

【注意1】结转后"本年利润"科目如为贷方余额，表示当年实现的净利润；如为借方余额，表示当年发生的净亏损。

【注意2】结转后，"本年利润"科目无余额。

【注意3】年度终了，企业应将"利润分配"科目所属其他明细科目的余额转入该科目"未分配利润"明细科目，结转后，"利润分配"科目中除"未分配利润"明细科目外，所属其他明细科目无余额。"未分配利润"明细科目的贷方余额表示累积未分配的利润，该科目如果出现借方余额，则表示累积未弥补的亏损。

【例19•多选】下列各项中，在期末不需要结转到"本年利润"科目的有（　　）。
　　A.其他业务成本　　　　　　　　B.劳务成本
　　C.所得税费用　　　　　　　　　D.制造费用
【答案】BD
【解析】选项BD属于成本类科目，不结转入"本年利润"中。

【例20•不定项】甲公司为增值税一般纳税人，适用的增值税税率为17%。商品销售价格不含增值税，在确认销售收入时逐笔结转销售成本，2017年该公司发生如下交易或事项：

（1）4月21日，向乙公司销售一批E产品，开出增值税专用发票上注明的销售价格为600万元，增值税税额为102万元，款项尚未收到；该批产品成本为350万元，甲公司已将商品发出,纳税义务已经发生,但该笔销售不符合收入确认条件。

(2)7月6日,甲公司承担一项销售产品安装任务,安装期9个月,安装劳务完工进度按已发生成本占预计总成本的比例确定,合同总收入为40万元,当年实际发生成本12万元,预计还将发生成本18万元。

(3)9月1日,甲公司将部分F产品作为福利发给本公司职工,其中生产工人400件、车间管理人员100件、专设销售机构人员50件,该产品每件销售价格为0.6万元,实际成本为0.4万元。

(4)12月4日,甲公司向丙公司销售G产品,销售价格为100万元,产品的实际成本总额为65万元,因成批销售,甲公司给予丙公司10%的商业折扣,丙公司12月15日付款,该笔销售符合收入确认条件。

要求:根据上述资料,假定不考虑其他因素,分析回答下列小题。(答案中的金额单位用万元表示)

1.根据资料(1),下列各项中,甲公司向乙公司销售产品的会计处理结果正确的是( )。

A.应收账款增加702万元

B.库存商品减少350万元

C.应收账款增加102万元

D.应交税费增加102万元

【答案】BCD

【解析】甲公司应当编制的会计分录为:

借:发出商品 350
　　贷:库存商品 350
借:应收账款 102
　　贷:应交税费——应交增值税(销项税额) 102

2.根据资料(2),2017年度甲公司应确认的劳务收入是( )万元。

A.12　　　　　　　　　　　　B.30

C.40　　　　　　　　　　　　D.16

【答案】D

【解析】2017年度的完工进度=12÷(12+18)×100%=40%;2017年度应确认的劳务收入=40×40%=16(万元)。

3.根据资料(3),下列各项中,甲公司向职工发放福利的会计处理正确的是( )。

A.借:主营业务成本 220
　　贷:库存商品 220

B.借:生产成本 280.8
　　　制造费用 70.2
　　　销售费用 35.1
　　　贷:应付职工薪酬 386.1

C.借:应付职工薪酬 386.1

贷：主营业务收入　　　　　　　　　　　　　　　　　　　330
　　　　　应交税费——应交增值税（销项税额）　　　　　　56.1
　D.借：发出商品　　　　　　　　　　　　　　　　　　　　220
　　　贷：库存商品　　　　　　　　　　　　　　　　　　　　220

【答案】ABC

【解析】将自产产品作为福利发放给职工，要做视同销售处理。

4.根据资料(4)，下列各项中，甲公司向丙公司销售产品的会计处理结果正确的是(　　)。
　A.主营业务收入增加90万元
　B.主营业务成本增加65万元
　C.应交税费增加15.3万元
　D.销售费用增加10万元

【答案】ABC

【解析】甲公司应当编制的会计分录为：
借：应收账款　　　　　　　　　　　　　　　　　　　　　　105.3
　　贷：主营业务收入　　　　　　　　　　　　　　　　　　　90
　　　　应交税费——应交增值税（销项税额）　　　　　　15.3
借：主营业务成本　　　　　　　　　　　　　　　　　　　　65
　　贷：库存商品　　　　　　　　　　　　　　　　　　　　　65
借：银行存款　　　　　　　　　　　　　　　　　　　　　　105.3
　　贷：应收账款　　　　　　　　　　　　　　　　　　　　105.3

5.根据资料（1）至（4），对甲公司2017年营业利润的影响金额是(　　)万元。
　A.369　　　　　　　　　　　　B.353.9
　C.103.9　　　　　　　　　　　D.139

【答案】C

【解析】营业收入=16+330+90=436（万元）；营业成本=12+220+65=297（万元）；销售费用=35.1（万元）；营业利润=436－297－35.1=103.9（万元）。

【例21•不定项】（2018）甲公司是一般纳税人，销售商品适用的增值税税率是17%。确认收入的同时结转成本。2017年度甲公司发生的有关经济业务如下：

（1）3月1日，与乙公司签订协议。采用预收货款方式向乙公司销售商品一批，该批商品的实际成本80 000元。销售价格总额为100 000元。3月2日，收到乙公司预付款70 000元。3月20日，向乙公司发出该批商品，增值税专用发票注明的价款为100 000元，增值税税额为17 000元，剩余款项已收妥。

（2）7月6日，采用赊销方式向丙公司销售商品一批，开出的增值税专用发票注明的价款为80 000元，增值税税额为13 600元。该批商品实际成本为60 000元。在销售商品时，甲公司得知丙公司发生财务困难，短期内难以支付货款，但为了保持客户关系仍将商品发出，不符合收入确认条件。9月25日，甲公司得知丙公司财务状况已好转并决定于近期支付货款,符合收入确定条件。

(3)12月15日,委托丁公司销售商品200件。每件商品的实际成本为600元,该商品已于当日发出。按照双方协议约定,丁公司应按照每件800元对外销售商品。甲公司按照售价(不含税)的10%向丁公司支付手续费。12月31日,收到丁公司开出的代销清单,实际销售100件商品。同时收到丁公司因提供代销服务开具的增值税专用发票,增值税专用发票上注明价款8 000元,增值税额480元。

要求:根据上述资料,回答下列小问题。

1.根据资料(1),下列各项中关于甲公司采用预收货款方式销售商品相关的处理,正确的是(　　)。

A.3月20日,应借记"应收账款"科目47 000元

B.3月20日,应借记"主营业务成本"科目80 000元

C.3月2日,应贷记"主营业务收入"科目70 000元

D.3月2日,应贷记"主营业务收入"科目100 000元

【答案】B

【解析】资料(1)会计分录如下:

3月2日:

借:银行存款	70 000	
贷:预收账款		70 000

3月20日:

借:银行存款	47 000	
预收账款	70 000	
贷:主营业务收入		100 000
应交税费——应交增值税(销项税额)		17 000
借:主营业务成本	80 000	
贷:库存商品		80 000

2.根据资料(2),下列各项中关于甲公司采用赊销方式销售商品的会计处理,正确的是(　　)。

A.7月6日发出商品时:

借:应收账款	93 600	
贷:主营业务收入		80 000
应交税费——应交增值税(销项税额)		13 600

B.7月6日发出商品时:

借:应收账款	13 600	
贷:应交税费——应交增值税(销项税额)		13 600
借:发出商品	60 000	
贷:库存商品		60 000

C.9月25日符合收入确认条件时:

借：银行存款	93 600	
贷：主营业务收入		80 000
应交税费——应交增值税（销项税额）		13 600

D.9月25日符合收入确认条件时：

借：应收账款	80 000	
贷：主营业务收入		80 000
借：主营业务成本	60 000	
贷：发出商品		60 000

【答案】BD

【解析】资料（2）会计分录如下：

7月6日：

借：发出商品	60 000	
贷：库存商品		60 000
借：应收账款	13 600	
贷：应交税费——应交增值税（销项税额）		13 600

9月25日：

借：应收账款	80 000	
贷：主营业务收入		80 000
借：主营业务成本	60 000	
贷：发出商品		60 000

3.根据资料（3），下列各项中，关于甲公司12月15日发出委托代销商品相关的会计处理结果正确的是（　　）。

A.贷记"主营业务收入"科目160 000元

B.借记"委托代销商品"科目120 000元

C.借记"主营业务成本"科目120 000元

D.贷记"其他业务收入"科目160 000元

【答案】B

【解析】发出商品时：

借：委托代销商品	120 000	
贷：库存商品		120 000

4.根据资料（3），下列各项中关于甲公司12月31日收到丁公司代销清单时，相关科目的会计处理结果正确的是（　　）。

A.贷记其他业务收入科目80 000元

B.贷记主营业务收入科目80 000元

C.借记销售费用科目8 000元

D.借记管理费用科目8 000元

【答案】BC

【解析】资料（3）会计分录如下：

发出商品时：

借：委托代销商品　　　　　　　　　　　　　　　　　　　120 000

　　贷：库存商品　　　　　　　　　　　　　　　　　　　　　120 000

收到代销清单时：

借：应收账款　　　　　　　　　　　　　　　　　　　　　 93 600

　　贷：主营业务收入　　　　　　　　　　　　　　　　　　　 80 000

　　　　应交税费——应交增值税（销项税额）　　　　　　　　13 600

借：主营业务成本　　　　　　　　　　　　　　　　　　　 60 000

　　贷：委托代销商品　　　　　　　　　　　　　　　　　　　 60 000

同时：借：销售费用　　　　　　　　　　　　　　　　　　　 8 000

　　　　应交税费——应交增值税（进项税额）　　　　　　　　　 480

　　　　贷：应收账款　　　　　　　　　　　　　　　　　　　　8 480

5.根据资料（1）至（3），下列各项中关于甲公司2017年度营业收入和营业成本表述正确的是（　　）。

A.营业收入增加260 000元

B.营业收入增加180 000元

C.营业成本增加200 000元

D.营业成本增加140 000元

【答案】AC

【解析】营业收入=100 000（资料1）+80 000（资料2）+80 000（资料3）=260 000（元），营业成本=80 000（资料1）+60 000（资料2）+60 000（资料3）=200 000（元）。

【例22·不定项】甲、乙、丙、丁公司均为增值税一般纳税人，适用的增值税税率为17%。假定销售商品、原材料的成本在确认收入时逐笔结转，商品、原材料售价中不含增值税，2014年10月，甲公司发生如下交易或事项：

（1）1日，向乙公司销售商品一批，该批商品售价总额为100万元，实际成本为80万元。由于是成批销售，甲公司给予乙公司10%的商业折扣，并在销售合同中规定现金折扣条件为2/10，1/20，N/30，计算现金折扣时不考虑增值税，当日发出商品并确认收入。6日乙公司支付货款。

（2）5日，与丙公司签订协议，采用预收款方式向丙公司销售一批商品。该批商品的实际成本为60万元，售价总额为80万元。当日收到丙公司预付商品售价总额的50%，余款于20日发出商品时结清。

（3）15日，委托丁公司销售商品100件，每件成本为0.8万元，商品已经发出，合同约定，丁公司按每件1万元对外销售，甲公司按商品售价的10%向丁公司支付手续费。31日，丁公司销售商品50件，开出的增值税专用发票上注明的售价为50万元，增值税税额为8.5万元，款项已收到，31日甲公司收到丁公司代销清单，并开具一张相同金额的增值税专用发票。

（4）20日，对外销售一批原材料，增值税专用发票上注明的售价为40万元，增值税税额为6.8万元，款项已收到并存入银行，该批材料的实际成本为30万元。

要求：根据上述资料，不考虑其他因素，分析回答下列小题。（答案中的金额单位用万元表示）

1.根据资料（1），下列关于甲公司2014年10月1日的会计处理结果正确的是（　　）。

A."应收账款"科目增加105.3万元

B."主营业务收入"科目增加100万元

C."主营业务收入"科目增加90万元

D."应收账款"科目增加117万元

【答案】AC

【解析】向乙公司销售商品的相关分录如下：

借：应收账款　　　　　　　　　　　　　　　　　　　　　　105.3

　　贷：主营业务收入　　　　　　　　　　　　　（100－100×10%）90

　　　　应交税费——应交增值税（销项税额）　　　　　　　　15.3

借：主营业务成本　　　　　　　　　　　　　　　　　　　　80

　　贷：库存商品　　　　　　　　　　　　　　　　　　　　80

2.根据资料（1），甲公司2014年10月6日应确认的现金折扣是（　　）万元。

A.2　　　　　　　　　　　　　　B.1

C.1.8　　　　　　　　　　　　　D.0.9

【答案】C

【解析】计算现金折扣时不考虑增值税，10月6日付款适用2%的现金折扣条件。确认的现金折扣=90×2%=1.8（万元）。

3.根据资料（2），下列各项中，甲公司会计处理结果正确的是（　　）。

A.收到剩余款项并交付商品时应确认主营业务收入80万元

B.2014年10月5日应确认主营业务收入40万元

C.2014年10月5日应确认预收账款40万元

D.收到剩余款项并将交付商品时应确认主营业务收入40万元

【答案】AC

【解析】采用预收款方式销售商品的，应在发出商品时确认收入，2014年10月5日尚未发出商品，不应确认主营业务收入，预收的款项确认为预收账款。

2014年10月5日甲公司收到丙公司预付款时：

借：银行存款　　　　　　　　　　　　　　　　　　　　　　40

　　贷：预收账款　　　　　　　　　　　　　　　　　　　　40

故选项B错误，选项C正确。

收到剩余款项并交付商品时：

借：预收账款	40	
银行存款	53.6	
贷：主营业务收入		80
应交税费——应交增值税（销项税额）		13.6
借：主营业务成本	60	
贷：库存商品		60

故选项A正确，选项D错误。

4.根据资料（3），下列各项中，甲公司收到丁公司代销清单时会计处理结果正确的是（　　）。

A."主营业务收入"科目增加50万元

B."主营业务成本"科目增加40万元

C."销售费用"科目增加5万元

D."应交税费——应交增值税（销项税额）"科目增加8.5万元

【答案】ABCD

【解析】甲公司收到丁公司代销清单时的会计处理如下：

借：应收账款	58.5	
贷：主营业务收入		50
应交税费——应交增值税（销项税额）		8.5
借：主营业务成本	40	
贷：委托代销商品		40
借：销售费用	5	
贷：应收账款		5

5.根据资料（1）至（4），下列各项中，甲公司2014年10月份利润表"营业利润"项目本期金额是（　　）万元。

A.25　　　　　　　　　　B.43.2

C.28.2　　　　　　　　　D.30

【答案】B

【解析】营业利润＝营业收入－成本－税金及附加－销售费用－管理费用－财务费用－资产减值损失＋公允价值变动收益（－公允价值变动损失）＋投资收益（－投资损失）＋其他收益。甲公司2014年10月份利润表"营业利润"项目本期金额＝90（资料1）＋80（资料2）＋50（资料3）＋40（资料4）－[80（资料1）＋60（资料2）＋40（资料3）＋30（资料4）]－1.8（资料1）－5（资料3）＝43.2（万元）。

第六章　财务报表

财务报表是对企业财务状况、经营成果和现金流量的结构性表述。

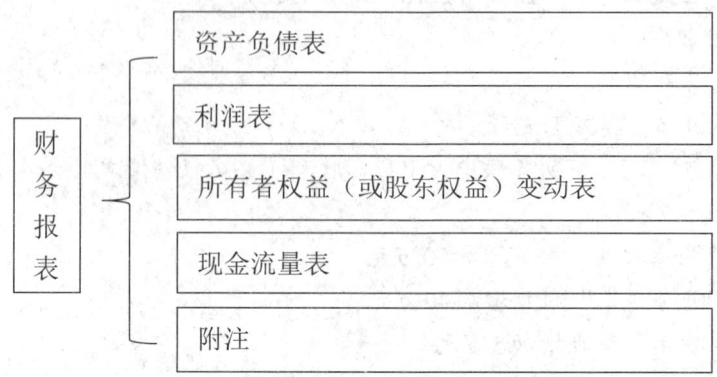

【例1·单选】一张完整的财务报表体系应由资产负债表、利润表、现金流量表、股东权益变动表及附注组成。(　　)

【答案】√

第一节　资产负债表

一、资产负债表概述

资产负债表是反映企业在某一特定日期的财务状况的报表，是企业经营活动的静态体现。反映企业在某一特定日期所拥有或控制的经济资源、所承担的现时义务和所有者对净资产的要求权，帮助财务报表使用者全面了解企业的财务状况、分析企业的偿债能力等情况，从而为其作出经济决策提供依据。

【注意】编制依据：资产＝负债＋所有者权益。

【例1·单选】下列会计报表中属于反映企业某一时点财务指标的是(　　)。

A.资产负债表

B.利润表

C.现金流量表

D.所有者权益变动表

【答案】A

【解析】资产负债表是反映企业在某一特定日期的财务状况的报表，是企业经营活动的静态表现。

(一) 资产

资产，反映由过去的交易或事项形成并由企业在某一特定日期所拥有或控制的，预期会给企业带来经济利益的资源。资产又分流动资产和非流动资产两大类。

1. 流动资产

流动资产是指预计在一个正常营业周期中变现、出售或耗用，或者主要为交易目的而持有；或者预计在资产负债表日起一年内（含一年）变现的资产，或者自资产负债表日起一年内交换其他资产或清偿负债的能力不受限制的现金或现金等价物。

如：货币资金、以公允价值计量且其变动计入当期损益的金融资产、应收票据、应收账款、预付款项、应收利息、应收股利、其他应收款、存货、持有待售的非流动资产或持有待售的处置组中的资产和一年内到期的非流动资产等。

2. 非流动资产

非流动资产是指流动资产以外的资产。

如：以摊余成本计量的金融资产、以公允价值计量且其变动计入其他综合收益的金融资产、长期应收款、长期股权投资、投资性房地产、固定资产、在建工程、工程物资、固定资产清理、无形资产、开发支出、长期待摊费用、递延所得税资产以及其他非流动资产等。

【例2·多选】下列各项中，属于企业流动资产的有（　　）。（2017年）

A. 为交易目的而持有的资产
B. 预计自资产负债表日起一年内变现的资产
C. 预计在一个正常企业周期中变现的资产
D. 自资产负债表日起一年内清偿负债的能力不受限制的现金

【答案】ABCD

【解析】流动资产是指预计在一个正常营业周期中变现、出售或耗用，或者主要为交易目的而持有，或者预计在资产负债表日起一年内（含一年）变现的资产，或者自资产负债表日起一年内交换其他资产或清偿负债的能力不受限制的现金或现金等价物。

(二) 负债

负债，反映在某一特定日期企业所承担的、预期会导致经济利益流出企业的现时义务。负债又分流动负债和非流动负债两大类。

1. 流动负债

流动负债指预计在一个正常营业周期中清偿，或者主要为交易目的而持有，或者自资产负债表日起一年内（含一年）到期应予以清偿，或者企业无权自主地将清偿推迟至资产负债表日后一年以上的负债。

如：短期借款、以公允价值计量且其变动计入当期损益的金融负债、应付票据、应付账款、预收款项、应付职工薪酬、应交税费、应付利息、应付股利、其他应付款、持有待售的处置组中的负债、一年内到期的非流动负债等。

2. 非流动负债

非流动负债是指流动负债以外的负债。

如：长期借款、应付债券、长期应付款、专项应付款、预计负债、递延收益、递延所得税负债和其他非流动负债等。

（三）所有者权益

所有者权益，是企业资产扣除负债后的剩余权益，反映企业某一特定日期股东（投资者）拥有的净资产的总额。包括：实收资本（或股本）、资本公积、其他综合收益、盈余公积、未分配利润。

二、资产负债表的结构

资产负债表的表体格式一般有报告式和账户式两种。我国企业的资产负债表采用账户式结构，分为左右两方，左方为资产项目，大体按资产的流动性大小排列，流动性大的资产如"货币资金"、"以公允价值计量且其变动计入当期损益的金融资产"等排在前面，流动性小的资产如"长期股权投资"、"固定资产"等排在后面。右方为负债及所有者权益项目，一般按要求清偿时间的先后顺序排列，"短期借款"、"应付票据"、"应付账款"等需要在一年以内或者长于一年的一个正常营业周期内偿还的流动负债排在前面，"长期借款"等在一年以上才需偿还的非流动负债排在中间，在企业清算之前不需要偿还的所有者权益项目排在后面。

【注意1】如有下列情况，应当在资产负债表中调整或增设相关项目：

（1）高危行业企业如有按国家规定提取安全生产费的，应当在资产负债表所有者权益项下的"其他综合收益"项目和"盈余公积"项目之间增设"专项储备"项目，反映企业提取的安全生产费期末余额。

（2）企业衍生金融工具业务具有重要性的，应当在资产负债表资产项下"以公允价值计量且其变动计入当期损益的金融资产"项目和"应收票据"项目之间增设"衍生金融资产"项目，在资产负债表负债项下"以公允价值计量且其变动计入当期损益的金融负债"项目和"应付票据"项目之间增设"衍生金融负债"项目，分别反映企业衍生工具形成资产和负债的期末余额。

【注意2】资产负债表左方和右方平衡。通过账户式资产负债表，可以反映资产、负债、所有者权益之间的内在关系，即"资产＝负债＋所有者权益"。

三、资产负债表的编制

（一）资产负债表项目的填列方法

资产负债表各项目均需填列"年初余额"和"期末余额"两栏。

1."年初余额"栏内各项数字的填列

"年初余额"栏内各项数字，应根据上年年末资产负债表"期末余额"栏内所列数字填列。若上年度资产负债表规定的各个项目的名称和内容与本年度不一致，应按本年度的规定对上年年末资产负债表各项目的名称和数字进行调整，填入"年初余额"栏内。

2."期末余额"栏内各项数字的填列

（1）根据总账科目余额填列：

①根据有关总账科目的期末余额直接填列，如：a.以公允价值计量且其变动计入当期损益的金融资产；b.工程物资；c.固定资产清理；d.资本公积；e.短期借款；f.应付票据等项目。

②根据几个总账科目的期末余额计算填列，如："货币资金"项目，需根据"库存现金"、"银行存款"、"其他货币资金"三个总账科目的期末余额的合计数填列。

（2）根据明细账科目余额计算填列：

①"应付账款"项目，需要根据"应付账款"和"预付账款"两个科目所属的相关明细科目的期末贷方余额计算填列。

②"应收账款"项目，需要根据"应收账款"和"预收账款"两个科目所属的相关明细科目的期末借方余额减去与应收账款有关的坏账准备贷方余额计算填列。

③"预付款项"项目，需要根据"应付账款"科目借方余额和"预付账款"科目借方余额减去与"预付账款"有关的坏账准备贷方余额计算填列。

④"预收款项"项目，需要根据"应收账款"科目贷方余额和"预收账款"科目贷方余额计算填列。

⑤"开发支出"项目，需要根据"研发支出"科目中所属的"资本化支出"明细科目期末余额计算填列。

⑥"应付职工薪酬"项目，需要根据"应付职工薪酬"科目的明细科目期末余额计算填列。

⑦"一年内到期的非流动资产"、"一年内到期的非流动负债"项目，需要根据有关非流动资产和非流动负债项目的明细科目余额计算填列。

⑧"未分配利润"项目，需要根据"利润分配"科目中所属的"未分配利润"明细科目期末余额填列。

（3）根据总账科目和明细账科目余额分析计算填列：

①"长期借款"项目，需要根据"长期借款"总账科目余额扣除"长期借款"科目所属的明细科目中将在一年内到期且企业不能自主地将清偿义务展期的长期借款后的金额计算填列。

②"其他非流动资产"项目，应根据有关科目的期末余额减去将于一年内（含一年）收回数后的金额计算填列。

③"其他非流动负债"项目，应根据有关科目的期末余额减去将于一年内（含一年）到期偿还数后的金额计算填列。

（4）根据有关科目余额减去其备抵科目余额后的净额填列：

①资产负债表中"应收票据""应收账款""长期股权投资""在建工程"等项目，

应当根据"应收票据""应收账款""长期股权投资""在建工程"等科目的期末余额减去"坏账准备""长期股权投资减值准备""在建工程减值准备"等备抵科目余额后的净额填列。

②"投资性房地产""固定资产"项目,应当根据"投资性房地产""固定资产"科目的期末余额减去"投资性房地产累计折旧""累计折旧""投资性房地产减值准备""固定资产减值准备"等备抵科目余额后的净额填列。

③"无形资产"项目,应当根据"无形资产"科目的期末余额,减去"累计摊销""无形资产减值准备"等备抵科目余额后的净额填列。

(5)综合运用上述填列方法分析填列:

资产负债表中的"存货"项目,需要根据"原材料""委托加工物资""周转材料""材料采购""在途物资""发出商品""材料成本差异"等总账科目期末余额的分析汇总数,再减去"存货跌价准备"科目余额后的净额填列。

【例3·多选】下列各项中,属于资产负债表的期末余额的填列方法有(   )。(2018年)

A.根据总账科目余额直接填列

B.根据有关明细科目的余额计算填列

C.根据有关明细科目的发生额计算填列

D.根据有关科目余额减去其备抵科目余额后的净额填列

【答案】ABD

【解析】资产负债表期末余额的填列方法:(1)根据总账科目余额直接填列或计算填列;(2)根据有关明细科目的余额计算填列;(3)根据总账科目和明细账科目的余额分析计算填列;(4)根据有关科目余额减去其备抵科目余额后的净额填列;(5)综合运用上述填列方法分析填列。

【例4·单选】下列资产负债表项目中,应根据有关科目余额减去其备抵科目余额填列的是(   )。(2017年)

A.长期待摊费用   B.固定资产

C.开发支出   D.货币资金

【答案】B

【解析】四个选项只有B选项固定资产有备抵科目。

【例5·单选】下列各项中,应根据相关总账科目的余额直接在资产负债表中填列的是(   )。(2017年)

A.应付账款   B.固定资产

C.长期借款   D.短期借款

【答案】D

【解析】选项A,根据有关明细科目的余额计算填列;选项B,根据有关科目余额减去备抵科目余额填列；选项C，根据总账科目和明细账科目余额分析计算填列。

【例6·单选】2016年12月31日，江河公司"库存现金"科目余额为800元，"银行存款"科目余额为500 000元，"其他货币资金"科目余额为70 000元，则2016年12月31日，江河公司资产负债表中"货币资金"项目"期末余额"的列报金额是（　　）元。

  A.570 800　　　　　　　　　　B.580 000
  C.70 800　　　　　　　　　　　D.500 800

【答案】A

【解析】货币资金="库存现金"+"银行存款"+"其他货币资金"=800+500 000+70 000=570 800（元）。

【例7·单选】2017年12月31日，某企业"应付账款——甲企业"明细科目贷方余额40 000元，"应付账款——乙企业"明细科目借方余额10 000元，"预付账款——丙企业"明细科目借余额30 000元，"预付账款——丁企业"明细科目贷方余额6 000元。不考虑其他因素，该企业2017年12月31日资产负债表"应付账款"项目期末余额为（　　）元。（2018年）

  A.36 000　　　　　　　　　　　B.40 000
  C.30 000　　　　　　　　　　　D.46 000

【答案】D

【解析】"应付账款"项目期末余额=40 000+6 000=46 000（元）。

【例8·单选】2016年12月31日，江河公司"应收票据"科目的余额如下所示：商业承兑汇票余额为800 000元，不存在银行承兑汇票；"坏账准备"科目中有关应收票据计提的坏账准备余额为360 000元，则2016年12月31日，江河公司资产负债表中"应收票据"项目"期末余额"的列报金额是（　　）元。

  A.800 000　　　　　　　　　　B.440 000
  C.1 160 000　　　　　　　　　D.360 000

【答案】B

【解析】应收票据="应收票据"期末余额-应收票据有关坏账准备贷方余额=800 000-360 000=440 000（元）。

【例9·单选】2016年12月31日，江河公司"应收账款"科目借方余额为500 000元，其中："应收A公司账款"明细科目借方余额为500 000元；"预收账款"科目贷方余额为200 000元，其中："预收C工厂账款"明细科目贷方余额为600 000元，"预收D工厂账款"明细科目借方余额为400 000元；与应收账款有关的"坏账准备"明细科目贷方余额为80 000元。则江河公司期末资产负债表中"应收账款"项目的列报金额为（　　）元。

A.420 000　　　　　　　　　　　B.820 000
C.220 000　　　　　　　　　　　D.500 000

【答案】B

【解析】江河公司期末资产负债表中"应收账款"项目应根据"应收账款"和"预收账款"科目所属明细科目的期末借方余额合计数，减去"坏账准备"科目中有关应收账款计提的坏账准备期末余额后的净额填列，即2016年12月31日，江河公司资产负债表中"应收账款"项目的期末余额的列报金额＝500 000+400 000－80 000=820 000（元）。

【例10·单选】某企业采用实际成本法核算存货。年末结账后，该企业"原材料"科目借方余额为80万元。"工程物资"科目借方余额为16万元。"在途物资"科目借方余额为20万元。不考虑其他因素。该企业年末资产负债表"存货"项目的期末余额为（　　）万元。（2017年）

A.116　　　　　　　　　　　　B.96
C.100　　　　　　　　　　　　D.80

【答案】C

【解析】该企业资产负债表"存货"项目的期末余额=80+20=100（万元）。"工程物资""在建工程""固定资产"不属于存货。

【例11·单选】2015年12月31日，江河公司"固定资产"科目借方余额为600 000元，"累计折旧"科目贷方余额为400 000元，"固定资产减值准备"科目贷方余额为50 000元，则2015年12月31日，江河公司资产负债表中"固定资产"项目"期末余额"的列报金额为（　　）元。

A.200 000　　　　　　　　　　B.550 000
C.950 000　　　　　　　　　　D.150 000

【答案】D

【解析】"固定资产"＝"固定资产"科目期末余额－"累计折旧"科目期末贷方余额－"固定资产减值准备"科目期末贷方余额=600 000－400 000－50 000=150 000（元）。

【例12·单选】2016年12月31日，A公司"预收账款"总账科目贷方余额为15万元，其明细科目余额如下："预收账款——B公司"科目贷方余额为25万元，"预收账款——C公司"科目借方余额为10万元。不考虑其他因素，A公司年末资产负债表中"预收款项"项目的期末余额为（　　）万元。（2017年）

A.10　　　　　　　　　　　　　B.15
C.5　　　　　　　　　　　　　D.25

【答案】D

【解析】"预收款项"项目应当根据"预收账款"和"应收账款"科目所属各明细科目的期末贷方余额合计数填列。本题中"预收账款——C公司"是借方余额，所以不需要考虑。所以预收款项期末应当填列的金额为25万元。

【例13·单选】2016年12月31日，江河公司"应付职工薪酬"科目显示，所欠的薪酬项目包括：工资、奖金、津贴和补贴600 000元，社会保险费（含医疗保险、工伤保险、生育保险）40 000元，住房公积金30 000元，工会经费和职工教育经费5 000元，则2016年12月31日，江河公司资产负债表中"应付职工薪酬"项目"期末余额"的列报金额为（　　）元。

　　A.675 000　　　　　　　　　　B.672 000
　　C.670 000　　　　　　　　　　D.600 000

【答案】A

【解析】"应付职工薪酬"项目＝"应付职工薪酬"科目所属各明细科目的期末贷方余额＝600 000+40 000+30 000+5 000=675 000（元）。

【例14·单选】2016年12月31日，江河公司"长期借款"科目余额为2 000 000元，其中自乙银行借入的100 000元借款将于一年内到期，江河公司不具有自主展期清偿的权利，则江河公司2016年12月31日资产负债表中"长期借款"项目"期末余额"的列报金额为（　　）元。

　　A.2 000 000　　　　　　　　　B.100 000
　　C.1 900 000　　　　　　　　　D.2 100 000

【答案】C

【解析】"长期借款"＝"长期借款"总账科目余额－"长期借款"明细科目中"一年内到期的金额"＝2 000 000－100 000=1 900 000（元）。

第二节　利润表

一、利润表概述

利润表，又称损益表，反映企业在一定会计期间的经营成果的报表。反映企业在一定会计期间收入、费用、利润（或亏损）的金额和构成情况。帮助报表使用者了解企业经营成果，分析企业的获利能力及盈利增长趋势，从而为其作出经济决策提供依据。

二、利润表的结构

利润表的结构有单步式和多步式两种。

我国企业的利润表采用多步式格式，即通过对当期的收入、费用、支出项目按性质加以归类，按利润形成的性质列示一些中间性利润指标，分步计算当期净损益，以便财务报表使用者理解企业经营成果的不同来源。

三、利润表的编制

（一）利润表项目的填列方法

1.我国企业利润表的主要编制步骤和内容

第一步，以营业收入为基础，减去营业成本、税金及附加、销售费用、管理费用、财务费用、资产减值损失，加上公允价值变动收益（或减去公允价值变动损失）、投资收益（或减去投资损失）和其他收益，计算出营业利润。

第二步，以营业利润为基础，加上营业外收入，减去营业外支出，计算出利润总额。

第三步，以利润总额为基础，减去所得税费用，即计算出净利润（或净亏损）。

第四步，根据企业会计准则规定未在损益中确认的各项利得和损失扣除所得税影响后的净额为基础，计算其他综合收益的税后净额；

第五步，以净利润（或净亏损）和其他综合收益的税后净额为基础，计算出综合收益总额。

第六步，以净利润（或净亏损）为基础，计算出每股收益。

【注意1】营业收入＝主营业务收入＋其他业务收入

营业成本＝主营业务成本＋其他业务成本

【注意2】原理："收入－费用＝利润"和收入与费用的配比原则。

【例1·判断】利润表中"综合收益总额"为财务报告使用者提供企业净利润和其他综合收益（税后净额）的合计金额。（　　）（2018年）

【答案】√

【例2·多选】下列关于利润表项目本期金额填列方法表述正确的有（　　）。（2018年）

A."税金及附加"项目应根据"应交税费"科目的本期发生额分析填列

B."营业利润"项目应根据"本年利润"科目的本期发生额分析填列

C."营业收入"项目应根据"主营业务收入"和"其他业务收入"科目的本期发生额分析填列

D."管理费用"项目应根据"管理费用"科目的本期发生额分析填列

【答案】CD

【解析】选项A，应根据"税金及附加"的本期发生额分析填列；选项B，应以营业收入为基础，减去营业成本、税金及附加、销售费用、管理费用、财务费用、资产减值损失、加上公允价值变动收益（或减去公允价值变动损失）、投资收益（减去投资损失）和其他收益计算出营业利润。

【例3·单选】下列各项中，不属于企业利润表项目的是（　　）。（2017年）

A.综合收益总额　　　　　　　　B.公允价值变动收益

C.每股收益　　　　　　　　　D.未分配利润

【答案】D

【解析】未分配利润属于资产负债表中的所有者权益项目。

【例4·单选】下列各项中，不影响企业当期营业利润的是（　　）。（2017年）

A.资产负债表日持有交易性金融资产的公允价值变动

B.销售原材料取得的收入

C.无法查明原因的现金溢余

D.资产负债表日计提的存货跌价准备

【答案】C

【解析】无法查明原因的现金溢余计入营业外收入，不影响营业利润。

【例5·单选】2016年12月31日，某企业进行现金清查，发现库存现金短款300元。经批准，应由出纳员赔偿180元，其余120元无法查明原因，由企业承担损失。不考虑其他因素，该业务对企业当期营业利润的影响金额为（　　）元。（2017年）

A.0　　　　　　　　　　　　B.120

C.180　　　　　　　　　　　D.300

【答案】B

【解析】企业发生现金短缺，在报经批准处理前：

借：待处理财产损溢　　　　　　　　　　　　　　　300

　　贷：库存现金　　　　　　　　　　　　　　　　　　　300

报经批准处理后：

借：管理费用　　　　　　　　　　　　　　　　　120

　　其他应收款　　　　　　　　　　　　　　　　180

　　贷：待处理财产损溢　　　　　　　　　　　　　　　300

无法查明原因的现金短缺120万元计入管理费用，减少企业的营业利润。

2.利润表的填列方法

利润表各项目均需填列"本期金额"和"上期金额"两栏。

"上期金额"栏内各项数字，应根据上年该期利润表的"本期金额"栏内所列数字填列。

"本期金额"除"基本每股收益"和"稀释每股收益"项目外，应当按照相关科目的发生额分析填列。如"营业收入"项目，根据"主营业务收入""其他业务收入"科目的发生额分析计算填列；"营业成本"项目，根据"主营业务成本""其他业务成本"科目的发生额分析计算填列。

【注意】资产负债表是根据"余额"填列；利润表是根据"发生额"填列。

【例6·单选】江河公司为热电企业，其经营范围包括电、热的生产和销售：发电、电工程的技术咨询，电力设备及相关产品的采购、开发、生产和销售等。江河公司2016年"主营业务收入"科目发生明细如下所示：电力销售收入合计70 000 000元；热力销售收入合计20 000 000元；"其他业务收入"科目发生额合计5 000 000元。则江河公司2016年度利润表中"营业收入"项目本期金额的列报金额为（　　）元。

A.90 000 000　　　　　　　　B.95 000 000
C.70 000 000　　　　　　　　D.75 000 000

【答案】B

【解析】营业收入=主营业务收入+其他业务收入=70 000 000+20 000 000+5 000 000=95 000 000（元）。

【例7·单选】江河公司2016年度"主营业务成本"科目发生额合计65 000 000元，"其他业务成本"科目发生额合计6 000 000元，则江河公司2016年度利润表中"营业成本"项目"本期金额"的列报金额为（　　）元。

A.6 500 0000　　　　　　　　B.6 000 000
C.5 900 0000　　　　　　　　D.71 000 000

【答案】D

【解析】营业成本=主营业务成本+其他业务成本=65 000 000+6 000 000=71 000 000（元）。

【例8·单选】江河公司2016年度"应交税费——应交增值税"明细科目的发生额如下所示：增值税销项税额合计16 000 000元，进项税额合计6 000 000元；"税金及附加"科目的发生额如下所示：城市维护建设税合计550 000元，教育费附加合计350 000元，房产税合计3 000 000元，城镇土地使用税合计150 000元，则江河公司2016年度利润表中"税金及附加"项目"本期金额"的列报金额为（　　）元。

A.20 050 000　　　　　　　　B.14 050 000
C.26 050 000　　　　　　　　D.4 050 000

【答案】D

【解析】本项目应根据"税金及附加"科目的发生额分析填列。550 000+350 000+3 000 000+150 000=4 050 000（元）。

【例9·单选】江河公司2016年度"财务费用"科目的发生额如下所示：银行长期借款利息支出合计5 000 000元，银行短期借款利息支出合计700 000元，银行存款利息收入合计60 000元，银行手续费支出合计120 000元，则江河公司2017年度利润表中"财务费用"项目"本期金额"的列报金额为（　　）元。

A.5 760 000　　　　　　　　B.5 520 000

C.4 480 000　　　　　　　　　　　D.5 880 000

【答案】A

【解析】本项目应根据"财务费用"科目的发生额分析填列。5 000 000+700 000－60 000+120 000=5 760 000（元）。

【例10•单选】江河公司2016年度"资产减值损失"科目的发生额如下所示：存货减值损失合计90万元，坏账损失合计22万元，固定资产减值损失合计180万元，无形资产减值损失合计30万元，则江河公司2016年度利润表中"资产减值损失"项目"本期金额"的列报金额为（　　）元。

　　A.3 220 000　　　　　　　　　　　B.3 190 000
　　C.3 000 000　　　　　　　　　　　D.2 320 000

【答案】A

【解析】"资产减值损失"应根据"资产减值损失"科目的发生额分析填列。90+22+180+30=322（万元）。

【例11•单选】江河公司2016年度"投资收益"科目的发生额如下所示：按权益法核算的长期股权投资收益合计1 900 000元，按成本法核算的长期股权投资收益合计1 500 000元，处置长期股权投资的投资损失合计3 000 000元，则江河公司2016年度利润表中"投资收益"项目"本期金额"的列报金额为（　　）元。

　　A.400 000　　　　　　　　　　　　B.3 400 000
　　C.－1 100 000　　　　　　　　　　D.－1 500 000

【答案】A

【解析】"投资收益"应根据"投资收益"科目的发生额分析填列。1 900 000+1 500 000－3 000 000=400 000（元）。

【例12•单选】江河公司2016年度"营业外收入"科目的发生额如下所示：处置固定资产净收益合计300 000元，罚没收入5 000元，则江河公司2016年度利润表中"营业外收入"项目"本期金额"的列报金额为（　　）元。

　　A.300 000　　　　　　　　　　　　B.5 000
　　C.305 000　　　　　　　　　　　　D.295 000

【答案】C

【解析】"营业外收入"项目根据"营业外收入"科目的发生额分析填列。300 000+5 000=305 000（元）。

【例13•单选】江河公司2016年度"营业外支出"科目的发生额如下所示：处置无形资产净损失合计150 000元，罚没支出合计80 000元，捐赠支出合计60 000元，则江河公司2016年度利润表中"营业外支出"项目"本期金额"的列报金额为（　　）元。

A.290 000   B.230 000
C.210 000   D.140 000

【答案】A

【解析】"营业外支出"根据"营业外支出"科目的发生额分析填列。150 000+80 000+60 000=290 000（元）。

【例14·不定项】（2015）A公司为增值税一般纳税人，适用的增值税税率为17%，所得税税率为25%，假定销售商品、原材料和提供劳务均符合收入确认条件，其成本在确认收入时逐笔结转，商品、原材料售价中不含增值税。2014年A公司发生如下交易或事项：

（1）3月2日，向B公司销售商品一批，按商品标价计算的金额为200万元，该批商品实际成本为150万元。由于是成批销售，A公司给予B公司10%的商业折扣并开具了增值税专用发票，并在销售合同中规定现金折扣条件为2/10, 1/20, N/30, A公司已于当日发出商品，B公司于3月15日付款，假定计算现金折扣时不考虑增值税。

（2）5月5日，A公司由于产品质量原因对上年出售给C公司的一批商品按售价给予10%的销售折让，该批商品售价为300万元。增值税税额为51万元。货款已结清。经认定，同意给予折让并以银行存款退还折让款，同时开具红字增值税专用发票。

（3）9月20日，销售一批材料，增值税专用发票上注明的售价为15万元。增值税税额为2.55万元。款项已由银行收妥。该批材料的实际成本为10万元。

（4）10月5日，承接一项设备安装劳务，合同期为6个月，合同总收入为120万元，已经预收80万元。余款在设备安装完成时收回。采用完工百分比法确认劳务收入，完工率按照已发生成本占估计总成本的比例确定。至2014年12月31日已发生的成本为50万，预计完成劳务还将发生成本30万元。（不考虑安装劳务增值税）

（5）11月10日，向本公司行政管理人员发放自产产品作为福利。该批产品的实际成本为8万元，市场售价为10万元。

（6）12月20日，收到国债利息收入59万元，以银行存款支付销售费用5.5万元，支付税收滞纳金2万元。

要求：根据上述资料，不考虑其他因素，分析回答下列小题。（答案中的金额单位用万元表示）

1.根据资料（1），下列各项中，会计处理结果正确的是（　　）。

A.3月2日，A公司应确认销售商品收入180万元
B.3月2日，A公司应确认销售商品收入176万元
C.3月15日，A公司应确认财务费用2万元
D.3月15日，A公司应确认财务费用1.8万元

【答案】AD

【解析】3月2日：

借：应收账款 210.6
　　贷：主营业务收入 180
　　　　应交税费——应交增值税（销项税额） 30.6
借：主营业务成本 150
　　贷：库存商品 150

3月15日：
借：银行存款 208.8
　　财务费用 1.8
　　贷：应收账款 210.6

2.根据资料（2）至（5），下列各项中，会计处理正确的是（　　）。

A.5月5日，A公司发生销售折让时的会计分录：
借：主营业务收入 30
　　应交税费——应交增值税（销项税额） 5.1
　　贷：银行存款 35.1

B.9月20日，A公司销售材料时的会计分录：
借：银行存款 17.55
　　贷：其他业务收入 15
　　　　应交税费——应交增值税（销项税额） 2.55
借：其他业务成本 10
　　贷：原材料 10

C.11月10日，A公司向本公司行政管理人员发放自产产品时的会计分录：
借：管理费用 11.7
　　贷：应付职工薪酬 11.7
借：应付职工薪酬 11.7
　　贷：主营业务收入 10
　　　　应交税费——应交增值税（销项税额） 1.7
借：主营业务成本 8
　　贷：库存商品 8

D.12月31日，A公司确认劳务收入，结转劳务成本的会计分录：
借：预收账款 75
　　贷：主营业务收入 75
借：主营业务成本 50
　　贷：劳务成本 50

【答案】ABCD

【解析】选项D，完工百分比=50÷（50+30）×100%=62.5%，应确认劳务收入=120×62.5%=75（万元），应结转已发生的劳务成本50万元。

3.根据资料(1)至(5)，A公司2014年度利润表中"营业收入"的金额是(　　)万元。

A.225 B.235
C.250 D.280

【答案】C

【解析】营业收入=180－30+15+75+10=250（万元）。

4.根据资料（1）至（5），A公司2014年度利润表中"营业成本"的金额是（　　）万元。

A.168 B.200
C.208 D.218

【答案】D

【解析】营业成本=150+10+50+8=218（万元）。

5.根据资料（1）至（6），下列各项中，关于A公司2014年期间费用和营业利润计算结果正确的是（　　）。

A.期间费用为7.3万元

B.期间费用为19万元

C.营业利润为13万元

D.营业利润为72万元

【答案】BD

【解析】期间费用=1.8（资料1）+11.7（资料5）+5.5（资料6）=19（万元），营业利润=250－218－19+59（资料6）=72（万元）。

第三节　所有者权益变动表

一、所有者权益变动表概述

所有者权益变动表是指反映构成所有者权益各组成部分当期增减变动情况的报表。通过所有者权益变动表，既可以为财务报表使用者提供所有者权益总量增减变动的信息，也能为其提供所有者权益增减变动的结构性信息，特别是能够让财务报表使用者理解所有者权益增减变动的根源。

【例1·判断】所有者权益变动表是反映企业当期所有者权益各构成部分增减变动情况的报表。（　　）（2017年）

【答案】√

【解析】所有者权益变动表是反映构成所有者权益各组成部分当期增减变动情况的报表。

二、所有者权益变动表的结构

(一)企业至少应单独列示的项目

1.综合收益总额

2.会计政策变更和差错更正的累积影响金额

3.所有者投入资本和向所有者分配利润等

4.提取的盈余公积

5.实收资本或资本公积、盈余公积、未分配利润的期初和期末余额及其调节情况

(二)所有者权益变动表以矩阵的形式列示

一方面,列示导致所有者权益变动的交易或事项,即所有者权益变动的来源,对一定时期所有者权益的变动情况进行全面反映;另一方面,按照所有者权益各组成部分列示交易或事项对所有者权益各部分的影响。

【注意】所有者权益组成部分:实收资本、资本公积、其他综合收益、盈余公积、未分配利润和库存股。

【例2·多选】下列各项中,属于所有者权益变动表中单独列示的项目有( )。(2018年)

A.提取盈余公积

B.综合收益总额

C.会计政策变更和差错更正的累积影响金额

D.资本公积转增资本

【答案】ABCD

【解析】在所有者权益变动表上,企业至少应当单独列示反映下列信息的项目:(1)综合收益总额;(2)会计政策变更和差错更正的累积影响金额;(3)所有者投入资本和向所有者分配利润等;(4)提取的盈余公积;(5)实收资本或资本公积、盈余公积、未分配利润的期初和期末余额及其调节情况。

【例3·单选】在企业所有者权益变动表中,下列项目中需要独立列示的项目是( )。(2018年)

A.会计政策变更   B.公允价值变动收益

C.资产减值损失   D.递延所得税资产

【答案】A

【解析】所有者权益变动表至少应当单独列示反映的项目:(1)综合收益总额;(2)会计政策变更和差错更正的累积影响金额;(3)所有者投入资本和向所有者分配利润等;(4)提取的盈余公积;(5)实收资本或资本公积、盈余公积、未分配利润的期初和期末余额及其调节情况。

【例4·单选】不属于所有者权益变动表里单独填列的是( )。(2018年)

A.政策变更   B.估计变更

C.所有者投入资本   D.收益总额

【答案】B

【解析】企业至少应当单独列示反映下列信息的项目：(1)综合收益总额；(2)会计政策变更和差错更正的累积影响金额；(3)所有者投入资本和向所有者分配利润等；(4)提取的盈余公积；(5)实收资本或资本公积、盈余公积、未分配利润的期初和期末余额及其调节情况。

三、所有者权益变动表的编制

所有者权益变动表各项目均需填列"本年金额"和"上年金额"两栏。

"上年金额"栏内各项数字，应根据上年度所有者权益变动表"本年金额"栏内所列数字填列。

【注意】上年度所有者权益变动表各项目的名称和内容与本年不一致的，按本年规定调整，填入"上年金额"栏内。"本年金额"栏内各项数字，一般应根据"实收资本（或股本）""资本公积""库存股""其他综合收益""盈余公积""利润分配""以前年度损益调整"科目的发生额分析填列。

【例5·判断】企业利润表中的"综合收益总额"项目，应根据企业当年的"净利润"和"其他综合收益的税后净额"的合计数计算填列。（　　）（2017年）
【答案】√

第四节　附注

一、附注概述

附注是对资产负债表、利润表、现金流量表和所有者权益变动表等报表中列示项目的文字描述或明细资料，以及对未能在这些报表中列示项目的说明等。通过附注与四大报表列示项目的相互参照关系，以及对未能在财务报表中列示项目的说明，可使财务报表使用者全面了解企业的财务状况、经营成果和现金流量以及所有者权益的情况。

二、附注的主要内容

附注是财务报表的重要组成部分。根据企业会计准则的规定，企业应当按照如下顺序披露附注的内容：

(一)企业的基本情况

1.企业注册地、组织形式和总部地址

2.企业的业务性质和主要经营活动

3.母公司以及集团最终母公司的名称

4.财务报告的批准报出者和财务报告批准报出日

5.营业期限有限的企业，还应当披露有关营业期限的信息

(二)财务报表的编制基础

财务报表的编制基础是指财务报表是在持续经营基础上还是非持续经营基础上

编制的。企业一般是在持续经营基础上编制财务报表，清算、破产属于非持续经营基础。

（三）遵循企业会计准则的声明

企业应当声明编制的财务报表符合企业会计准则的要求，真实、完整地反映了企业的财务状况、经营成果和现金流量等有关信息，以此明确企业编制财务报表所依据的制度基础。

（四）重要会计政策和会计估计

企业应当披露采用的重要会计政策和会计估计，不重要的会计政策和会计估计可以不披露。

（五）会计政策和会计估计变更以及差错更正的说明

企业应当按照会计政策、会计估计变更和差错更正会计准则的规定，披露会计政策、会计估计变更以及差错更正的有关情况。

（六）报表重要项目的说明

企业对报表重要项目的说明，应当按照资产负债表、利润表、现金流量表、所有者权益变动表及其项目列示的顺序，采用文字和数字描述相结合的方式进行披露。报表重要项目的明细金额合计应当与报表项目金额相衔接。

（七）或有和承诺事项、资产负债表日后非调整事项、关联方关系及其交易等需要说明的事项

（八）有助于财务报表使用者评价企业管理资本的目标、政策及程序的信息

【例1·判断】附注是对企业财务报表的文字表述，在报表中无法体现的内容均需要通过附注加以阐述。（　　）

【答案】×

【解析】并非所有事项均需要进行附注说明，例如不重要的会计估计就无需进行附注说明。

【例2·判断】附注是对在资产负债表、利润表、现金流量表和所有者权益变动表等报表中列示项目的文字描述或明细资料，以及对未能在这些报表中列示项目的说明等。（　　）

【答案】√

【例3·单选】下列各项中，不应在财务报告附注中进行披露的是（　　）。

A.企业的基本情况　　　　　　B.财务报表的编制基础
C.所有的会计政策　　　　　　D.或有事项

【答案】C

【解析】非重要的会计政策和会计估计无需披露。

第七章 管理会计基础

第一节 管理会计概述

一、管理会计概念与管理会计体系

（一）管理会计概念与目标

管理会计是会计的重要分支，主要服务于单位（包括企业和行政事业单位，下同）内部管理需要，是通过利用相关信息，有机融合财务与业务活动，在单位规划、决策、控制和评价等方面发挥重要作用的管理活动。

管理会计的目标是通过运用管理会计工具方法，参与单位规划、决策、控制、评价活动并为之提供有用信息，推动单位实现战略规划。

与财务会计相比特点如下：

项目	财务会计	管理会计
服务对象	主要侧重于对外部相关单位和人员提供财务信息，属于"对外报告会计"	主要是为强化单位内部经营管理、提高经济效益服务，属于"对内报告会计"
职能定位	侧重在"记录价值"，通过确认、计量、记录和报告等程序提供并解释历史信息	侧重在"创造价值"，其职能是解析过去、控制现在与筹划未来的有机结合
程序与方法	有填制凭证、登记账簿、编制报表等较固定的程序与方法	采用的程序与方法灵活多样，具有较大的可选择性

（二）管理会计产生与发展

管理会计萌芽至今大致经历了三个阶段：

一是20世纪20—50年代的成本决策与财务控制阶段。

二是20世纪50—80年代的管理控制与决策阶段。

三是20世纪90年代至今的强调价值创造阶段。

（三）我国管理会计体系建设的任务和措施

1. 推进管理会计理论体系建设
2. 推进管理会计指引体系建设
3. 推进管理会计人才队伍建设
4. 推进面向管理会计的信息系统建设

二、管理会计指引体系

管理会计指引体系是在管理会计理论研究成果的基础上，形成的可操作性的系列标准。包括基本指引、应用指引和案例库，用以指导单位管理会计实践。

（一）管理会计基本指引

1. 基本指引的定位和作用

管理会计基本指引在指引体系中起统领作用：

（1）是制定应用指引和建设案例库的基础。

（2）是对管理会计基本内容的总结、提炼。

2.管理会计应用原则和应用主体

单位应用管理会计，应当遵循以下原则：

（1）战略导向原则。

（2）融合性原则。

（3）适应性原则。

（4）成本效益原则。

【注意】管理会计应用主体视管理决策主体确定，可以是单位整体，也可以是单位内部责任中心。

3.管理会计要素

单位应用管理会计，应包括应用环境、管理会计活动、工具方法、信息与报告四项管理会计要素。

（1）应用环境。管理会计应用环境是单位应用管理会计的基础。单位应用管理会计，首先应充分了解和分析其应用环境，包括外部环境和内部环境。外部环境主要包括国内外经济、社会、文化、法律、技术等因素，内部环境主要包括与管理会计建设和实施相关的价值创造模式、组织架构、管理模式、资源、信息系统等因素。

（2）管理会计活动。管理会计活动是单位管理会计工作的具体开展，是单位利用管理会计信息，运用管理会计工具方法，在规划、决策、控制、评价等方面服务于单位管理需要的相关活动。

（3）工具方法。管理会计工具方法是实现管理会计目标的具体手段；是单位应用管理会计时所采用的战略地图、滚动预算管理、作业成本管理、本量利分析、平衡计分卡等模型、技术、流程的统称。

（4）信息与报告。管理会计信息包括管理会计应用过程中所使用和生成的财务信息和非财务信息，是管理会计报告的基本元素。单位生成的管理会计信息应相关、可靠、及时、可理解。

【注意】管理会计报告按期间可以分为定期报告和不定期报告，按内容可以分为综合性报告和专项报告等类别。单位可以根据管理需要和管理会计活动性质设定报告期间。一般应以公历期间作为报告期间，也可以根据特定需要设定报告期间。

【例1·多选】下列属于管理会计要素的有（　　）。（2018年）

A.工具方法　　　　　　　　B.应用环境

C.管理会计活动　　　　　　D.信息与报告

【答案】ABCD

【例2·判断】单位应用管理会计，应包括应用环境、管理会计活动、工具方法、信息与报告四项管理会计要素。（　　）（2018年）

【答案】√

（二）管理会计应用指引

在管理会计指引体系中，应用指引居于主体地位，是对单位管理会计工作的具体指导。

（三）管理会计案例库

案例库是对国内外管理会计经验的总结提炼，是对如何运用管理会计应用指引的实例示范。

三、货币时间价值

（一）货币时间价值的含义

货币时间价值，是指一定量货币在不同时点上的价值量差额。来源于价值增值。

【注意】通常它是指没有风险也没有通货膨胀情况下的社会平均利润率。

（二）终值和现值

分类	定义
终值	又称将来值，是现在一定量的货币折算到未来某一时点所对应的金额
现值	是指未来某一时点上一定量的货币折算到现在所对应的金额
单利	是指按照固定的本金计算利息的一种计息方式
复利	是指不仅对本金计算利息，还对利息计算利息的一种计息方式

【注意】为简便计算，假定有关字母符号的含义如下：I为利息；F为终值；P为现值；A为年金值；i为利率（折现率）；n为计算利息的期数。

1.复利的终值和现值

复利计算方法是指每经过一个计息期，要将该期所派生的利息加入本金再计算利息，逐期滚动计算，俗称"利滚利"。这里所说的计息期，是指相邻两次计息的间隔，如年、月、日等。除非特别说明，计息期一般为一年。

（1）复利终值。复利终值指一定量的货币，按复利计算的若干期后的本利总和。

复利终值的计算公式如下：

$$F = P(1+i)^n$$

式中，$(1+i)^n$ 为复利终值系数，记作（F/P, i, n）；n为计算利息的期数。

【举例说明】某人将10 000元存入银行，年利率2%，求10年后的终值。已知（F/P, 2%, 10）=1.2190。

$$F = P(1+i)^n = 10\,000 \times (1+2\%)^{10} = 12\,190 \text{（元）}$$

【例3·单选】小张将10 000元存入银行，年利率为2%，已知（F/P, 2%, 10）= 1.2190，则10年后的终值是（　　）元。

A.12 190
B.10 000
C.12 000
D.19 120

【答案】A

【解析】该题考核复利终值的计算。10年后的终值=10 000×1.2190=12 190（元）。

（2）复利现值。复利现值是指未来某期的一定量的货币，按复利计算的现在价值。复利现值的计算公式如下：

$P = F/(1+i)^n$

式中，$1/(1+i)^n$ 为复利现值系数，记作（P/F，i，n）；n为计算利息的期数。

【例4·单选】某人为了10年后能从银行取出10 000元，在年利率为2%的情况下，已知（P/F，2%，10）=0.8203，则现在应存入（　　）元。

A.10 000　　　　　　　　　　　B.8 000

C.8 302　　　　　　　　　　　 D.8 203

【答案】D

【解析】该题考核复利现值的计算。现在应存入的金额=10 000×0.8203=8 203（元）。

2.年金终值和年金现值

年金分为普通年金（后付年金）、预付年金（先付年金）、递延年金、永续年金等形式。

分类	定义
年金	是指间隔期相等的系列等额收付款
普通年金	是年金的最基本形式，它是指从第一期起，在一定时期内每期期末等额收付的系列款项，又称为后付年金
预付年金	是指从第一期起，在一定时期内每期期初等额收付的系列款项，又称先付年金或即付年金
递延年金	是指隔若干期后才开始发生的系列等额收付款项
永续年金	是指无限期收付的年金，即一系列没有到期日的等额现金流

【注意】预付年金与普通年金的区别仅在于收付款时间的不同，普通年金发生在期末，而预付年金发生在期初。

在年金中，系列等额收付的间隔期间只需要满足"相等"的条件即可，间隔期间可以不是一年，例如每季末等额支付的债务利息也是年金。

（1）年金终值。

①普通年金终值。普通年金终值是指普通年金最后一次收付时的本利和，它是每次收付款项的复利终值之和。

根据复利终值的方法，计算年金终值的公式为：

$F_A = A + A(1+i) + A(1+i)^2 + A(1+i)^3 + \cdots + A(1+i)^{n-1}$

$F_A = A \times \dfrac{(1+i)^n - 1}{i}$

式中，$\dfrac{(1+i)^n - 1}{i}$ 称为"年金终值系数"，记作（F/A，i，n）。

【举例说明】张先生是位热心于公益事业的人，自2009年12月底开始，他每年都要向一位失学儿童捐款1 000元，帮助这位失学儿童从小学一年级读完九年义务教育。假设每年定期存款利率都是2%，则张先生9年的捐款在2017年年底相当于多少钱？已知（F/A, 2%, 9）=9.7546。

F_A = 1 000 ×（F/A, 2%, 9）= 1 000 × 9.7546 = 9 754.6（元）

【例5·单选】小赵是位很有理财头脑且有远见的人，自2011年12月底开始，还是大学生的他便设立父母养老费存款账户，并每年存储养老费2 000元。假设每年定期存款利率都是2%，则小赵10年的存款在2020年年底相当于（　　）元。已知（F/A, 2%, 10）=10.950。

A.20 000　　　　　　　　　　B.24 380
C.22 338　　　　　　　　　　D.21 900

【答案】D

【解析】该题考核普通年金终值的计算。小赵10年的存款在2020年年底相当于21 900（2 000×10.950）元。

【例6·单选】某公司从本年度起每年年末存入银行一笔固定金额的款项，若按复利计息计算第N年年末可以从银行取出的本利和，则应选择的时间价值系数是（　　）。

A.普通年金现值系数　　　　　B.复利现值系数
C.普通年金终值系数　　　　　D.复利终值系数

【答案】C

【解析】题目中说明是每年年末等额款项的存入，属于普通年金。题目中要求计算第N年末可以从银行取出的本利和，实际上是计算普通年金终值。所以选项C正确。

②预付年金终值。预付年金终值是指一定时期内每期期初等额收付的系列款项的终值。

预付年金终值的计算公式为：

$$F_A = A \times \frac{(1+i)^n - 1}{i} \times (1+i) = A(F/A, i, n)(1+i)$$

或者：$= A[(F/A, i, n+1) - 1]$

【举例说明】为给儿子上大学准备资金，王先生连续10年于每年年初存入银行10 000元。若银行存款年利率为2%，则王先生在第10年年末能一次取出本利和多少钱？已知（F/A, 2%, 10）=10.950。

$F_A = A(F/A, i, n)(1+i)$
　　$= 10\ 000 \times (F/A, 2\%, 10) \times (1+2\%)$
　　$= 10\ 000 \times 10.950 \times 1.02 = 111\ 690$（元）

【例7·单选】某企业拟建立一项基金计划,每年初投入10万元,若利率为10%,5年后该项基金本利和将为(　　)元。(2018年)

　A.871 600　　　　B.564 100　　　　C.671 561　　　　D.610 500

【答案】C

【解析】该题考核预付年金终值的计算。$F_A = A(F/A, i, n)(1+i) = 10 \times 6.1051 \times (1+10\%) = 67.1561$(万元)。

③递延年金终值。递延年金的终值计算与普通年金的终值计算一样,计算公式如下:

$P_A = A(F/A, i, n)$

【注意】式中"n"表示的是A的个数,与递延期无关。

【例8·判断】递延年金的终值计算与普通年金的终值计算一样。(　　)

【答案】√

【解析】该题考核递延年金终值的计算。

(2)年金现值。

①普通年金现值。普通年金现值是指将在一定时期内按相同时间间隔在每期期末收付的相等金额折算到第一期期初的现值之和。

根据复利现值的方法计算年金现值的公式为:

$P_A = A(1+i)^{-1} + A(1+i)^{-2} + A(1+i)^{-3} + \cdots + A(1+i)^{-n}$

$= A \times \dfrac{1-(1+i)^{-n}}{i}$

式中,$\dfrac{1-(1+i)^{-n}}{i}$ 称为"年金现值系数",记作(P/A, i, n)。

【举例说明】某投资项目于2017年年初动工,假设当年投产,从投产之日起每年末可得收益100 000元,按年利率5%计算,计算预期5年收益的现值,已知(P/A, 5%, 5) = 4.3295。

$P_A = A(P/A, i, n)$

$= 100\ 000 \times (P/A, 5\%, 5)$

$= 100\ 000 \times 4.3295 = 432\ 950$(元)

【例9·单选】某投资项目于2018年年初动工,假设当年投产,从投产之日起每年末可得收益80 000元。按年利率5%计算,预期5年收益的现值为(　　)。已知(P/A, 5%, 5) = 4.3295。

　A.400 000　　　　　　　　　　　　B.346 360

　C.420 000　　　　　　　　　　　　D.346 630

【答案】B

【解析】该题考核普通年金现值的计算。预期5年收益的现值=80 000×4.3295=346 360(元)。

②预付年金现值：预付年金现值是指将在一定时期内按相同时间间隔在每期期初收付的相等金额折算到第一期期初的现值之和。

预付年金现值的计算公式如下：

$P_A = A + A(1+i)^{-1} + A(1+i)^{-2} + A(1+i)^{-3} + \cdots + A(1+i)^{-(n-1)}$
$\quad = A \times (P/A, i, n)(1+i)$
$\quad = A \times [(P/A, i, n-1) + 1]$

【举例说明】某公司2017年底租入一套办公用房，按照租赁合同须自2018年起于每年年初向出租房支付100 000元租金。假设银行利率为2%，计算预期5年租金的现值。已知(P/A, 2%, 5)=4.7135。

$P_A = A \times (P/A, i, n)(1+i)$
$\quad = 100\ 000 \times (P/A, 2\%, 5) \times (1+2\%)$
$\quad = 100\ 000 \times 4.7135 \times 1.02$
$\quad = 480\ 777 (元)$

【例10·单选】小吴采用分期付款方式购入商品房一套，每年年初付款85 000元，分10年付清。若银行存款年利率为6%，则该项分期付款相当于一次现金支付的购买价是(　　)元。已知(P/A, 6%, 9)=6.8017，(P/A, 6%, 10)=7.3601。

A.663 145　　　　　　　　　B.850 000
C.663 415　　　　　　　　　D.799 000

【答案】A

【解析】该题考核预付年金现值的计算。该项分期付款相当于一次现金支付的购买价金额=85 000×(6.8017+1)=663 145(元)或者85 000×7.3601×1.06=663 145(元)。

③递延年金现值。递延年金现值是指间隔一定时期后每期期末或期初收付的系列等额款项，按照复利计息方式折算的现时价值，即间隔一定时期后每期期末或期初等额收付资金的复利现值之和。

【例11·判断】递延年金现值是指间隔一定时期后每期期末或期初收付的系列等额款项，按照复利计息方式折算的现时价值，即间隔一定时期后每期期末或期初等额收付资金的复利现值之和。(　　)

【答案】√

【解析】该题考核递延年金现值。

④永续年金现值。永续年金现值是指无限期地每期期末等额收付系列款项的复利现值之和。

永续年金现值可以看成是一个n无穷大时普通年金的现值，永续年金现值计算如下：

$$P_{A(n\to\infty)}=A\frac{1-(1+i)^{-n}}{i}=A/i$$

【举例说明】某企业家在一西部地区某县城关中学设立奖学金。奖学金每年发放一次，奖励每年县高考的文理科状元各10 000元。奖学金的基金保存在中国农业银行该县支行。银行一年的定期存款利率为2%。问该企业家要投资多少钱作为奖励基金？

由于每年都要拿出20 000元，因此奖学金的性质是一项永续年金，其现值应为：

P_A=20 000/2% =1 000 000（元）

也就是说，该企业家要存入1 000 000元作为基金，才能保证这一奖学金的成功运行。

【例12·单选】某企业家为了支持家乡的人才发展计划，特别设立奖学金。奖学金每年发放一次，奖励每年县高考的文理科状元各10 000元。奖学金的基金保存在中国工商银行该县支行。银行一年的定期存款利率为2%。问该企业家要投资（   ）元作为奖励基金。

A.20 000   B.1 000 000

C.19 600   D.100 000

【答案】B

【解析】该题考核永续年金现值的计算。投资金额=20 000÷2%=1 000 000（元）。

（3）年偿债基金。年偿债基金是指为了在约定的未来某一时点清偿某笔债务或积聚一定数额的资金而必须分次等额形成的存款准备金。也就是为使年金终值达到既定金额的年金数额（即已知终值，求年金A）。在普通年金终值公式中解出A，这个A就是年偿债基金。

计算公式：

$$A=F_A\times\frac{i}{(1+i)^n-1}$$

式中，$\frac{i}{(1+i)^n-1}$ 称为"偿债基金系数"，记作（A/F，i，n）。

【举例说明】某贫困大学生拟在毕业3年后还清10 000元助学贷款，从现在起每年年末等额存入银行一笔款项。假设银行利率为3%，则每年需存入多少元？已知（F/A，3%，3）=3.0909。

根据公式 $A=F_A\times\frac{i}{(1+i)^n-1}$

$$=10\,000 \times \frac{3\%}{(1+3\%)^3-1}$$

$$=10000/(F/A, 3\%, 3)$$

$$=10\,000/3.0909$$

$$\approx 3\,235(元)$$

【例13·单选】小张拟在5年后还清10 000元债务，从现在起每年末等额存入银行一笔款项。假设银行利率为5%，则每年需存入（　　）元。已知（F/A, 5%, 5）=5.5256。

A.2 000　　　　　　　　　　B.1 900

C.1 809.76　　　　　　　　　D.1 806.76

【答案】C

【解析】该题考核年偿债基金。每年需存入金额 = 10 000×1÷5.5256=1 809.76（元）。

(4) 年资本回收额。年资本回收额是指在约定年限内等额回收初始投入资本的金额。年资本回收额的计算实际上是已知普通年金现值 P_A。

求年金A的计算公式：

$$A = P_A \times \frac{i}{1-(1+i)^{-n}}$$

式中，$\frac{i}{1-(1+i)^{-n}}$ 称为"资本回收系数"，记作（A/P, i, n）。

【举例说明】某企业借得1 000万元的贷款，在10年内以年利率12%等额偿还，则每年应付的金额为多少？已知（P/A, 12%, 10）=5.6502。

$$A = P_A \times \frac{i}{1-(1+i)^{-n}}$$

$$=1\,000 \times \frac{12\%}{1-(1+12\%)^{-10}}$$

$$=1\,000 \times 1 \div (P/A, 12\%, 10)$$

$$=1\,000/5.6502$$

$$\approx 176.98（万元）$$

【例14·单选】某企业借得1 000万元的贷款，在10年内以年利率8%等额偿还，则每年应付的金额为（　　）元。已知（P/A, 8%, 10）=6.7101。

A.149.03　　　　　　　　　B.100

C.92　　　　　　　　　　　D.148.03

【答案】A

【解析】每年应付的金额=1 000×1÷6.7101=149.03（万元）。

【总结】见下表。

名称	关系
复利终值和复利现值	互为逆运算
复利终值系数和复利现值系数	互为倒数
偿债基金和普通年金终值	互为逆运算
偿债基金系数和普通年金终值系数	互为倒数
年资本回收额与普通年金现值	互为逆运算
资金回收系数与普通年金现值系数	互为倒数

【例15·判断】年资本回收额与普通年金终值互为逆运算。（   ）
【答案】×
【解析】年资本回收额与普通年金现值互为逆运算。

【例16·判断】资金回收系数与普通年金现值系数互为倒数。（   ）
【答案】√

【例17·判断】偿债基金和普通年金终值互为逆运算。（   ）
【答案】√

(三)名义利率与实际利率

1.一年多次计息时名义利率与实际利率
（1）以"年"为计息期，每年计算一次复利，实际利率=名义利率。
（2）按短于一年的计息期计算复利，实际利率>名义利率。
换算关系如下：
$i=(1+r/m)^m-1$
式中，i为实际利率，r为名义利率，m为每年复利计息次数。

2.通货膨胀下名义利率与实际利率
名义利率，是央行或其他提供资金借贷的机构所公布的未调整通货膨胀因素的利率，即利息（报酬）的货币额与本金的货币额的比率，其包括补偿通货膨胀（包括通货紧缩）风险的利率。实际利率是指剔除通货膨胀率后储户或投资者得到利息回报的真实利率。

名义利率与实际利率之间的关系为：1+名义利率=（1+实际利率）×（1+通货膨胀率），所以，实际利率的计算公式为：

$$实际利率=\frac{1+名义利率}{1+通货膨胀率}-1$$

【举例说明】年利率为12%，按季复利计息，试求实际利率。
$i=(1+r/m)^m-1=(1+12\%/4)^4-1=1.1255-1=12.55\%$

【举例说明】某年我国商业银行一年期存款年利率为3%，假设通货膨胀率为2%，则实际利率为多少？

实际利率=（1+3%）÷（1+2%）-1=0.98%

如果上例中通货膨胀率为4%，则：

实际利率=（1+3%）÷（1+4%）-1=-0.96%

【例18·判断】如果按照短于一年的计息期计算复利，这种情况下的实际利率高于名义利率。（　　）

【答案】√

第二节　产品成本核算概述

产品成本，是指企业在生产产品（包括提供劳务）过程中所发生的材料费用、职工薪酬等，以及不能直接计入而按一定标准分配计入的各种间接费用。

产品成本核算是对生产经营过程中实际发生的成本、费用进行计算，并进行相应的账务处理。

一、产品成本核算的要求

（一）做好各项基础工作

（二）正确划分各种费用支出的界限

1.收益性支出和资本性支出的界限

2.成本费用、期间费用和营业外支出的界限

3.本期费用与以后期间费用的界限

4.各种产品成本费用的界限

5.本期完工产品与期末在产品成本的界限

（三）根据生产特点和管理要求选择适当的成本计算方法

产品成本的计算，关键是选择适当的产品成本计算方法。目前，企业常用的产品成本计算方法有品种法、分批法、分步法、分类法、定额法、标准成本法等。

【例1·判断】企业应当根据其生产经营的特点、生产经营组织类型和成本管理要求，选择恰当的成本计算对象，确定成本计算方法。（　　）

【答案】√

【解析】产品成本的计算，关键是选择恰当的产品成本计算方法。产品成本计算的方法必须根据产品的生产特点、管理要求及工艺过程等予以确定。

【例2·判断】产品成本的核算，关键是做好各项基础工作。（　　）

【答案】×

【解析】产品成本的核算，关键是选择适当的产品成本核算方法。

(四)遵守一致性原则

在成本核算中，各种处理方法要前后一致，使前后各项的成本资料相互可比。

【注意】各种方法一经确定，应保持相对稳定，不能随意变更。

(五)编制产品成本报表

企业一般应当按月编制产品成本报表，全面反映企业生产成本、成本计划执行情况、产品成本及其变动情况等。

二、产品成本核算的一般程序

产品成本核算的一般程序，是指对企业在生产经营过程中发生的各项生产费用和期间费用，按照成本核算的要求，逐步进行归集和分配，最后计算出各种产品的生产成本和各项期间费用的过程。

成本核算的一般程序如下：

(一)确定成本核算对象

(二)确定成本项目

(三)设置有关成本和费用明细账

(四)收集确定各种生产量、入库量、在产品盘存量以及材料、工时、动力消耗等，并对所有已发生的费用进行审核

(五)归集费用，并分配计算在产品成本、产成品成本和单位成本

(六)结转产品销售成本

【例3·单选】下列各项中，应计入产品成本的是(　　)。

A.固定资产报废净损失

B.支付的矿产资源补偿费

C.预计产品质量保证损失

D.基本生产车间设备计提的折旧费

【答案】D

【解析】选项A，固定资产报废净损失计入营业外支出；选项B，支付的矿产资源补偿费计入税金及附加；选项C，预计产品质量保证损失计入销售费用。

【例4·多选】下列关于成本核算的一般程序说法正确的有(　　)。

A.根据生产特点和成本管理要求，确定成本核算对象

B.确定成本项目

C.设置有关成本和费用明细账

D.收集确定各种产品的生产量、入库量、在产品盘存量以及材料、工时、动力消耗等，对所有已发生费用可以直接结转

【答案】ABC

【解析】本题考核成本核算的一般程序。收集确定各种产品的生产量、入库量、在产品盘存量以及材料、工时、动力消耗等,并对所有已发生费用进行审核,不能直接进行结转。所以选项D说法不正确。

三、产品成本核算对象

(一)成本核算对象的概念

成本核算对象,是指确定归集和分配生产费用的具体对象,即生产费用承担的客体。

(二)成本核算对象的确定

一般情况下,对制造企业而言,成本核算对象的确定见下表。

情形	成本核算对象
1.大批大量单步骤生产产品或管理上不要求提供有关生产步骤成本信息的(制造企业)	产品品种
2.小批单件生产产品的	每批或每件产品
3.多步骤连续加工产品且管理上要求提供有关生产步骤成本信息的	每种产品及各生产步骤
4.产品规格繁多的	合并结构、原材料和工艺相同的产品

【例5•判断】产品规格繁多的,可将产品结构、耗用原材料和工艺过程基本相同的各种产品,适当合并作为成本核算对象。(   )

【答案】√

【例6•判断】一般情况下,对工业企业而言,生产一种或几种产品的,以产品品种为成本核算对象;分批、单件生产的产品,以每批或每件产品为成本核算对象。(   )

【答案】√

四、产品成本项目

(一)产品成本项目的概念

为具体反映计入产品生产成本的生产费用的各种经济用途,还应将其进一步划分为若干个项目,即产品生产成本项目,简称产品成本项目或成本项目。

(二)产品成本项目的设置

企业应当根据生产经营特点和管理要求,按照成本经济用途和生产要素内容相结合的原则或者成本性态等设置成本项目。如,对于制造企业而言,一般可设置"直接材料"、"燃料及动力"、"直接人工"和"制造费用"等项目。

1.直接材料

直接材料指构成产品实体的原材料以及有助于产品形成的主要材料和辅助材料。

包括原材料、辅助材料、备品配件、外购半成品、包装物、低值易耗品等费用。

2.燃料及动力

燃料及动力是指直接用于产品生产的外购和自制的燃料和动力。

3.直接人工

直接人工指直接从事产品生产的工人的职工薪酬。

4.制造费用

制造费用指企业为生产产品和提供劳务而发生的各项间接费用，如企业生产部门（如生产车间）发生的水电费、固定资产折旧、无形资产摊销、管理人员的职工薪酬、劳动保护费、国家规定的有关环保费用、季节性和修理期间的停工损失等不能根据原始凭证或原始凭证汇总表直接计入成本的费用，需要按一定标准分配计入成本核算对象。

【例7·多选】制造费用指企业为生产产品和提供劳务而发生的各项间接费用，包括（　　）。

A.生产车间管理人员的工资

B.生产车间负担的低值易耗品摊销

C.生产车间的办公费

D.生产车间设备报废净损失

【答案】ABC

【解析】本题考核制造费用的内容。选项D，生产车间设备报废净损失计入当期损益（营业外支出）。

【例8·多选】下列属于成本项目"直接材料"的内容的有（　　）。

A.备品配件　　　　　　　　B.机物料消耗

C.外购半成品　　　　　　　D.办公费

【答案】AC

【解析】本题考核直接材料的内容。直接材料是指构成产品实体的原材料以及有助于产品形成的主要材料和辅助材料。包括原材料、辅助材料、备品配件、外购半成品、包装物、低值易耗品等费用。

【例9·判断】直接材料、直接人工、燃料和动力、制造费用属于成本项目。（　　）

【答案】√

【例10·多选】下列说法中，正确的有（　　）。

A.企业本期发生的构成产品成本费用，包括直接人工、直接材料、制造费用，均为直接费用

B.生产车间经营租赁租入设备的租金最终会归集到生产成本中

C.行政管理部门固定资产折旧应计入当期生产成本

D.生产成本科目核算企业进行工业性生产发生的各项生产成本

【答案】BD

【解析】选项A，制造费用不属于直接费用，属于间接生产费用。企业在只有生产一种产品的情况下，本期发生的构成产品成本的费用才均为直接费用。选项C，行政管理部门固定资产折旧应计入管理费用，而不计入生产成本。

【例11•判断】直接材料是指企业在生产产品和提供劳务过程中实际消耗的、直接用于产品生产并构成产品实体的原材料、主要材料、外购半成品以及有助于产品形成的辅助材料等。（　　）

【答案】√

第三节　产品成本的归集和分配

一、产品成本归集和分配的基本原则

企业应当根据生产经营特点，以正常生产能力水平为基础，按照资源耗费方式确定合理的分配标准。具体可以体现为以下原则：

（一）受益性原则

受益性原则，即谁受益、谁负担，负担多少视受益程度而定。

（二）及时性原则

及时性原则，即及时分配，不应将本应在上期或下期分配的成本费用分配给本期。

（三）成本效益性

成本效益性，即成本分配效益要远大于分配成本。

（四）基础性原则

基础性原则，即成本分配要以完整、准确的原始记录为依据。

（五）管理性原则

管理性原则，即成本分配要有助于企业加强成本管理。

企业应当按照权责发生制的原则，根据产品的生产特点和管理要求结转成本。不得以计划成本、标准成本、定额成本等代替实际成本。企业采用计划成本、标准成本、定额成本等类似成本进行直接材料日常核算的，期末，应当将耗用直接材料的计划成本或定额成本等类似成本调整为实际成本。

二、要素费用的归集和分配

（一）成本核算的科目设置

1."生产成本"科目

该科目核算企业进行工业性生产发生的各项生产成本，包括生产各种产品（产成

品、自制半成品等）、自制材料、自制工具、自制设备等。该科目借方反映所发生的各项生产费用，贷方反映完工转出的产品成本，期末借方余额反映尚未加工完成的各项在产品的成本。该科目应按产品品种等成本核算对象设置基本生产成本和辅助生产成本明细科目。

【注意】基本生产成本应当分别按照基本生产车间和成本核算对象设置明细账；辅助生产是为基本生产服务而进行的产品生产和劳务供应。

2."制造费用"科目

制造费用是指制造业企业为生产产品（或提供劳务）而发生的，应计入产品成本但没有专设成本项目的各项间接生产费用。

【注意】除季节性生产外，"制造费用"科目期末应无余额。

【例1·单选】关于成本和费用的说法中错误的是（   ）。
A.费用着重于按会计期间进行归集
B.产品成本一般以生产过程中取得的各种原始凭证为计算依据
C.产品成本着重于按产品进行归集
D.产品成本一般以成本计算单或成本汇总表及产品入库单等为计算依据

【答案】B

【解析】本题考核成本和费用。费用涵盖范围较宽，着重于按会计期间进行归集，一般以生产过程中取得的各种原始凭证为计算依据；而产品成本只包括为生产一定种类或数量的完工产品的费用，不包括未完工产品的生产费用和其他费用；着重于按产品进行归集，一般以成本计算单或成本汇总表及产品入库单等为计算依据。所以选项B错误。

（二）材料、燃料、动力的归集和分配

1.材料、燃料、动力的归集和分配

（1）直接计入生产成本	发生的直接材料，能够直接计入成本核算对象的
	生产部门直接用于生产的燃料和动力
（2）计入制造费用	生产部门间接用于生产（如照明、取暖）的燃料和动力
（3）直接计入直接材料	对于直接用于产品生产、构成产品实体的原材料（根据领退料凭证）
（4）采用适当分配方法，分配计入直接材料	对于不能分产品领用的

【注意】在消耗定额比较准确的情况下，原材料、燃料也可按照产品的材料定额消耗量比例或材料定额费用比例进行分配。按材料定额消耗量比例分配材料费用的计算公式如下：

某种产品材料定额消耗量=该种产品实际产量×单位产品材料消耗定额

材料消耗量分配率=材料实际总消耗量÷各种产品材料定额消耗量之和

某种产品应分配的材料费用=该种产品的材料定额消耗量×材料消耗量分配率×材料单价

2.账务处理

借：生产成本——基本生产成本——××产品
　　　　　　——辅助生产成本
　　制造费用
　贷：原材料

【例2·单选】某企业生产A、B两种产品的外购动力消耗定额分别为4工时和6.5工时。6月份生产A产品500件，B产品400件，共支付动力费11 040元。该企业按气额消耗量比例分配动力费，当月A产品应分配的动力费为（　　）元。（2013年）

A.3 840　　　　　　　　　　B.4 800

C.6 343　　　　　　　　　　D.6 240

【答案】B

【解析】动力费用分配率= 11 040÷（500×4+400×6.5）=2.4；A产品应分配的动力费=2.4×500×4=4 800（元）。

【例3·单选】A公司生产甲乙两种产品领用某材料5 190公斤，每公斤22元。本月投产的甲产品为230件，乙产品为270件。甲产品的材料消耗定额为16公斤，乙产品的材料消耗定额为12公斤。则材料消耗量分配率为（　　）。

A.0.75　　　　　　　　　　B.0.47

C.0.79　　　　　　　　　　D.0.94

【答案】A

【解析】材料、燃料、动力费分配率=材料、燃料、动力消耗总额÷分配标准（如产品重量、耗用的原材料、生产工时等）=5 190÷（230×16+270×12）=0.75。

（三）职工薪酬的归集和分配

职工薪酬是企业在生产产品或提供劳务活动过程中所发生的各种直接和间接人工费用总和。

1.生产工人职工薪酬的分配

（1）直接进行产品生产的生产工人的职工薪酬：直接计入产品成本的"直接人工"成本项目。

（2）不能直接计入产品成本的职工薪酬见下表。

方式	计算公式
①按工时、产品产量、产值比例等方式进行合理分配，计入"直接人工"成本项目	a.生产职工薪酬费用分配率 =各种产品生产职工薪酬总额÷分配标准（如生产工时等） b.某种产品应分配的生产职工薪酬 =该种产品生产工时等×生产职工薪酬费用分配率

方式	计算公式
②取得实际生产工时数据较困难，而单件工时定额较准确，也可按定额工时比例分配职工薪酬	a.某种产品耗用的定额工时 ＝该种产品投产量×单位产品工时定额
	b.生产职工薪酬费用分配率 ＝各种产品生产职工薪酬总额÷各种产品定额工时之和
	c.某种产品应分配的生产职工薪酬 ＝该种产品定额工时×生产职工薪酬费用分配率

【举例说明】乙企业基本生产车间生产A、B两种产品，共发生生产工人职工薪酬2 700万元，按生产工时比例分配，A产品的生产工时为500小时，B产品的生产工时为400小时。

生产职工薪酬费用分配率=2 700÷（500+400）=3（万元/小时）

A产品应分配的职工薪酬=500×3=1 500（万元）

B产品应分配的职工薪酬=400×3=1 200（万元）

2.账务处理

借：生产成本——基本生产成本——××产品
　　　　　　——辅助生产成本
　　制造费用
　　管理费用
　　销售费用
　贷：应付职工薪酬

(四)辅助生产费用的归集和分配

1.归集

（1）先记入"制造费用"，再转入"辅助生产成本"科目。

（2）规模很小、制造费用很少且辅助生产不对外提供产品和劳务的，为简化核算工作，可以直接记入"辅助生产成本"科目。

2.分配方法

直接分配法、交互分配法、计划成本分配法、顺序分配法和代数分配法等。

【例4·多选】下列各项中，属于辅助生产费用分配方法的有（　　）。（2017年）

A.代数分配法　　　　　　　　B.交互分配法

C.计划成本分配法　　　　　　D.直接分配法

【答案】ABCD

【解析】辅助生产费用的分配方法有直接分配法、交互分配法、计划成本分配法、顺序分配法和代数分配法等。

（1）直接分配法（不对内分配，只对外分配）。

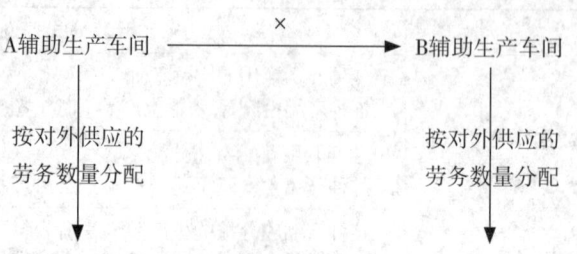

辅助生产车间以外的单位

①特点	不考虑各辅助生产车间之间相互提供劳务或产品的情况，而是将各种辅助生产费用直接分配给辅助生产以外的各受益单位。
②优缺点	优点：各辅助生产费用只对外分配一次，计算简单。 缺点：分配的结果不够准确。
③适用范围	适用于辅助生产内部相互提供产品和劳务不多、不进行费用交互分配、对辅助生产成本和企业产品成本影响不大的情况。

【举例说明】假定甲工厂设有机修和供电两个辅助生产车间。2017年5月在分配辅助生产费用以前，机修车间发生费用1 200万元，按修理工时分配费用（假定不存在固定资产后续支出资本化问题），提供修理工时5 000小时，其中，供电车间200小时，其他车间耗用工时见下表；供电车间发生费用2 400万元，按耗电度数分配费用，提供供电度数2 000万度，其中，机修车间耗用400万度，其他车间耗电度数见下表。

辅助生产费用分配表
（直接分配法）
甲工厂　　2017年5月
数量单位：小时、万度　　金额单位：万元

辅助生产车间名称		机修车间		供电车间		合计
		修理工时	修理费用	供电度数	供电费用	
待分配辅助生产费用及劳务数量		4 800	1 200	1 600	2 400	3 600
费用分配率（万元/小时、万元/万度）			0.25		1.5	
基本生产车间耗用（计入"制造费用"）	第一车间	3 000	750	900	1 350	2 100
	第二车间	1 200	300	400	600	900
	小计	4 200	1 050	1 300	1 950	3 000
行政管理部门耗用（计入"管理费用"）		400	100	200	300	400
销售部门耗用（计入"销售费用"）		200	50	100	150	200
合计		4 800	1 200	1 600	2 400	3 600

根据上表，编制下列会计分录：

借：制造费用——第一车间　　　　　　　　　　　　　　21 000 000
　　　　　　——第二车间　　　　　　　　　　　　　　　9 000 000

管理费用		4 000 000
销售费用		2 000 000
贷：生产成本——辅助生产成本——机修车间		12 000 000
——供电车间		24 000 000

（2）交互分配法（先对内分配，再对外分配）。

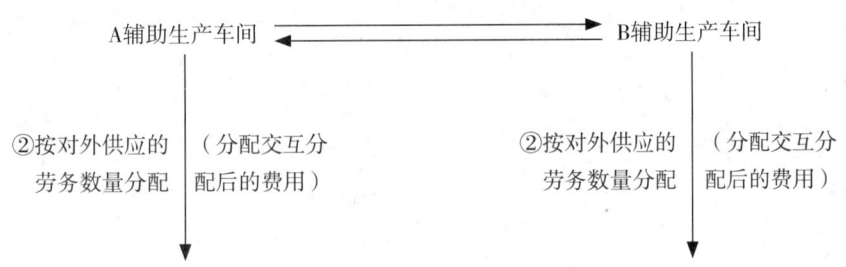

①特点	辅助生产费用通过两次分配完成。
②优缺点	优点：提高了分配的正确性。 缺点：加大了分配的工作量。

【注意1】

对内交互分配率＝辅助生产费用总额÷辅助生产提供的总产品或劳务总量

【注意2】

对外分配率＝（交互分配前的成本费用＋交互分配转入的成本费用－交互分配转出的成本费用）÷对辅助生产以外的其他部门提供的产品或劳务总量

【举例说明】采用交互分配法分配其辅助生产费用，其辅助生产费用分配表如下表所示。

辅助生产费用分配表
（交互分配法）

甲工厂　　　　　　　　　　2017 年 5 月　　　　　　数量单位：小时、万度
金额单位：万元

辅助生产车间名称	交互分配			对外分配		
	机修	供电	合计	机修	供电	合计
待分配辅助生产费用	1 200	2 400	3 600	1 632 ＝1 200+480－48	1 968 ＝2 400+48－480	3 600
供应劳务数量	5 000	2 000		4 800	1 600	
费用分配率 （万元/小时、万元/万度）	0.24	1.2		0.34	1.23	

续表

辅助生产车间名称			交互分配			对外分配		
			机修	供电	合计	机修	供电	合计
辅助生产车间耗用（计入"辅助生产成本"）	机修车间	耗用量		400				
		分配金额		480	480			
	供电车间	耗用量	200					
		分配金额	48		48			
	分配金额小计		48	480	528			
基本生产车间耗用（计入"制造费用"）	第一车间	耗用量				3 000	900	
		分配金额				1 020	1 107	2 127
	第二车间	耗用量				1 200	400	
		分配金额				408	492	900
	分配金额小计					1 428	1 599	3 027
行政部门耗用（计入"管理费用"）		耗用量				400	200	
		分配金额				136	246	382
销售部门耗用（计入"销售费用"）		耗用量				200	100	
		分配金额				68	123	191
合计								3 600

根据上表，编制下列会计分录：

①交互分配（对内分配）：

借：生产成本——辅助生产成本——机修车间　　　　　　4 800 000
　　　　　　　　　　　　　　　　——供电车间　　　　　　480 000
　　贷：生产成本——辅助生产成本——机修车间　　　　　　480 000
　　　　　　　　　　　　　　　　——供电车间　　　　　　4 800 000

②对外分配：

借：制造费用——第一车间　　　　　　21 270 000
　　　　　　——第二车间　　　　　　9 000 000

管理费用　　　　　　　　　　　　　　　　　　　　3 820 000
销售费用　　　　　　　　　　　　　　　　　　　　1 910 000
贷：生产成本——辅助生产成本——机修车间　　　　16 320 000
　　　　　　　　　　　　　　　——供电车间　　　19 680 000

（3）计划成本分配法。

①特点	a.辅助生产提供的劳务或产品，都按计划单位成本分配。 b.辅助生产车间与计划单位成本分配费用差额计入管理费用。
②优缺点	优点：便于考核和分析成本，利于分清经济责任。 缺点：成本分配不够准确。
③适用范围	适用于辅助生产劳务或产品计划单位成本较准确的企业。

【举例说明】假定机修车间每修理工时耗费2 500元，供电车间每度电耗费1.18万元。辅助生产费用分配表如下表。

辅助生产费用分配表
（计划成本分配法）　　数量单位：小时、万度
甲工厂　　　　　　2017年5月　　　　金额单位：万元

辅助生产车间名称			机修车间	供电车间	合计
待分配辅助生产费用			1 200	2 400	3 600
计划单位成本（万元/小时、万元/度）			0.25	1.18	
辅助生产车间耗用 （计入"辅助生产成本"）	机修车间	耗用量		400	
		分配金额		472	472
	供电车间	耗用量	200		
		分配金额	50		50
	小计		50	472	522
基本生产车间耗用（计入"制造费用"）	第一车间	耗用量	3 000	900	
		分配金额	750	1 062	1 812
	第二车间	耗用量	1 200	400	
		分配金额	300	472	772
	小计		1 050	1 534	2 584
行政部门耗用 （计入"管理费用"）	耗用量		400	200	
	分配金额		100	236	336
销售部门耗用 （计入"销售费用"）	耗用量		200	100	
	分配金额		50	118	168
按计划成本分配金额合计			1 250 =50+ 1 050+100+50	2 360 =472+1 534+236+118	3 610

续表

辅助生产车间名称	机修车间	供电车间	合计
辅助生产实际成本	1 672	2 450	4 122
辅助生产成本差异	+422	+90	+512

编制下列会计分录：

①按计划成本分配：

借：生产成本——辅助生产成本——机修车间　　　　4 720 000
　　　　　　　　　　　　　　　——供电车间　　　　　500 000
　　制造费用——第一车间　　　　　　　　　　　　　18 120 000
　　　　　　——第二车间　　　　　　　　　　　　　 7 720 000
　　管理费用——行政部门　　　　　　　　　　　　　 3 360 000
　　销售费用　　　　　　　　　　　　　　　　　　　 1 680 000
　贷：生产成本——辅助生产成本——机修车间　　　　12 500 000
　　　　　　　　　　　　　　　——供电车间　　　　23 600 000

②辅助生产成本差异按规定记入"管理费用"的"其他"项目：

借：管理费用——其他　　　　　　　　　　　　　　　 5 120 000
　贷：辅助生产成本——机修车间　　　　　　　　　　 4 220 000
　　　　　　　　　——供电车间　　　　　　　　　　　 900 000

(4) 顺序分配法（也称梯形分配法）。

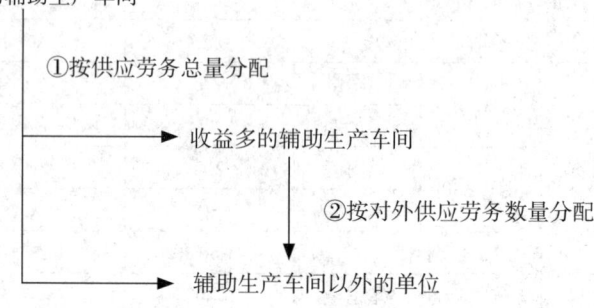

①特点	按辅助生产车间受益多少的顺序分配生产费用： a.受益少的先分配，受益多的后分配。 b.先分配不负担后分配。
②适用范围	适用于各辅助生产车间之间相互受益程度有明显顺序的企业。

【例5·判断】企业采用顺序分配法分配辅助生产费用时，受益多的辅助生产车间先分配，受益少的辅助生产车间后分配。（　　）(2017年)

【答案】×

【解析】企业采用顺序分配法分配辅助生产费用时，受益少的辅助生产车间先分配，受益多的辅助生产车间后分配。

【举例说明】 由于供电车间耗用的劳务费用（1 200÷5 000×200＝48）少于机修车间耗用的劳务费用（2 400÷2 000×400＝480），因此，供电车间应先分配生产费用。具体如下表所示。

辅助生产费用分配表

（顺序分配法）　　　　　　　　　　　　　　　　　　　　　　数量单位：小时、万度
甲工厂　　　　　　　　　2×17年5月　　　　　　　　　　　　金额单位：万元

会计科目	辅助生产成本						制造费用				管理费用		销售费用		分配金额合计
	供电车间			机修车间			第一车间		第二车间						
车间部门	劳务数量	待分配费用	分配率	劳务数量	待分配费用	分配率	耗用数量	耗用金额	耗用数量	耗用金额	耗用数量	耗用金额	耗用数量	耗用金额	
	2 000	2 400		5 000	1 200										
分配供电费用	－2 000	－2 400	1.2	400	480		900	1 080	400	480	200	240	100	120	2 400
修理费用合计					1 680										
分配修理费用				4 800	—	0.35	3 000	1 050	1 200	420	400	140	200	70	1 680
分配金额合计								2 130		900		380		190	3 600

编制下列会计分录：

① 分配供电费用：

借：生产费用——辅助生产成本——机修车间　　　　　　　　4 800 000
　　制造费用——第一车间　　　　　　　　　　　　　　　　10 800 000
　　　　　　——第二车间　　　　　　　　　　　　　　　　 4 800 000
　　管理费用　　　　　　　　　　　　　　　　　　　　　　 2 400 000
　　销售费用　　　　　　　　　　　　　　　　　　　　　　 1 200 000
　贷：生产成本——辅助生产成本——供电车间　　　　　　　24 000 000

② 分配修理费用：

借：制造费用——第一车间　　　　　　　　　　　　　　　　10 500 000
　　　　　　——第二车间　　　　　　　　　　　　　　　　 4 200 000
　　管理费用　　　　　　　　　　　　　　　　　　　　　　 1 400 000
　　销售费用　　　　　　　　　　　　　　　　　　　　　　　 700 000
　贷：生产成本——辅助生产成本——机修车间　　　　　　　16 800 000

【例6·多选】下列关于辅助生产费用顺序分配法的表述中，正确的有（　　）。

A.分配辅助生产费用的顺序是，受益少的先分配，受益多的后分配

B.分配辅助生产费用的顺序是，受益多的先分配，受益少的后分配

C.适用于各辅助生产车间之间相互受益程度有明显顺序的企业

D.适用于各辅助生产车间之间相互受益程度没有明显顺序的企业

【答案】AC

【解析】顺序分配法的特点是按照辅助生产车间受益多少的顺序分配费用，受益少的先分配，受益多的后分配，先分配的辅助生产车间不负担后分配的辅助生产车间的费用。此种分配方法适用于各辅助生产车间之间相互受益程度有明显顺序的企业。

（5）代数分配法。

①特点	先根据解联立方程的原理，计算辅助生产劳务或产品的单位成本，然后根据各受益单位耗用的数量和单位成本分配辅助生产费用。
②优缺点	优点：分配结果最正确。 缺点：辅助生产车间较多的情况下，未知数也较多，计算工作比较复杂。
③适用范围	适用于已经实现电算化的企业。

（五）制造费用的归集和分配

1.制造费用的归集

车间物料消耗；车间管理人员薪酬；车间管理用房屋和设备的折旧费、租赁费和保险费；车间管理用具摊销；车间管理用的照明费、水费、取暖费、劳动保护费、设计制图费、试验检验费、差旅费、办公费；季节性及修理期间停工损失等。

【注意】为了使各期成本、费用资料可比，制造费用项目一经确定，不应任意变更。

【例7·多选】某企业为生产多种产品的制造企业，下列各项中，通过"制造费用"科目核算的有（　　）。（2017年）

A.车间房屋和机器设备的折旧费

B.生产工人的工资和福利费

C.支付用于产品生产的材料费用

D.季节性停工损失

【答案】AD

【解析】选项BC计入生产成本。

2.制造费用的分配

分配方法	适用范围
（1）生产工人工时比例法	常用分配方法
（2）生产工人工资比例法	机械化程度相差不多的企业
（3）机器工时比例法	机械化程度较高的车间
（4）按年度计划分配率分配法	季节性生产企业

【注意】分配方法一经确定，不得随意变更。如需变更，应当在附注中予以说明。

3.制造费用常用计算公式

制造费用分配率=制造费用总额÷各产品分配标准之和

某种产品应分配的制造费用=该种产品分配标准×制造费用分配率

【例8·单选】A企业本月生产甲、乙产品分别耗用机器工时50 000小时、70 000小时，当月车间设备维修费96 000元（不考虑增值税），车间管理人员工资24 000元，该企业按照机器工时分配制造费用。不考虑其他因素，当月甲产品应分担的制造费用为（　　）元。（2017年）

A.14 000　　　　　　　　　　B.10 000
C.50 000　　　　　　　　　　D.40 000

【答案】B

【解析】当月甲产品应分配的制造费用=50 000÷（50 000+70 000）×24 000=10 000（元），所以选项B正确。

4.制造费用的账务处理

借：生产成本
　　贷：制造费用

【例9·单选】某企业生产车间生产G和F两种产品，该车间共发生制造费用100 000元，生产G产品生产工人工时为3 000小时，生产F产品生产工人工时为2 000小时。若按生产工人工时比例法分配制造费用，G和F两种产品应负担的制造费用分别为（　　）元。

A.80 000和20 000　　　　　　B.40 000和60 000
C.60 000和40 000　　　　　　D.52 000和48 000

【答案】C

【解析】制造费用分配率=100 000÷（3 000+2 000）=20，G产品负担的制造费用=3 000×20=60 000（元），F产品负担的制造费用=2 000×20=40 000（元）。

（六）废品损失和停工损失的核算

1.废品损失的核算

废品损失是指在生产中和入库后的不可修复废品的生产成本，以及可修复废品的修复费用，扣除回收的废品残料价值和应收赔款后的损失。

不包括：

（1）经鉴定不需要返修、可降价出售的不合格品。

（2）产品入库后由于保管不善等原因而损坏变质的产品。

（3）"三包"企业在产品出售后的废品。

【注意】废品损失不单独核算时，相应费用应在"生产成本——基本生产成本"、

"原材料"等科目中体现。

【例10·多选】下列各项中,影响企业废品净损失的有(   )。(2017年)
A.应由责任人赔偿的废品损失
B.不可修复废品的生产成本
C.可修复废品的修复费用
D.回收的废品残料价值
【答案】ABCD

【例11·判断】经质检部门鉴定不需要返修、可以降价出售的不合格品,不计入废品损失。(   )(2017年)
【答案】√

【例12·单选】某企业产品入库后发现可修复废品一批,其生产成本为3 500元。修复废品耗用直接材料1 000元、直接人工500元、制造费用800元,回收残料计价100元、应收过失人赔款100元。不考虑其他因素,该批废品净损失为(   )元。(2015年)
A.2 100   B.5 600
C.3 600   D.3 600
【答案】A
【解析】该批废品净损失=1 000+500+800－100－100=2 100(元)。

【例13·多选】下列各项中,应计入废品损失的有(   )。(2014年)
A.不需要返修、可降价出售的不合格产品成本
B.库存产成品因保管不善而损坏变质的产品成本
C.产品入库后发现的不可修复废品的生产成本
D.生产过程中发生的不可修复废品的生产成本
【答案】CD
【解析】废品损失是指在生产过程中发生的和入库后发现的不可修复废品的生产成本,以及可修复废品的修复费用,扣除回收的废品残料价值和应收赔款以后的损失。但是经质量部门鉴定不需要返修、可以降价出售的不合格品,以及产品入库后由于保管不善等原因而损坏变质的产品和实行"三包"企业在产品出售后发现的废品均不包括在废品损失内。

2.废品损失的账务处理
(1)不可修复废品损失:
①发生时:
借:废品损失

贷：生产成本——基本生产成本
②回收残料及应收的赔款：
　　借：原材料
　　　　其他应收款
　　　　　贷：废品损失
③结转废品净损失：
　　借：生产成本——基本生产成本
　　　　贷：废品损失
（2）可修复废品损失：
①返修发生的各种费用：
　　借：废品损失
　　　　贷：原材料
　　　　　　应付职工薪酬
②回收残料及应收赔款
　　借：原材料
　　　　其他应收款
　　　　　贷：废品损失
③修复后，转入生产成本：
　　借：生产成本——基本生产成本
　　　　贷：废品损失

【例14·判断】不单独核算废品损失的企业，相应的费用直接反映在"制造费用"和"营业外支出"科目中。（　　）（2013年）
【答案】×
【解析】废品损失也可不单独核算，相应费用等体现在"生产成本——基本生产成本""原材料"等科目中。

（七）停工损失

停工损失是指生产车间或车间内某个班组在停工期间发生的各项生产费用，包括原材料、人工费用和制造费用等。由过失单位或保险公司负担的赔款，从停工损失中扣除。不满1个工作日的停工，一般不计算停工损失。企业的停工可以分为正常停工和非正常停工。正常停工包括季节性停工、正常生产周期内的修理期间的停工、计划内减产停工等；非正常停工包括原材料或工具等短缺停工、设备故障停工、电力中断停工、自然灾害停工等。季节性停工、修理期间的正常停工费用在产品成本核算范围内，应计入产品成本。非正常停工费用应计入企业当期损益。停工损失可单独核算，也可直接反映在"制造费用"和营业外支出"等科目中。辅助生产一般不单独核算停工损失。

情形	会计分录
（1）停工期内发生的各项费用	借：停工损失 　　贷：原材料、应付职工薪酬等
（2）回收残料及应收赔款	借：原材料 　　其他应收款 　　贷：停工损失
（3）期末，停工净损失转出	借：营业外支出（发生自然灾害） 　　基本生产成本（本月产品成本负担的部分） 　　贷：停工损失

【例15·判断】在不单独核算停工损失的企业中，属于自然灾害造成的停工损失直接反映在"营业外支出"科目中。（　　）（2015年）

【答案】√

【解析】本题说法正确。

【注意】"停工损失"科目月末无余额。

【例16·多选】下列关于停工损失的说法中，正确的有（　　）。

A.停工损失属于自然灾害的部分转入"营业外支出"

B.非正常停工费用应计入产品成本

C.季节性停工在产品成本核算范围内，应计入产品成本

D.停工损失属于应由本月产品成本负担的部分计入"基本生产成本"

【答案】ACD

【解析】选项B，非正常停工费用应计入当期损益。

【例17·多选】下列有关停工损失核算表述正确的有（　　）。

A.应由过失单位或保险公司负担的赔款，从停工损失中扣除

B.不满一个工作日的停工，一般不计算停工损失

C.辅助生产一般不核算停工损失

D.停工损失科目月末可能会有余额

【答案】ABC

【解析】停工损失科目月末无余额。

三、生产费用在完工产品和在产品之间的归集和分配

（一）在产品数量的核算

在产品是指没有完成全部生产过程、不能作为商品销售的产品，包括正在车间加工中的在产品（包括正在返修的废品）和已经完成一个或几个生产步骤但还需继续加工的半成品（包括未验收入库的产品和等待返修的废品）两部分。不包括对外销售的自制半成品。对某个车间或生产步骤而言，在产品只包括该车间或该生产步骤正在

加工中的那部分在产品。

为确定在产品结存的数量，企业需要做好两方面工作：一是在产品收发结存的日常核算；二是做好产品的清查工作。

【例18·判断】正在返修的废品，未经验收入库的产品以及等待返修的废品均属于在产品。（　　）（2017年）

【答案】√

【例19·判断】工业企业在产品生产过程中通常会存在一定数量的在产品，在产品应包括对外销售的自制半成品。（　　）（2014年）

【答案】×

【解析】工业企业的在产品不包括直接对外销售的自制半成品。

（二）生产费用在完工产品和在产品之间费用的分配

每月月末，当月"生产成本"明细账中按照成本项目归集了本月生产成本以后，这些成本就是本月发生的生产成本，并不是本月完工产品的成本。

1.完工产品、在产品成本之间的关系

月初在产品成本＋本月发生成本＝本月完工产品成本＋月末在产品成本

本月完工产品成本＝月初在产品成本＋本月发生成本－月末在产品成本

根据这一关系，结合生产特点，企业应当根据在产品数量的多少、各月在产品数量变化的大小、各项成本比重的大小，以及定额管理基础的好坏等具体条件，采用适当的分配方法将生产成本在完工产品和在产品之间进行分配。

2.常用的分配方法

（1）不计算在产品成本法：

月末在产品成本＝0；本月完工产品成本＝本月发生的产品生产成本。

适用范围：月末在产品数量很小的产品。

（2）在产品按固定成本计价法：

月末在产品成本＝年初固定数；本月完工产品成本＝本月发生的产品生产成本。

适用范围：月末在产品数量较多，但各月变化不大或月末在产品数量很小的产品。

【例20·判断】在产品按固定成本计算的方法不适用于月末在产品数量很大的情况下。（　　）

【答案】×

【解析】在产品按固定成本计算的方法适用于月末在产品很小，或者在产品数量虽大，但各月之间的在产品数量变动不大的情况。

（3）在产品按所耗直接材料成本计价法：月末在产品只计算直接材料成本，其他由完工产品负担。

适用范围：各月月末在产品数量较多，各月在产品数量变化也较大，直接材料成本在生产成本中所占比重较大且材料在生产开始时一次就全部投入的产品。

【例21·单选】如果企业各月月末在产品数量较多、各月月末在产品数量变化也较大，直接材料成本在生产成本中所占比重较大且材料在生产开始时一次就全部投入的产品，月末可采用的在产品和完工产品之间分配费用的方法是（　　）。

A. 定额比例法
B. 约当产量比例法
C. 在产品按所耗直接材料成本计价法
D. 在产品按定额成本计价法

【答案】C

【解析】在产品按所耗直接材料成本计价法适用于企业各月月末在产品数量较多、各月在产品数量变化也较大，直接材料成本在生产成本中所占比重较大且材料在生产开始时一次就全部投入的产品。

（4）约当产量比例法。采用约当产量比例法，应将月末在产品数量按其完工程度折算为相当于完工产品的产量，即约当产量，然后将产品应负担的全部成本按照完工产品产量与月末在产品约当产量的比例分配计算完工产品成本和月末在产品成本。

适用范围：产品数量较多，各月在产品数量变化也较大，且生产成本中直接材料成本和直接人工等加工成本的比重相差不大的产品。

计算公式如下：

在产品约当产量＝在产品数量×完工程度

单位成本＝（月初在产品成本＋本月发生生产成本）÷（完工产品产量＋在产品约当产量）

完工产品成本＝完工产品数量×单位成本

在产品成本＝在产品约当产量×单位成本

完工程度的计算：

项目		计算公式
①原材料	原材料在生产开始时一次投入，在产品和完工产品负担同样材料成本	
	如果原料陆续投入	a. 分工序投入，但在每一道工序开始时一次投入： 某工序在产品完工程度＝本工序累计材料消耗定额÷产品材料消耗定额×100%
		b. 分工序投入，但每一道工序随加工进度陆续投入： 某工序在产品完工程度＝（前面各工序累计材料消耗定额＋本工序材料消耗定额×50%）÷产品材料消耗定额×100%
②工资、福利费、制造费用	处于某工序的在产品只完成本工序的50%	某道工序完工程度＝（前面各道工序工时定额之和＋本道工序工时定额×50%）÷产品工时定额×100%
	特指在产品所处工序的完工程度	某道工序完工程度＝（前面各道工序工时定额之和＋本道工序工时定额×本道工序平均完工程度）÷产品工时定额×100%

【举例说明】某公司的A产品本月完工370台，在产品100台，平均完工程序为30%，发生生产成本合计为800 000元。分配结果如下：

单位成本=800 000÷（370+100×30%）=2 000（元／台）
完工产品成本=370×2 000=740 000（元）
在产品成本=100×30%×2 000=60 000（元）

【举例说明】某公司B产品单位工时定额400小时，经两道工序制成。各工序单位工时定额为：第一道工序160小时，第二道工序240小时。为简化核算，假定各工序内在产品完工程度平均为50%。则在产品完工程度计算结果如下：

第一道工序：160×50%÷400×100%=20%
第二道工序：（160+240×50%）÷400×100%=70%

【举例说明】某公司C产品本月完工产品数量3 000个，在产品数量400个，完工程度按平均50%计算；材料在开始生产时一次投入，其他成本按约当产量比例分配。C产品本月月初在产品和本月耗用直接材料成本共计1 360 000元，直接人工成本640 000元，制造费用960 000元。C产品各项成本的分配计算如下：

由于材料在开始生产时一次投入，因此应按完工产品和在产品的实际数量比例进行分配，不必计算约当产量。

（1）直接材料成本的分配：
完工产品应负担的直接材料成本=1 360 000÷（3 000+400）×3 000=1 200 000（元）
在产品应负担的直接材料成本=1 360 000÷（3 000+400）×400=160 000（元）
直接人工成本和制造费用均应按约当产量进行分配，在产品400个折合约当产量200个（400×50%）。

（2）直接人工成本的分配：
完工产品应负担的直接人工成本=640 000÷（3 000+200）×3 000=600 000（元）
在产品应负担的直接人工成本=640 000÷（3 000+200）×200=40 000（元）

（3）制造费用的分配：
完工产品应负担的制造费用=960 000÷（3 000+200）×3 000=900 000（元）
在产品应负担的制造费用=960 000÷（3 000+200）×200=60 000（元）

通过以上按约当产量法分配计算的结果，可以汇总C产品完工产品成本和在产品成本：

C产品本月完工产品成本=1 200 000+600 000+900 000=2 700 000（元）
C产品本月在产品成本=160 000+40 000+60 000=260 000（元）

根据C产品完工产品总成本编制完工产品入库的会计分录如下：

借：库存商品——C产品　　　　　　　　　　　　　　　2 700 000
　　贷：生产成本——基本生产成本　　　　　　　　　　　　2 700 000

【例22·多选】A企业生产费用在完工产品和在产品之间采用约当产量比例法进行分配。该企业甲产品月初在产品和本月生产费用共计900 000元。本月甲产品完工400台，在产品100台，且其平均完工程度为50%，不考虑其他因素，下列各项中计算结果正确的有（　　）。（2017年）

A.甲产品的完工产品成本为800 000元
B.甲产品的单位成本为2 250元
C.甲产品在产品的约当产量为50台
D.甲产品的在产品成本为112 500元

【答案】AC

【解析】在产品的约当产量=100×50%=50（台），所以甲产品的单位成本=900 000÷（400+50）=2 000（元），甲产品完工产品的成本=2 000×400=800 000（元），在产品成本=2 000×50=100 000（元）。

【例23·单选】某公司月初及本月的生产费用共计7 200元，其中直接材料4 200元，直接人工1 800元，制造费用1 200元。本月完工产品100件，月末在产品40件，其完工程度为50%，材料在开始生产时一次投入。生产费用采用约当产量比例法在完工产品和在产品之间进行分配。不考虑其他因素，本月完工产品成本为（　　）元。（2017年）

A.7 200　　　　　　　　　B.5 500
C.6 600　　　　　　　　　D.6 000

【答案】B

【解析】完工产品应负担的直接材料成本=4 200÷（100+40）×100=3 000（元）；完工产品应负担的直接人工成本=1 800÷（100+40×50%）×100=1 500（元）；完工产品应负担的制造费用=1 200÷（100+40×50%）×100=1 000（元）；本月完工产品成本=3 000+1 500+1 000=5 500（元）。

【例24·单选】某企业只生产一种产品，采用约当产量比例法将生产费用在完工产品与在产品之间进行分配，材料在产品投产时一次投入，月初在产品直接材料成本为10万元，当月生产耗用材料的成本为50万元，当月完工产品30件，月末在产品30件，完工程度60%，本月完工产品成本中直接材料成本为（　　）万元。（2014年）

A.30　　　　　　　　　　B.22.5
C.37.5　　　　　　　　　D.25

【答案】A

【解析】因为原材料在产品投产时一次投入，所以月末在产品中直接材料成本的完工程度是按照100%计算的，本月完工产品成本中直接材料成本=（10+50）÷（30+30）×30=30（万元）。

【例25·单选】某企业只生产一种产品,期初无在产品,本月投产产品2 400件,本月发生直接材料成本10 000元,直接人工成本16 000元,制造费用4 000元。本月共有完工产品600件,在产品1 800件,完工程度平均为50%。本月发生的所有成本均按约当产量比例分配。不考虑其他因素,本月完工产品成本为(   )元。(2015年)

A.7 500　　　　　　　　　　B.10 000
C.12 000　　　　　　　　　　D.18 000

【答案】C

【解析】在产品约当产量=1 800×50%=900(件),本月共发生生产费用=10 000+16 000+4 000=30 000(元),本月完工产品成本=30 000÷1 500×600=12 000(元)。

(5)在产品按定额成本计价法。

月末在产品成本=月末在产品数量×在产品单位定额成本

完工产品成本=(月初在产品成本+本月发生生产费用)-月末在产品成本

适用范围:各项消耗定额或成本定额比较准确、稳定,而且各月末在产品数量变化不是很大的产品。

(6)定额比例法。采用定额比例法,产品的生产成本在完工产品和月末在产品之间按照两者的定额消耗量或定额成本比例分配。直接人工等加工成本,可按定额成本比例分配,也可按定额工时比例分配。

适用范围:各项消耗定额或成本定额比较准确、稳定,但各月末在产品数量变动较大的产品。

计算公式如下(以按定额成本比例为例):

直接材料成本分配率=(月初在产品实际材料成本+本月投入的实际材料成本)÷(完工产品定额材料成本+月末在产品定额材料成本)

直接人工成本分配率=(月初在产品实际人工成本+本月投入的实际人工成本)÷(完工产品定额工时+月末在产品定额工时)

月末在产品应负担的直接人工成本=月末在产品定额工时×直接人工成本分配率

【举例说明】某公司D产品本月完工产品产量300个,在产品数量40个;单位产品定额消耗为:材料400千克/个,100小时/个。单位在产品材料定额400千克,工时定额50小时。有关成本资料如下表所示。要求按定额比例法计算在产品成本及完工产品成本。

单位:元

项目	直接材料	直接人工	制造费用	合计
期初在产品成本	400 000	40 000	60 000	500 000
本期发生成本	960 000	600 000	900 000	2 460 000
合计	1 360 000	640 000	960 000	2 960 000

(1) 按完工产品定额与在产品定额各占总定额的比例分配成本：
完工产品直接材料定额消耗 = 400 × 300 = 120 000（千克）
完工产品直接人工定额消耗 = 100 × 300 = 30 000（小时）
完工产品制造费用定额消耗 = 100 × 300 = 30 000（小时）
在产品直接材料定额消耗 = 400 × 40 = 16 000（千克）
在产品直接人工定额消耗 = 50 × 40 = 2 000（小时）
在产品制造费用定额消耗 = 50 × 40 = 2 000（小时）

(2) 计算定额比例：
在产品直接材料定额消耗比例 = 16 000 ÷（120 000 + 16 000）× 100% ≈ 11.76%
在产品直接人工定额消耗比例 = 2 000 ÷（30 000 + 2 000）× 100% ≈ 6.25%
在产品制造费用定额消耗比例 = 2 000 ÷（30 000 + 2 000）× 100% ≈ 6.25%
完工产品直接材料定额消耗比例 = 120 000 ÷（120 000 + 16 000）× 100% ≈ 88.24%
完工产品直接人工定额消耗比例 = 30 000 ÷（30 000 + 2 000）× 100% ≈ 93.75%
完工产品制造费用定额消耗比例 = 30 000 ÷（30 000 + 2 000）× 100% ≈ 93.75%

(3) 分配成本：
完工产品应负担的直接材料成本 = 1 360 000 × 88.24% = 1 200 064（元）
在产品应负担的直接材料成本 = 1 360 000 × 11.76% = 159 936（元）
完工产品应负担的直接人工成本 = 640 000 × 93.75% = 600 000（元）
在产品应负担的直接人工成本 = 640 000 × 6.25% = 40 000（元）
完工产品应负担的制造费用 = 960 000 × 93.75% = 900 000（元）
在产品应负担的制造费用 = 960 000 × 6.25% = 60 000（元）

通过以上按定额比例法分配计算的结果，可汇总D产品完工产品成本和在产品成本。

D产品本月完工产品成本 = 1 200 064 + 600 000 + 900 000 = 2 700 064（元）
D产品本月在产品成本 = 159 936 + 40 000 + 60 000 = 259 936（元）

根据D产品完工产品总成本编制完工产品入库的会计分录如下：
借：库存商品——D产品　　　　　　　　　　　　　　　2 700 064
　　贷：生产成本——基本生产成本　　　　　　　　　　2 700 064

【例26·多选】采用定额比例法分配完工产品和月末在产品费用，具备的条件有（　　）。
A.消耗定额或成本定额比较稳定
B.各月末在产品数量变化不大
C.各月末在产品数量变化较大
D.消耗定额或成本定额波动较大
【答案】AC
【解析】定额比例法适用于各项消耗定额或成本定额比较准确、稳定，但各月末在产品数量变动较大的产品。

【例27·单选】某企业本月投产甲产品50件，乙产品100件，生产甲乙两种产品共耗用材料4 500千克，每千克20元，每件甲乙产品材料消耗定额为50千克，15千克，按材料定额消耗量比例分配材料费用，甲产品分配的材料费用为（　　）元。（2017年）

　　A.50 000　　　　　　　　　　B.30 000
　　C.33 750　　　　　　　　　　D.56 250

【答案】D

【解析】甲产品分配的材料费用=4 500×20÷（50×50+100×15）×50×50=56 250（元）。

【例28·多选】下列各项中，可用于将生产费用在完工产品和在产品之间进行分配的方法有（　　）。（2015年）

　　A.定额比例法　　　　　　　B.不计算在产品成本法
　　C.约当产量比例法　　　　　D.在产品按固定成本计算法

【答案】ABCD

【解析】生产费用在完工产品和在产品之间进行分配的方法有：不计算在产品成本产、在产品按固定成本计算法、在产品按所耗直接材料成本计价法、约当产量比例法、在产品按定额成本计价法、定额比例法等。

（7）在产品按完工产品成本计价法：将在产品视同完工产品计算、分配生产费用。

适用范围：月末在产品已接近完工，或产品已经加工完毕但尚未验收或包装入库的产品。

（三）联产品和副产品的成本分配
1.联产品成本的分配

联产品，是指使用同种原料，经过同一生产过程同时生产出来的两种或两种以上的主要产品。

在分离点以前发生的生产成本，称为联合成本。

【注意】"分离点"，是指在联产品生产中，投入相同原料，经过同一生产过程，分离为各种联产品的时点。

联产品成本的计算：

（1）联产品分离前发生的生产成本即联合成本，可按一个成本核算对象设置一个成本明细账进行归集，然后将其总额按一定分配方法，如相对销售价格分配法、实物数量法等，在各联产品之间进行分配。

（2）分离后按各种产品分别设置明细账，归集其分离后所发生的加工成本。

2.副产品成本的分配

副产品，是指在同一生产过程中，使用同种原料，在生产主产品的同时附带生产出来的非主要产品。

在分配主产品和副产品的生产成本时，通常先确定副产品的生产成本，然后再确定主产品的生产成本。

确定副产品成本的方法有：不计算副产品成本扣除法、副产品成本按固定价格或计划价格计算法、副产品只负担继续加工成本法、联合成本在主副产品之间分配法以及副产品作价扣除法等。

副产品作价扣除法需要从产品售价中扣除继续加工成本、销售费用、销售税金及相应的利润，即：

副产品扣除单价＝单位售价 －（继续加工单位成本＋单位销售费用＋单位销售税金＋合理的单位利润）

【例29•单选】甲公司在生产主产品的同时，还生产出了某种副产品。该种副产品可直接对外出售，公司规定的售价为40元/千克。2016年12月份主要产品和副产品发生的生产成本总额为10 000元，副产品的产品为50千克。甲公司按预先规定的副产品售价确定副产品成本，则该公司2016年12月份主产品成本为（   ）元。

A.2 000　　　　　　　　　　　B.8 000
C.10 000　　　　　　　　　　D.9 000

【答案】B

【解析】在分配主产品和副产品的生产成本时，通常先确定副产品的生产成本，然后确定主产品的生产成本。本题中副产品的生产成本＝50×40＝2 000（元），主产品的成本＝10 000－2 000＝8 000（元）。

【例30•判断】在使用同种原料生产主产品的同时，附带生产副产品的情况下，由于副产品价值相对较低，而且在全部产品价值中所占的比重较小，因此，在分配主产品和副产品的加工成本时，通常先确定主产品的加工成本，然后，再确定副产品的加工成本。（   ）

【答案】×

【解析】由于副产品价值相对较低，而且在全部产品生产中所占的比重较小，因而可以采用简化的方法确定其成本，然后从总成本中扣除，其余额就是主产品的成本。在分配主产品和副产品的加工成本时，通常先确定副产品的加工成本，然后再确定主产品的加工成本。

【例31•多选】联产品的联合成本在分离点后，可按一定分配方法在各联产品之间进行分配，分配方法包括（   ）。

A.相对销售价格分配法　　　　B.实物数量法
C.系数分配法　　　　　　　　D.约当产量比例法

【答案】ABC

【解析】联产品的联合成本在分离点后，可按一定分配方法在各联产品之间进行分配，分配方法比如相对销售价格分配法、实物数量法、系数分配法等。

（四）完工产品成本的结转

企业完工产品经产成品仓库验收入库后，其成本应从"生产成本——基本生产成本"科目及所属产品成本明细账的贷方转出，转入"库存商品"科目的借方，"生产成本——基本生产成本"科目的月末余额，就是基本生产在产品的成本。

【例32·不定项】某企业为一般纳税人，设有一基本生车间生产间，生产销售M、N两种产品，2017年10月初，M在产品直接材料成本165万元，直接人工及制造费用60万元，N产品无在产品。2017年10月份该企业发生的经济业务如下：

（1）8日，采购生产M、N产品，所需要的材料1 500千克，验收合格后全部入库。增值税专票上注明价款80万元，增值税为13.6万元，全部款项以银行承兑汇票结算，汇票的面值为93.6万元，另支付银行承兑手续费0.05万元。

（2）20日，发出材料共计85万元，其中M、N产品共同耗用60万元，车间一般耗用12万元，出售积压材料13万元，生产M、N产品共耗用的材料费用采用定额消耗量比例法进行分配，M产品定额消耗量6 000千克，N产品定额消耗量4 000千克。

（3）31日，N产品全部未完工，M产品完工产品数量为800件、月末在产品数量为400件，在产品完工程度为50%，生产M、N产品所耗材料均在生产开始时一次投入，生产费用均按约当产量比例法在完工产品与期末在产品之间进行分配。

1.根据材料（1），下列各项中，关于材料采购业务相关的会计处理结果正确的是（   ）。

A.支付银行承兑手续费时，应借记财务费用科目0.05万元

B.结算采购材料货款时，应贷记应付票据科目93.6万元

C.开具银行承兑汇票时，应贷记其他货币资金科目93.6万元

D.材料采购时，应借记原材料科目93.6万元

【答案】AB

【解析】资料（1），分录如下：

借：原材料		80
应交税费——应交增值税（进项税额）		13.6
贷：应付票据		93.6
借：财务费用		0.05
贷：银行存款		0.05

2.根据资料（2），下列各项中，关于该企业MN产品材料费用分配率计算结果正确的是（   ）。

A.0.0072　　　　　　　　　　B.0.0085

C.0.0073　　　　　　　　　　D.0.006

【答案】D

【解析】材料费用分配率=60÷（6 000+4 000）=0.006。

3.根据资料（2），下列各项中，关于该企业发出材料相关科目的会计处理正确的是（   ）。

A.借记"生产成本——M产品"科目36万元

B.借记"生产成本——N产品"科目34万元

C.借记"其他业务成本"科目13万元

D.借记"主营业务成本"科目13万元

【答案】AC

【解析】生产成本——M产品=0.006×6 000=36(万元),生产成本——N产品=0.006×4 000=24(万元)。出售积压材料成本计入"其他业务成本"。

4.根据期初资料,资料(2)和(3),下列各项中关于M、N产品成本计算,结果表述正确的是( )。

A.N在产品的直接材料成本为34万元

B.N在产品的直接材料成本为36万元

C.M完工产品的直接材料成本为134万元

D.M在产品的直接材料成本为40.2万元

【答案】C

【解析】M产品直接材料总成本=165(月初)+36(第3小题)=201(万元),本月生产M材料共1 200件,完工产品直接材料耗用=201÷1 200×800=134(万元),在产品直接材料耗用=201÷1 200×400=67(万元)。N产品直接材料总成本=24万元(第3小题),本月生产N产品全部未完工,所以N在产品的直接材料成本为24万元。

5.根据期初资料和资料(1)至(3),该企业10月31日M产品"生产成本——直接材料"科目余额是( )万元。

A.24   B.40.2

C.67   D.64.2

【答案】C

【解析】月末M产品"生产成本——直接材料"科目余额即在产品直接材料成本为67万元。

第四节 产品成本计算方法

一、产品成本计算方法概述

产品成本计算的主要方法见下表。

产品成本计算方法	成本计算对象	生产类型		
		生产组织特点	生产工艺特点	成本管理
品种法	产品品种	大量大批生产	单步骤生产	
			多步骤生产	不要求分步计算成本
分批法	产品批别	单件小批生产	单步骤生产	
			多步骤生产	不要求分步计算成本
分步法	生产步骤	大量大批生产	多步骤生产	要求分步计算成本

除上述方法外，在产品的品种、规格繁多的工业企业中，为简化成本计算，可采用分类法；在定额管理工作有一定基础的工业企业中，为配合和加强生产费用和产品成本的定额管理，还可以采用定额法。

【例1·单选】下列各项中，关于产品成本计算品种法的表述正确的是(　　)。(2017年)
A.成本计算期与财务报告期不一致
B.广泛适用于小批或单件生产的企业
C.以产品批别作为成本计算对象
D.以产品品种作为成本计算对象
【答案】D
【解析】品种法，适用于单步骤、大量生产的企业，如发电、供水、采掘等企业，故选项B错误。品种法计算成本的主要特点：一是成本核算对象是产品品种，故选项D正确，故选项C错误。二是品种法下一般定期（每月月末）计算产品成本，产品成本计算期与财务报告期一致，故选项A错误。三是月末一般不需要将生产费用在完工产品与在产品之间进行划分。

【例2·多选】下列各项中，关于产品成本计算分批法的表述正确的有(　　)。(2017年)
A.一般不需在完工成品和在产品之间分配成本
B.需要计算和结转各步骤产品的生产成本
C.成本计算期与产品生产周期基本一致
D.以产品的批别作为成本核算对象
【答案】ACD
【解析】分批法计算成本的主要特点有：一是成本核算对象是产品的批别。二是成本计算期与产品周期基本一致，但与财务报告期不一致。三是一般不存在在完工产品和在产品之间分配成本的问题。

【例3·单选】下列各项中，关于逐步结转分步法特点的表述不正确的是(　　)。(2017年)
A.适用于大量大批连续式复杂性生产的企业
B.成本核算对象是各种产品的生产步骤
C.月末生产费用要在各步骤完工产品和在产品之间进行分配
D.成本计算期与产品的生产周期一致
【答案】D
【解析】分步法计算成本的主要特点有：一是成本核算对象是各种产品的生产步骤，故选项B正确。二是月末为计算完工产品成本，还需要将归集在生产成本明细账中的生产成本在完工产品和在产品之间进行分配，故选项C正确。三是除了按品种计算和结转产品成本外，还需要计算和结转产品的各步骤成本，其成本计算期是固定的，与产品的生产周期不一致，故选项D错误。

【例4·判断】逐步结转分步法下，每一生产步骤的生产成本要在最终完工产品与该步骤在产品和后续步骤在产品之间进行分配。（　　）（2014年）

【答案】×

【解析】在平行结转分步法下，每一生产步骤的生产成本要在最终完工产品与月末在产品之间进行分配，其中的在产品指的是各步骤尚未加工完成的在产品和各步骤已完工但尚未最终完成的产品。

二、产品成本计算的品种法

（一）品种法特点

品种法，是指以产品品种作为成本核算对象，归集和分配生产成本，计算产品成本的一种方法。这种方法适用于单步骤、大量生产的企业，如发电、供水、采掘等企业。

在这种类型的生产中，产品的生产技术过程不能从技术上划分为步骤，比如，企业或车间的规模较小，或者车间是封闭的，也就是从材料投入到产品产出的全部生产过程都是在一个车间内进行的，或者生产按流水线组织，管理上不要求按照生产步骤计算产品成本，都可以按照品种计算产品成本。

品种法计算成本的主要特点：

1. 成本核算对象是产品品种

如果企业只生产一种产品，全部生产成本都是直接成本，可直接记入该产品生产成本明细账的有关成本项目中，不存在在各种成本核算对象之间分配成本的问题。如果生产多种产品，间接生产成本则要采用适当的方法，在各成本核算对象之间进行分配。

2. 品种法下，一般定期（每月月末）计算产品成本

3. 月末一般不存在在产品

如果有在产品，要将生产成本在完工产品和在产品之间进行分配。

账务处理：

借：库存商品——××

　　贷：生产成本——基本生产成本——××

（二）品种法成本核算的一般程序

1. 按产品品种设立成本明细账，根据各项费用的原始凭证及相关资料编制有关记账凭证并登记有关明细账，并编制各种费用分配表分配各种要素费用

2. 根据上述各种费用分配表和其他有关资料，登记辅助生产明细账、基本生产明细账、制造费用明细账等

3. 根据辅助生产明细账编制辅助生产成本分配表，分配辅助生产成本

4. 根据制造费用明细账编制制造费用分配表，在各种产品之间分配制造费用，并

据以登记基本生产成本明细账

5.根据各产品基本生产明细账编制产品成本计算单，分配完工产品和在产品成本

6.编制产成品的成本汇总表，结转产成品成本

【例5·多选】下列关于产品成本计算品种法特点的表述正确的有（　　）。（2018年）

A.不定期计算产品成本

B.适用于单步骤，大量生产的企业

C.期末生产品数量较多时，完工产品与在产品之间需分配生产费用

D.以产品品种作为成本核算的对象

【答案】BD

【解析】品种法，适用于单步骤、大量生产的企业，如发电、供水、采掘等企业，故选项B正确。品种法计算成本的主要特点：一是成本核算对象是产品品种，故选项D正确。二是品种法下一般定期（每月月末）计算产品成本，产品成本计算期与财务报告期一致，故选项A错误。三是月末一般不需要将生产费用在完工产品与在产品之间进行划分，故选项C错误。

三、产品成本计算的分批法

（一）分批法特点

分批法，是指以产品的批别作为产品成本核算对象，归集和分配生产成本，计算产品成本的一种方法。这种方法主要适用于单件、小批生产的企业，如造船、重型机器制造、精密仪器制造等，也可用于一般企业中的新产品试制或试验的生产、在建工程及设备修理作业等。

分批法计算成本的主要特点：

一是成本核算对象是产品的批别。由于产品的批别大多是根据销货订单确定的，因此，这种方法又称订单法。

二是产品成本的计算是与生产任务通知单的签发和结束紧密配合的，因此，产品成本计算是不定期的。成本计算期与产品生产周期基本一致，但与财务报告期不一致。

三是由于成本计算期与产品的生产周期基本一致，因此，在计算月末在产品成本时，一般不存在在完工产品和在产品之间分配成本的问题。

（二）分批法成本核算的一般程序

首先，按产品批别设置产品基本生产成本明细账、辅助生产成本明细账。账内按成本项目设置专栏，按车间设置制造费用明细账。同时，设置待摊费用、预提费用等明细账。

其次，根据各生产费用的原始凭证或原始凭证汇总表和其他有关资料，编制各种要素费用分配表，分配各要素费用并登账。

再次，月末根据完工批别产品的完工通知单，将计入已完工的该批产品的成本明细账所归集的生产费用，按成本项目加以汇总，计算出该批完工产品的总成本和单位成本，并转账。分批法条件下，月末完工产品与在产品之间的费用分配有以下三种情况：

如果是单件生产，产品完工以前，产品成本明细账所记的生产费用都是在产品成本；产品完工时，产品成本明细账所记的生产费用，就是完工产品成本，因而在月末计算成本时，不存在在完工产品与在产品之间分配费用的问题。

如果是小批生产，批内产品一般都能同时完工，在月末计算成本时，或是全部已经完工，或是全部没有完工，因而一般也不存在在完工产品与在产品之间分配费用的问题。

如果批内产品跨月陆续完工，这时就要在完工产品与在产品之间分配费用。

【例6·多选】下列各项中，关于产品成本计算分批法的表述正确的有(　　)。(2017年)
A.需要计算和结转各步骤产品的生产成本
B.一般不需在完工成品和在产品之间分配成本
C.成本计算期与产品生产周期基本一致
D.以产品的批别作为成本核算对象
【答案】BCD
【解析】分批法计算成本的主要特点有：一是成本核算对象是产品的批别。二是成本计算期与产品周期基本一致，但与财务报告期不一致。三是一般不存在在完工产品和在产品之间分配成本的问题。

四、产品成本计算的分步法

（一）分步法特点

1.分步法的定义

分步法，是指按照生产过程中各个加工步骤（分品种）为成本核算对象，归集和分配生产成本，计算各步骤半成品和最后产成品成本的一种方法。

这种方法适用于大量大批的多步骤生产，如冶金、纺织、机械制造等。在这类企业中，产品生产可以分为若干步骤的成本管理，通常不仅要求按照产品品种计算成本，而且还要求按照生产步骤计算成本，以便为考核和分析各种产品及各生产步骤的成本计划的执行情况提供资料。

2.分步法计算成本的主要特点

（1）成本核算对象是各种产品的生产步骤。

（2）月末为计算完工产品成本，还需要将归集在生产成本明细账中的生产成本在完工产品和在产品之间进行分配。

（3）除了按品种计算和结转产品成本外，还需要计算和结转产品的各步骤成本。其成本核算对象，是各种产品及其所经过的各个加工步骤。如果企业只生产一种产品,则成本核算对象就是该种产品及其所经过的各个生产步骤。其成本计算期是固定的,与产品的生产周期不一致。

(二)分步法成本核算的一般程序

在实际工作中,根据成本管理对各生产步骤成本资料的不同要求(如是否要求计算半成品成本)和简化核算的要求,各生产步骤成本的计算和结转,一般采用逐步结转和平行结转两种方法,称为逐步结转分步法和平行结转分步法。

1.逐步结转分步法

逐步结转分步法是为了分步计算半成品成本而采用的一种分步法,也称计算半成品成本分步法。

这种方法用于大量大批连续式复杂性生产的企业。

优点	(1)能提供各个生产步骤的半成品成本资料 (2)为各生产步骤的在产品实物管理及资金管理提供资料 (3)能够全面地反映各生产步骤的生产耗费水平,更好地满足各生产步骤成本管理的要求
缺点	成本结转工作量较大,各生产步骤的半成品成本如果采用逐步综合结转方法,还要进行成本还原,增加了核算的工作量

逐步结转分步法按照成本在下一步骤成本计算单中的反映方式,还可以分为综合结转和分项结转两种方法。

(1)综合结转法,是指上一步骤转入下一步骤的半成品成本,以"直接材料"或专设的"半成品"项目综合列入下一步骤的成本计算单中。如果半成品通过半成品库收发,由于各月所生产的半成品的单位成本不同,因而所耗半成品的单位成本可以如同材料核算一样,采用先进先出法或加权平均法计算。

(2)分项结转分步法,是指按产品加工顺序,将上一步骤半成品成本按原始成本项目分别转入下一步骤成本计算单中相应的成本项目内,逐步计算并结转半成品成本,直到最后加工步骤计算出产成品成本的一种逐步结转分步法。

2.平行结转分步法

平行结转分步法又称不计算半成品成本分步法。它是指在计算各步骤成本时,不计算各步骤所产半成品的成本,也不计算各步骤所耗上一步骤的半成品成本,而只计算本步骤发生的各项其他成本,以及这些成本中应计入产成品的份额,将相同产品的各步骤成本明细账中的这些份额平行结转、汇总,即可计算出该种产品的产成品成本。

优点	(1)各步骤可以同时计算产品成本,平行汇总计入产成品成本,不必逐步结转半成品成本 (2)能够直接提供按原始成本项目反映的产成品成本资料,不必进行成本还原,因而能够简化和加速成本计算工作
缺点	(1)不能提供各个步骤的半成品成本资料 (2)在产品的费用在产品最后完成以前,不随实物转出而转出,即不按其所在的地点登记,而按其发生的地点登记,因而不能为各个生产步骤在产品的实物和资金管理提供资料 (3)各生产步骤的产品成本不包括所耗半成品费用,因而不能全面地反映各该步骤产品的生产耗费水平(第一步骤除外),不能更好地满足这些步骤成本管理的要求

【例7·多选】下列各项中,关于产品成本计算方法表述正确的有(　　)。(2015年)

A.分批法下成本计算期与产品生产周期基本一致,而与财务报告期不一致

B.逐步结转分步法不能提供各个生产步骤的半成品成本资料

C.平行结转分步法下能直接提供按原始成本项目反映的产品成本资料

D.品种法下一般定期于每月月末计算产品成本

【答案】ACD

【解析】逐步结转分步法的优点之一是能够提供各个生产步骤的半成品成本资料,故选项B不正确。

【例8·单选】下列各项中,需要进行成本还原的成本计算方法是(　　)。(2016年)

A.逐步结转分步法的综合结转法

B.逐步结转分步法的分项结转法

C.平行结转分步法

D.简化的分批法

【答案】A

【解析】只有逐步结转分步法下的综合结转法需要进行成本还原。

【例9·多选】下列各项中,关于产品成本计算方法表述正确的有(　　)。(2013年)

A.平行结转分步法不计算各步骤所产半成品的成本

B.逐步结转分步法需要计算各步骤完工产品成本和在产品成本

C.品种法下,月末存在在产品的,应将生产费用在完工产品和在产品之间进行分配

D.分批法下,批内产品同时完工,月末不需将生产费用在完工产品与在产品之间分配

【答案】ABCD

第八章　政府会计基础

第一节　政府会计基本准则

一、政府会计基本准则

(一)政府会计改革的背景和目标

政府会计是会计体系的重要分支,它是运用会计专门方法对政府及其组成主体(包括政府所属的行政事业单位等)的财务状况、运行情况(含运行成本,下同)、现金流量、预算执行等情况进行全面核算、监督和报告。

我国目前的政府财政报告制度实行以收付实现制政府会计核算为基础的决算报告制度。

(二)政府会计改革的基本原则

1. 立足中国国情,借鉴国际经验
2. 坚持继承发展,注重改革创新
3. 坚持公开透明,便于社会监督
4. 做好总体规划,稳妥有序推进

(三)政府会计改革的任务

1. 建立健全政府会计核算体系
2. 建立健全政府财务报告体系
3. 建立健全政府财务报告审计和公开机制
4. 建立健全政府财务报告分析应用体系

(四)政府会计标准体系

政府会计标准体系由以下几点组成:

1. 政府会计基本准则

政府会计基本准则用于规范政府会计目标、政府会计主体、政府会计信息质量要求、政府会计核算基础,以及政府会计要素定义、确认和计量原则、列报要求等原则事项。基本准则指导具体准则和制度的制定,并为政府会计实务问题提供处理原则。2015年10月,财政部印发了《政府会计准则——基本准则》,自2017年1月1日起施行。

2. 政府会计具体准则及应用指南

政府会计具体准则依据基本准则制定,用于规范政府发生的经济业务或事项的会计处理原则,详细规定经济业务或事项引起的会计要素变动的确认、计量和报告。

3. 政府会计制度

政府会计制度依据基本准则制定,主要规定政府会计科目及账务处理、报表体系及编制说明等,与政府会计具体准则及应用指南相互协调、相互补充。

二、政府会计基本准则

(一)政府会计主体

《基本准则》适用于各级政府、各部门、各单位（即政府会计主体）。

【注意】军队、已纳入企业财务管理体系的单位和执行《民间非营利组织会计制度》的社会团体，不适用《基本准则》。

【例1·单选】下列各项中，不适用于《政府会计基本准则》的是（　　）。（2018年）
A.个人独资企业　　　　　　B.税务局
C.司法局　　　　　　　　　D.公安局
【答案】A
【解析】选项A适用于《企业会计准则》或《小企业会计准则》。

（二）政府会计核算体系及目标

《基本准则》确立了"双功能""双基础""双报告"的政府会计核算体系。

1."双功能"

政府会计由预算会计和财务会计构成。预算会计主要反映和监督预算收支执行情况；财务会计主要反映和监督政府会计主体财务状况、运行情况和现金流量等。

2."双基础"

预算会计实行收付实现制，国务院另有规定的，从其规定；财务会计实行权责发生制。

3."双报告"

政府会计主体应当编制决算报告和财务报告。政府决算报告的编制主要以收付实现制为基础，以预算会计核算生成的数据为准。政府财务报告的编制主要以权责发生制为基础，以财务会计核算生成的数据为准。

决算报告的目标是向决算报告使用者提供与政府预算执行情况有关的信息。

财务报告的目标是向财务报告使用者提供与政府财务状况、运行情况和现金流量等有关的信息。

【例2·单选】政府会计中双报告指的是（　　）。（2018年）
A.预算报告和财务报告　　　B.预算报告和决算报告
C.决算报告和财务报告　　　D.利润报告和财务报告
【答案】C
【解析】政府会计主体应编制双报告是决算报告和财务报告。

（三）政府会计核算一般要求

《基本准则》规定，政府会计核算应当遵循以下基本要求：

政府会计主体应当对自身发生的经济业务或事项进行会计核算。

政府会计核算应当以政府会计主体持续运行为前提。

政府会计核算应当划分会计期间、分期结算账目，按规定编制决算、财务报告。会计期间至少分为年度和月度。会计年度、月度等会计期间的起讫日期采用公历日期。

政府会计核算应当以人民币作为记账本位币。发生外币业务时，应当将有关外币金额折算为人民币金额计量，同时登记外币金额。

政府会计核算应当采用借贷记账法记账。

(四)政府会计信息质量要求

《基本准则》规定，政府会计信息质量要求包括可靠性、全面性、相关性、及时性、可比性、可理解性、实质重于形式。

1.可靠性

政府会计主体应当以实际发生的经济业务或者事项为依据进行会计核算，如实反映各项会计要素的情况和结果，保证会计信息真实可靠。

2.全面性

政府会计主体应当将发生的各项经济业务或者事项统一纳入会计核算，确保会计信息能够全面反映政府会计主体预算执行情况和财务状况、运行情况、现金流量等。

3.相关性

政府会计主体提供的会计信息，应当与反映政府会计主体公共受托责任履行情况以及报告使用者决策或者监督、管理的需要相关，有助于报告使用者对政府会计主体过去、现在或者未来的情况作出评价或者预测。

4.及时性

政府会计主体对已经发生的经济业务或者事项，应当及时进行会计核算，不得提前或者延后。

5.可比性

政府会计主体提供的会计信息应当具有可比性。

6.可理解性

政府会计主体提供的会计信息应当清晰明了，便于报告使用者理解和使用。

7.实质重于形式

政府会计主体应当按照经济业务或者事项的经济实质进行会计核算，不限于以经济业务或者事项的法律形式为依据。

可靠性、全面性、相关性是对会计信息质量的实质性要求，是会计信息应具备的基本质量特征，及时性、可比性、可理解性是对会计信息质量的形式性要求，是对可靠性、全面性、相关性等首要质量要求的补充和完善，实质重于形式是对会计信息的约束性要求，在对某些特殊经济业务或者事项进行处理时，需要根据这一质量要求来把握其会计处理原则。尽管上述7个信息质量要求中的每一项都是整体不可或缺的一部分，并相互配合共同帮助实现会计核算的目标，但是在实践中，并非所有的质量要求都能够完全达到，可能需要在一些要求之间达成平衡或做出权衡。

【例3·判断】政府会计将基本建设投资业务统一纳入单位会计核算，体现了全面性的质量要求。(　　)(2018年)

【答案】√

（五）政府财务会计要素

政府财务会计要素包括资产、负债、净资产、收入和费用。

1. 资产

（1）资产的定义。资产是指政府会计主体过去的经济业务或事项形成的，由政府会计主体控制的、预期能够产生服务潜力或带来经济利益流入的经济资源。服务潜力是指政府会计主体利用资产提供公共产品和服务以履行政府职能的潜在能力。经济利益流入表现为现金及现金等价物的流入，或者现金及现金等价物流出的减少。

（2）资产的类别。政府会计主体的资产按照流动性，分为流动资产和非流动资产。

①流动资产是指预计在1年内（含1年）耗用或者可以变现的资产，包括货币资金、短期投资、应收及预付款项、存货等。

②非流动资产是指流动资产以外的资产，包括固定资产、在建工程、无形资产、长期投资、公共基础设施、政府储备资产、文物文化资产、保障性住房和自然资源资产等。

（3）资产的确认条件。符合政府资产定义的经济资源，在同时满足以下条件时，确认为资产：

①与该经济资源相关的服务潜力很可能实现或者经济利益很可能流入政府会计主体。

②该经济资源的成本或者价值能够可靠地计量。

（4）资产的计量属性。政府会计的计量属性主要包括历史成本、重置成本、现值、公允价值和名义金额（即人民币1元）。政府会计主体在对资产进行计量时，一般应当采用历史成本。采用重置成本、现值、公允价值计量的，应当保证所确定的资产金额能够持续、可靠计量。

【例4·单选】下列各项中，不属于政府资产的计量属性的是（　　）。

A. 历史成本　　　　　　　　B. 名义金额
C. 现值　　　　　　　　　　D. 可变现净值

【答案】D

【解析】政府资产的计量属性主要包括历史成本、重置成本、现值、公允价值和名义金额。

2. 负债

（1）负债的定义。负债是指政府会计主体过去的经济业务或者事项形成的，预期会导致经济资源流出政府会计主体的现时义务。

（2）负债的类别。政府会计主体的负债按照流动性，分为流动负债和非流动负债。

①流动负债是指预计在1年内（含1年）偿还的负债，包括应付及预收款项、应付职工薪酬、应缴款项等。

②非流动负债是指流动负债以外的负债，包括长期应付款、应付政府债券和政府依法担保形成的债务等。

（3）负债的确认条件。符合政府负债定义的义务，在同时满足以下条件时，确认为负债：

①履行该义务很可能导致含有服务潜力或者经济利益的经济资源流出政府会计主体。

②该义务的金额能够可靠地计量。

（4）负债的计量属性。负债的计量属性主要包括历史成本、现值和公允价值。政府会计主体在对负债进行计量时，一般应当采用历史成本。采用现值、公允价值计量的，应当保证所确定的负债金额能够持续、可靠计量。

3. 净资产

净资产是指政府会计主体资产扣除负债后的净额，其金额取决于资产和负债的计量。

4. 收入

（1）收入的定义。收入是指报告期内导致政府会计主体净资产增加的、含有服务潜力或经济利益的经济资源的流入。

（2）收入的确认条件。收入的确认应当同时满足以下条件：

①与收入相关的含有服务潜力或者经济利益的经济资源很可能流入政府会计主体。

②含有服务潜力或者经济利益的经济资源流入会导致政府会计主体资产增加或者负债减少。

③流入金额能够可靠地计量。

5. 费用

（1）费用的定义。费用是指报告期内导致政府会计主体净资产减少的、含有服务潜力或经济利益的经济资源的流出。

（2）费用的确认条件。费用的确认应当同时满足以下条件：

①与费用相关的含有服务潜力或经济利益的经济资源很可能流出政府会计主体。

②含有服务潜力或经济利益的经济资源流出会导致政府会计主体资产减少或者负债增加。

③流出金额能够可靠地计量。

【例5·多选】政府财务会计要素包括（　　）。
A. 资产　　　　　　　　B. 负债
C. 支出　　　　　　　　D. 收入
【答案】ABD
【解析】政府财务会计要素分为资产、负债、净资产、收入和费用五大类。

（六）政府预算会计要素

政府预算会计要素包括预算收入、预算支出与预算结余。

1. 预算收入

预算收入是指政府会计主体在预算年度内依法取得的并纳入预算管理的现金流入。

2. 预算支出

预算支出是指政府会计主体在预算年度内依法发生并纳入预算管理的现金流出。

3. 预算结余

预算结余是指政府会计主体预算年度内预算收入扣除预算支出后的资金余额，以及历年滚存的资金余额。预算结余包括结余资金和结转资金。

（1）结余资金是指年度预算执行终了，预算收入实际完成数扣除预算支出和结转资金后剩余的资金。

（2）结转资金是指预算安排项目的支出年终尚未执行完毕或者因故未执行，且下年需要按原用途继续使用的资金。

【注意】预算收入和预算支出在实际收到时确认。

（七）政府财务报告

1. 政府财务报告的构成和内容

政府财务报告是反映政府会计主体某一特定日期的财务状况和某一会计期间的运行情况和现金流量等信息的文件。

（1）从内容上讲，政府财务报告应当包括财务报表和其他应当在财务报告中披露的相关信息和资料。财务报表是对政府会计主体财务状况、运行情况和现金流量等信息的结构性表述。财务报表包括会计报表和附注。

①会计报表至少应当包括资产负债表、收入费用表和现金流量表。资产负债表是反映政府会计主体在某一特定日期的财务状况的报表。收入费用表是反映政府会计主体在一定会计期间运行情况的报表。现金流量表是反映政府会计主体在一定会计期间现金及现金等价物流入和流出情况的报表。

②附注是对在资产负债表、收入费用表、现金流量表等报表中列示项目所作的进一步说明，以及对未能在这些报表中列示项目的说明。

（2）从编制主体讲，政府财务报告主要包括政府部门财务报告和政府综合财务报告。

2. 政府财务报告编报

（1）政府部门财务报告编报：

①清查核实资产负债。

②编制政府部门财务报告。

③开展政府部门财务报告审计。

④报送并公开政府部门财务报告。

⑤加强部门财务分析。

（2）政府综合财务报告编报：

①清查核实财政直接管理的资产负债。

②编制政府综合财务报告。

③开展政府综合财务报告审计。

④报送并公开政府综合财务报告。

⑤应用政府综合财务报告信息。

(八)政府决算报告

政府决算报告是综合反映政府会计主体年度预算收支执行结果的文件。政府决算报告应当包括决算报表和其他应当在决算报告中反映的相关信息和资料。

符合预算收入、预算支出和预算结余定义及其确认条件的项目应当列入政府决算报表。政府决算报告的具体内容及编制要求等，由财政部另行规定。

政府决算报告与政府综合财务报告的主要区别见下表。

	政府决算报告	政府综合财务报告
编制主体	各级政府财政部门、各部门、各单位	各级政府财政部门、各部门、各单位
反映的对象	一级政府年度预算收支执行情况的结果	一级政府整体财务状况、运行情况和财政中长期可持续性
编制基础	收付实现制	权责发生制
数据来源	以预算会计核算生成的数据为准	以财务会计核算生成的数据为准
编制方法	汇总	合并
报送要求	本级人民代表大会常务委员会审查和批准	本级人民代表大会常务委员会备案

(九)《基本准则》的重大制度理论创新

1.构建了政府预算会计和财务会计适度分离并相互衔接的政府会计核算体系

2.确立了"3+5"要素的会计核算模式

3.科学界定了会计要素的定义和确认标准

4.明确了资产和负债的计量属性及其应用原则

5.构建了政府财务报告体系

第二节　事业单位会计

一、事业单位会计的特点

事业单位会计是各级各类事业单位以货币为计量单位，对自身发生的经济业务或者事项进行全面、系统、连续的核算和监督的专业会计。

事业单位会计主要有以下几个特点：

1.事业单位会计核算目标是向会计信息使用者提供与事业单位财务状况、事业成果、预算执行等有关的会计信息

2.会计核算一般采用收付实现制，但部分经济业务或者事项的核算采用权责发生制
3.事业单位会计要素分资产、负债、净资产、收入和支出五大类
4.事业单位的各项财产物资应当按照取得或购建时的实际成本进行计量，除国家另有规定外，事业单位不得自行调整其账面价值

【例1·多选】下列关于事业单位会计的特点的表述中，正确的是（　　）。
A.会计要素分为五大类，即资产、负债、净资产、收入和支出
B.会计核算基础以收付实现制为主
C.某些具体业务的会计核算与企业会计不同
D.会计报表较为简单，主要包括资产负债表和利润表
【答案】ABC
【解析】事业单位的会计报表主要包括资产负债表和收入支出表。

【例2·判断】事业单位的各项财产物资应当按照取得或购建时的实际成本进行计量，除国家另有规定外，事业单位不得自行调整其账面价值。（　　）（2015年）
【答案】√

二、资产和负债

（一）资产

资产是指事业单位占有或者使用的能以货币计量的经济资源，包括各种财产、债权和其他权利。事业单位的资产包括货币资金、短期投资、应收及预付款项、存货、长期投资、固定资产、在建工程、无形资产等。

事业单位的资产按照流动性，分为流动资产和非流动资产。流动资产是指预计在1年内（含1年）变现或者耗用的资产。非流动资产是指流动资产以外的资产。

按照流动性分类 { 流动资产→货币资金、短期投资、应收及预付款项、存货等
非流动资产→长期投资、固定资产、在建工程、无形资产等

【例3·单选】下列各项中，属于事业单位资产的是（　　）。（2018年）
A.财政补助结余　　　　　　　B.非财政补助结转
C.财政应返还额度　　　　　　D.应缴财政专户款
【答案】C
【选项】选项AB属于事业单位净资产，选项D属于事业单位负债。

【例4·单选】下列各项中，属于事业单位资产会计科目的是（　　）。（2017年）
A.零余额账户用款额度　　　　B.非流动资产基金
C.财政补助结转　　　　　　　D.应缴财政专户款

【答案】A

【解析】零余额账户用款额度是事业单位的货币资金，所以属于事业单位的资产。

1.货币资金

事业单位的货币资金是指事业单位经济活动过程中处于货币形态的那部分资金，是事业单位资产的重要组成部分，包括库存现金、银行存款、零余额账户用款额度等。

（1）库存现金。事业单位的库存现金是存放在本单位的现金，主要用于单位的日常零星开支。事业单位应当严格按照国家有关现金管理的规定收支现金，不得超范围、超额度使用现金，不得"坐支"现金，并按照规定核算现金的各项收支业务，确保库存现金使用的合法性和合理性，保护库存现金的安全与完整。每日账款核对中发现现金溢余或短缺的，应当及时进行处理。

①如发现现金溢余：

借：库存现金
　　贷：其他应付款（属于应支付给有关人员或单位的部分）
　　　　其他收入（属于无法查明原因的部分，报经批准后）

②如发现现金短缺：

借：其他应收款（属于应由责任人赔偿的部分）
　　其他支出（属于无法查明原因的部分，报经批准后）
　　贷：库存现金

【例5•多选】事业单位中，属于货币资金的有（　　）。

A.银行存款　　　　　　　　B.库存现金
C.零余额账户用款额度　　　D.财政应返还额度

【答案】ABC

【解析】财政应返还额度属于"应收及预付款项"，不属于"货币资金"项目。

【例6•单选】下列事业单位经批准对现金短缺的会计处理中，正确的是（　　）。（2014年）

A.借记"事业支出"科目，贷记"库存现金"科目
B.借记"其他支出"科目，贷记"库存现金"科目
C.借记"经营支出"科目，贷记"库存现金"科目
D.借记"事业收入"科目，贷记"库存现金"科目

【答案】B

【解析】事业单位发现的现金短缺，属于应由责任人赔偿的部分，借记"其他应收款"科目，贷记"库存现金"科目；属于无法查明原因的部分，报经批准后，借记"其他支出"科目，贷记"库存现金"科目。

（2）银行存款。单位的银行存款是指事业单位存入银行或其他金融机构的各种存款。"银行存款日记账"应定期与"银行对账单"核对，至少每月核对一次。月度终

了，事业单位银行存款账面余额与银行对账单余额之间如有差额，必须逐笔查明原因并进行处理，按月编制"银行存款余额调节表"，调节相符。

（3）零余额账户用款额度。

①国库集中支付制度及程序。

国库集中收付，是指以国库单一账户体系为基础，将所有财政性资金都纳入国库单一账户体系管理，收入直接缴入国库和财政专户，支出通过国库单一账户体系支付到商品和劳务供应者或用款单位的一项国库管理制度。

实行国库集中支付的事业单位，财政资金的支付方式包括财政直接支付和财政授权支付。

在财政直接支付方式下，事业单位在需要使用财政性资金时，按照批复的部门预算和资金使用计划，向财政国库支付执行机构提出支付申请。

在财政授权支付方式下，事业单位按照批复的部门预算和资金使用计划，向财政国库支付执行机构申请授权支付的月度用款限额，财政国库支付执行机构将批准后的限额通知代理银行和事业单位，并通知中国人民银行国库部门。

②零余额账户用款额度的核算。

事业单位设置"零余额账户用款额度"科目，核算实行国库集中支付的事业单位根据财政部门批复的用款计划收到的零余额账户用款额度。

年度终了，事业单位应当依据代理银行提供的对账单作注销额度的相关账务处理，所以"零余额账户用款额度"科目年末应无余额。

在财政授权支付方式下，事业单位收到代理银行盖章的"授权支付到账通知书"时，根据通知书所列数额：

借：零余额账户用款额度

　　贷：财政补助收入

按规定支用额度时：

借：事业支出、存货等

　　贷：零余额账户用款额度

【例7•单选】实行国库集中支付制度中，对于采用财政直接支付方式下事业单位支付的印刷费应进行的会计处理为（　　）。

A.借：事业支出
　　贷：银行存款

B.借：事业支出
　　贷：财政补助收入

C.借：事业支出
　　贷：零余额账户用款额度

D.借：事业支出
　　贷：上级补助收入

【答案】B

【解析】在财政直接支付方式下，对财政直接支付的支出，事业单位根据财政国库支付执行机构委托代理银行转来的"财政直接支付入账通知书"及原始凭证，按照通知书中的直接支付入账金额，借记有关科目，贷记"财政补助收入"科目，故选项B正确。

2.短期投资

事业单位的短期投资是指事业单位依法取得的，持有时间不超过1年（含1年）的投资，主要是国债投资。

（1）取得时：

借：短期投资（包括购买价款以及税金、手续费等相关税费）
　　　贷：银行存款

（2）持有期间收到利息时：

借：银行存款
　　　贷：其他收入

（3）出售或到期收回时：

借：银行存款
　　　贷：短期投资
　　　　　其他收入（差额，或借方）

【例8·判断】事业单位短期投资持有期间收到的利息应记入"事业收入"科目。（　　）

【答案】×

【解析】事业单位短期投资持有期间收到的利息应记入"其他收入"科目的贷方。

3.应收及预付款项

事业单位的应收及预付款项是指事业单位在开展业务活动中形成的各项债权，包括财政应返还额度、应收票据、应收账款、其他应收款等应收款项和预付账款。

（1）财政应返还额度。财政应返还额度是指实行国库集中支付的事业单位，年度终了应收财政下年度返还的资金额度，即反映结转下年使用的用款额度。

①财政直接支付方式。

a.年度终了，根据本年度财政直接支付预算指标数与当年财政直接支付实际支出数的差额：

借：财政应返还额度——财政直接支付
　　　贷：财政补助收入

b.下年度恢复财政直接支付额度后，事业单位以财政直接支付方式发生实际支出时：

借：事业支出
　　　贷：财政应返还额度——财政直接支付

【例9·单选】事业单位在年度终了时，根据本年度财政直接支付预算指标数与当年财政直接支付实际支出数的差额（　　）。

A.借：财政应返还额度　　　　　　B.借：财政应返还额度
　　贷：事业收入　　　　　　　　　　　贷：零余额账户用款额度

C.借：财政补助收入　　　　　　D.借：财政应返还额度
　　贷：零余额账户用款额度　　　　　贷：财政补助收入

【答案】D

【解析】根据预算指标数与实际支出数的差额，借记"财政应返还额度"，贷记"财政补助收入"。

②财政授权支付方式。

a.年度终了，依据代理银行提供的对账单作注销额度的相关账务处理：

借：财政应返还额度——财政授权支付
　　贷：零余额账户用款额度

b.下年初恢复额度时：

借：零余额账户用款额度
　　贷：财政应返还额度——财政授权支付

③事业单位本年度财政授权支付预算指标数大于零余额账户用款额度下达数的：

a.根据未下达的用款额度：

借：财政应返还额度——财政授权支付
　　贷：财政补助收入

b.下年度收到财政部门批复的上年末未下达零余额账户用款额度时：

借：零余额账户用款额度
　　贷：财政应返还额度——财政授权支付

【例10·判断】实行财政授权支付方式的事业单位，应于收到"授权支付到账通知书"时，根据通知书所列数额，一方面增加"零余额账户用款额度"，另一方面确认"非财政补助收入"。（　　）

【答案】×

【解析】根据通知书所列数额，应借记"零余额账户用款额度"，贷记"财政补助收入"科目。

（2）应收票据。事业单位的应收票据是指事业单位因开展经营活动销售产品、提供有偿服务等而收到的商业汇票，包括银行承兑汇票和商业承兑汇票。

①取得应收票据时：

借：应收票据
　　贷：经营收入
　　　　应缴税费等

②收到款项时：

借：银行存款
　　经营支出（贴现息，如有）
　　贷：应收票据

事业单位应当设置"应收票据备查簿"，逐笔登记每一应收票据的种类、号数、出票日期、到期日、票面金额、交易合同号和付款人、承兑人、背书人姓名或单位名称、背书转让日、贴现日期、贴现率和贴现净额、收款日期、收回金额、退票情况等信息。应收票据到期结清票款或退票后，应当在备查簿内逐笔注销。

（3）应收账款。事业单位的应收账款是指事业单位因开展经营活动销售产品、提供有偿服务等而应收取的款项。

①发生应收账款时：

借：应收账款

　　贷：经营收入

　　　　应缴税费等

②收到款项时：

借：银行存款

　　贷：应收账款

③逾期三年或以上、有确凿证据表明确实无法收回的应收账款，事业单位应按规定报经批准后予以核销。核销的应收账款应在备查簿中保留登记。

a.转入待处置资产时：

借：待处置资产损溢

　　贷：应收账款

b.报经批准予以核销时：

借：其他支出

　　贷：待处置资产损溢

c.已核销应收账款在以后期间收回时：

借：银行存款等（按实际收回的金额）

　　贷：其他收入

【例11·单选】下列关于应收账款说法错误的是（　　）。

A.逾期三年且有确凿证据表明无法收回的应收账款，按规定报经批准后予以核销

B.核销的应收账款应在备查簿中保留登记

C.按照待核销的应收账款金额，借记"待处置资产损溢"，贷记"应收账款"

D.报经批准予以核销时，借记"事业支出"科目，贷记"待处置资产损溢"科目

【答案】D

【解析】报经批准予以核销时，借记"其他支出"科目，贷记"待处置资产损溢"科目。

（4）预付账款。事业单位的预付账款是指事业单位按照购货、劳务合同规定预付给供应单位的款项。

①发生时：

借：预付账款

　　贷：银行存款等

②收到时：

借：存货、事业支出、经营支出等
　　贷：预付账款
　　　　银行存款等（补付）

③逾期三年或以上、有确凿证据表明因供货单位破产、撤销等原因已无望再收到所购物资，且确实无法收回的预付账款，按规定报经批准后予以核销。核销的预付账款应在备查簿中保留登记。

a.批准前：
借：待处置资产损溢
　　贷：预付账款

b.批准后：
借：其他支出
　　贷：待处置资产损溢

c.已核销在以后期间又重新收回时：
借：银行存款等（按实际收回的金额）
　　贷：其他收入

（5）其他应收款。事业单位的其他应收款是指事业单位除财政应返还额度、应收票据、应收账款、预付账款以外的其他各项应收及暂付款项，如职工预借的差旅费、拨付给内部有关部门的备用金、应向职工收取的各种垫付款项等。

4.存货
事业单位的存货是指事业单位在开展业务活动及其他活动中为耗用而储存的各种材料、燃料、包装物、低值易耗品及达不到固定资产标准的用具、装具、动植物等。

【注意】随买随用的零星办公用品，可以直接列作支出。

（1）外购存货，其成本包括购买价款、相关税费、运输费、装卸费、保险费以及使得存货达到目前场所和状态所发生的其他支出。

（2）自行加工存货，其成本包括耗用的直接材料费用、发生的直接人工费用和按照一定方法分配的与存货加工有关的间接费用。

（3）接受捐赠、无偿调入的存货，其成本按照有关凭据注明的金额加上相关税费、运输费等确定；没有相关凭据的，其成本比照同类或类似存货的市场价格加上相关税费、运输费等确定；没有相关凭据、同类或类似存货的市场价格也无法可靠取得的，该存货按照名义金额（即人民币1元）入账。

【例12·多选】2016年5月1日，甲事业单位购入用于非独立核算经营项目的物资，取得增值税专用发票上注明的价款为200 000元，增值税税额为34 000元。该单位开出一张期限为3个月的不带息银行承兑汇票，手续费100元通过银行存款支付。8月1日，支付了全部价款。根据上述资料，下列表述不正确的是（　　）。

A.增值税额计入进项税额
B.购入物资时，借记"经营支出"，贷记"应付票据"

C.支付手续费时，借记"其他支出"，贷记"银行存款"

D.票据到期支付票款时，借记"应付票据"234 000元

【答案】ABC

【解析】增值税额应计入存货成本。购入物资，应借记"存货"，贷记"应付票据"。支付手续费，应借记"经营支出"，贷记"银行存款"。

（4）存货发出计价。存货在发出时，应当根据实际情况采用先进先出法、加权平均法或者个别计价法确定发出存货的实际成本。

①领用、发出存货时：

借：事业支出（专业业务）

　　经营支出等（经营业务）

　　贷：存货

②对外捐赠、无偿调出存货，转入待处置资产时：

借：待处置资产损溢

　　贷：存货

③实际捐出、调出存货时：

借：其他支出

　　贷：待处置资产损溢

（5）存货清查。事业单位的存货应当定期进行清查盘点，且每年至少盘点一次。对于发生的存货盘盈、盘亏或者报废、毁损，应当及时查明原因，按规定报经批准后进行账务处理。

①盘盈的存货，按照确定的入账价值：

借：存货

　　贷：其他收入

②盘亏或者毁损、报废的存货，转入待处置资产时：

借：待处置资产损溢

　　贷：存货

③报经批准予以处置时：

借：其他支出

　　贷：待处置资产损溢

5.长期投资

事业单位的长期投资是指事业单位依法取得的，持有时间超过1年（不含1年）的股权和债权性质的投资。事业单位长期投资增加和减少时，应相应调整非流动资产基金，长期投资账面余额应与对应的非流动资产基金账面余额保持相等。

（1）取得长期投资。

①以货币资金取得时，按照实际支付的全部价款（包括购买价款以及税金、手续费等相关税费）作为投资成本。

借：长期投资（购买价款以及税金、手续费等相关税费）

贷：银行存款等
　　借：事业基金
　　　　贷：非流动资产基金——长期投资
　　②以非现金资产取得时，按照非现金资产的评估价值加上相关税费作为投资成本。长期投资增加时，应当相应增加非流动资产基金。
　　（2）长期投资持有期间的收益。事业单位长期投资在持有期间应采用成本法核算，除非追加（或收回）投资，其账面价值一直保持不变。
　　收到利润或者利息时：
　　借：银行存款等（实际收到的金额）
　　　　贷：其他收入——投资收益

　　【例13·多选】下列关于事业单位长期投资持有期间的会计处理中正确的是（　　）。
　　A.在持有期间应采用成本法核算，除非追加（或收回）投资，其账面价值一直保持不变
　　B.在持有期间视情况不同分别采用成本法或权益法核算
　　C.收到利润或者利息时，确认其他收入——投资收益
　　D.收到利润或者利息时，应增加非流动资产基金——长期投资
　　【答案】AC
　　【解析】事业单位长期投资在持有期间应采用成本法核算，B选项错误；收到利润或者利息时，不影响长期投资，也不影响非流动资产基金——长期投资，D选项错误。
　　（3）长期投资的处置。
　　①事业单位对外转让或到期收回长期债券投资时，应将实际收到的金额与投资成本之间的差额计入其他收入，并相应减少非流动资产基金。
　　账务处理：
　　借：银行存款等
　　　　贷：长期投资
　　　　　　其他收入——投资收益（差额，或借方）
　　同时，按照收回长期投资对应的非流动资产基金：
　　借：非流动资产基金——长期投资
　　　　贷：事业基金
　　②事业单位转让或核销长期股权投资。
　　a.转入待处置资产时：
　　借：待处置资产损溢
　　　　贷：长期投资
　　b.实际转让或报经批准予以核销时：
　　借：非流动资产基金——长期投资
　　　　贷：待处置资产损溢

③转让长期股权投资过程中取得的净收入，应当按照国家有关规定处理。

6.固定资产

事业单位的固定资产是指事业单位持有的使用期限超过1年（不含1年）、单位价值在1 000元以上（其中，专用设备单位价值在1 500元以上），并在使用过程中基本保持原有物质形态的资产。单位价值虽未达到规定标准，但使用期限超过1年（不含1年）的大批同类物资，应当作为固定资产进行核算和管理。

事业单位的固定资产一般分为六类：房屋及构筑物；专用设备；通用设备；文物和陈列品；图书、档案；家具、用具、装具及动植物。

为满足预算管理的需要，事业单位固定资产的核算一般采用双分录的形式。购置固定资产的支出，在实际支付购买价款时确认为当期支出或减少专用基金中的修购基金，同时增加固定资产原值和非流动资产基金。在计提折旧时，逐期减少固定资产对应的非流动资产基金。处置固定资产时，相应减少非流动资产基金。

（1）取得固定资产。事业单位取得固定资产时，应当按照其实际成本入账。购入的固定资产，其成本包括购买价款、相关税费以及固定资产交付使用前所发生的可归属于该项资产的运输费、装卸费、安装调试费和专业人员服务费等。

账务处理：

借：固定资产
　　贷：非流动资产基金——固定资产
借：事业支出
　　专用基金——修购基金等
　　贷：银行存款等

【例14·多选】某事业单位购入一台不需安装的专用设备，支付购买价款120万元，支付运费2万元，支付保险费1万元，该单位以银行存款支付了上述款项。则该事业单位应编制的会计分录为（　　）。

A.借：固定资产　　　　　　　　　　　　　　　120
　　事业支出　　　　　　　　　　　　　　　　3
　　贷：银行存款　　　　　　　　　　　　　　　　　123
B.借：事业支出　　　　　　　　　　　　　　　123
　　贷：银行存款　　　　　　　　　　　　　　　　　123
C.借：固定资产　　　　　　　　　　　　　　　123
　　贷：非流动资产基金——固定资产　　　　　　　　123
D.借：固定资产　　　　　　　　　　　　　　　123
　　贷：银行存款　　　　　　　　　　　　　　　　　123

【答案】BC

【解析】事业单位购入固定资产支付的价款、运费、保险费均构成固定资产入账成本；在增加固定资产的同时还要增加非流动资产基金。

（2）对固定资产计提折旧（按月计提）。

借：非流动资产基金——固定资产
　　贷：累计折旧

（3）处置固定资产。固定资产的处置具体包括固定资产的出售、报废、毁损、无偿调出、对外捐赠等。

①固定资产转入待处置资产时：

借：待处置资产损溢
　　累计折旧
　　贷：固定资产

②固定资产报经批准予以核销时：

借：非流动资产基金——固定资产
　　贷：待处置资产损溢

③发生清理费用时：

借：待处置资产损溢
　　贷：银行存款

④收到残料变价收入时：

借：银行存款
　　贷：待处置资产损溢

⑤结转固定资产处置净收入时：

借：待处置资产损溢
　　贷：应缴国库款等

【例15·单选】2015年9月5日，某事业单位购入一台不需要安装的检测专用设备，设备价款为600 000元，由财政直接支付，下列会计处理中正确的是（　　）。（2016年）

A. 借：事业支出　　　　　　　　　　　　　　　600 000
　　贷：非流动资产基金——固定资产　　　　　　　　600 000
B. 借：固定资产　　　　　　　　　　　　　　　600 000
　　贷：财政补助收入　　　　　　　　　　　　　　　600 000
C. 借：固定资产　　　　　　　　　　　　　　　600 000
　　贷：事业支出　　　　　　　　　　　　　　　　　600 000
D. 借：固定资产　　　　　　　　　　　　　　　600 000
　　贷：非流动资产基金——固定资产　　　　　　　　600 000
同时：
借：事业支出　　　　　　　　　　　　　　　　600 000
　　贷：财政补助收入　　　　　　　　　　　　　　　600 000

【答案】D

【解析】事业单位采用财政直接支付方式购入设备，应作账务处理：
借：固定资产　　　　　　　　　　　　　　　　　　　　　600 000
　　贷：非流动资产基金——固定资产　　　　　　　　　　　　600 000
同时：
借：事业支出　　　　　　　　　　　　　　　　　　　　　600 000
　　贷：财政补助收入　　　　　　　　　　　　　　　　　　　600 000

【例16·判断】固定资产对外转让取得的收入，应作为其他收入处理。（　　）
【答案】×
【解析】固定资产转入待处置资产时，事业单位应将其账面余额和相关的累计折旧转入"待处置资产损溢"科目，实际出售、毁损、报废、调出、捐出时，将相关的非流动资产基金余额转入"待处置资产损溢"科目。对处置过程中取得的收入、发生的相关费用通过"待处置资产损溢"科目核算，处置净收入根据国家有关规定处理。

7．在建工程

事业单位的在建工程是指事业单位已经发生必要支出，但尚未完工交付使用的各种建筑（包括新建、改建、扩建、修缮等）和设备安装工程。

事业单位在建工程增加或减少时，应当相应增加或减少非流动资产基金。

（1）建筑工程。

①将固定资产转入改建、扩建或修缮等时：
借：在建工程
　　贷：非流动资产基金——在建工程
借：非流动资产基金——固定资产
　　累计折旧
　　贷：固定资产

②支付工程价款及专门借款利息时：
借：在建工程
　　贷：非流动资产基金——在建工程
借：其他支出等
　　贷：银行存款等

③工程完工交付使用时：
借：固定资产
　　贷：非流动资产基金——固定资产
借：非流动资产基金——在建工程
　　贷：在建工程

（2）设备安装工程。

①购入需要安装的设备时：
借：在建工程

贷：非流动资产基金——在建工程
　借：事业支出、经营支出等
　　贷：银行存款等（实际支付金额）
②发生安装费用时：
　借：在建工程
　　贷：非流动资产基金——在建工程
　借：事业支出等
　　贷：银行存款等
③设备安装完工交付使用时：
　借：固定资产
　　贷：非流动资产基金——固定资产
　借：非流动资产基金——在建工程
　　贷：在建工程

8.无形资产

事业单位的无形资产是指事业单位持有的没有实物形态的可辨认非货币性资产，包括专利权、商标权、著作权、土地使用权、非专利技术等。事业单位购入的不构成相关硬件不可缺少组成部分的应用软件，应当作为无形资产核算。

事业单位无形资产增加或减少时，应当相应增加或减少非流动资产基金。无形资产在计提摊销时，逐期减少该项无形资产对应的非流动资产基金。

【例17·判断】事业单位对于应用软件，如果其构成相关硬件不可缺少的组成部分，应当将该软件价值包括在所属硬件价值中，一并作为固定资产进行核算；如果其不构成相关硬件可不缺少的组成部分，应当将该软件作为无形资产核算。（　　）

【答案】√

（1）取得无形资产。购入的无形资产，其成本包括购买价款、相关税费以及归属于该项资产达到预定用途所发生的其他支出。

　借：无形资产
　　贷：非流动资产基金——无形资产
　借：事业支出等
　　贷：银行存款等（实际支付金额）

委托软件公司开发软件视同外购无形资产进行处理，在支付软件开发费时，按照实际支付的金额作为无形资产的成本入账。自行开发并按照法律程序申请取得的无形资产，按照依法取得时发生的注册费、聘请律师费等费用作为无形资产的成本入账，依法取得前所发生的研究开发支出不作为无形资产成本，应当于发生时直接计入当期支出。

【例18·判断】事业单位自行开发并按照法律程序申请取得的无形资产，按照依

法取得时发生的注册费、律师费等作为无形资产的成本入账。（　　）

【答案】√

（2）对无形资产计提摊销。事业单位应当按照《事业单位财务规则》或相关财务制度的规定确定是否对无形资产计提摊销。对无形资产计提摊销的，应当按月计提，按照实际计提金额：

借：非流动资产基金——无形资产
　　贷：累计摊销

【例19·单选】事业单位对无形资产计提摊销时，应当按月计提，按照实际计提的金额，计提的分录为（　　）。

A.借：管理费用
　　贷：累计摊销

B.借：销售费用
　　贷：累计摊销

C.借：非流动资产基金——无形资产
　　贷：累计摊销

D.借：事业支出
　　贷：累计摊销

【答案】C

【解析】事业单位对无形资产计提摊销时，应当按月计提，按照实际计提的金额，借记"非流动资产基金——无形资产"科目，贷记"累计摊销"科目。

（3）处置无形资产。无形资产的处置具体包括转让、无偿调出和对外捐赠无形资产。当无形资产预期不能为事业单位带来服务潜能或经济利益时，也应当按规定报经批准后核销。

①无形资产转入待处置资产时：
借：待处置资产损溢
　　累计摊销
　　贷：无形资产

②无形资产实际转让时：
借：非流动资产基金——无形资产
　　贷：待处置资产损溢

③收到转让收入时：
借：银行存款
　　贷：待处置资产损溢

④结转无形资产转让收入：
借：待处置资产损溢
　　贷：应缴国库款

(二)负债

负债是指事业单位所承担的能以货币计量,需要以资产或者劳务偿还的债务。事业单位的负债包括短期借款、应缴款项、应付职工薪酬、应付及预收款项、长期借款、长期应付款等。事业单位的负债按照流动性,分为流动负债和非流动负债。流动负债是指预计在1年内(含1年)偿还的负债。非流动负债是指流动负债以外的负债。

$$
\text{按照流动性分类}\begin{cases} \text{流动负债}\begin{cases}\text{短期借款、应缴款项、应付职工薪酬、}\\ \text{应付及预收款项等}\end{cases} \\ \text{非流动负债}\longrightarrow \text{长期借款、长期应付款等} \end{cases}
$$

【例20·多选】下列各项中,属于事业单位流动负债的有(   )。
A.应付职工薪酬　　　　　　　　B.其他应付款
C.应缴税费　　　　　　　　　　D.应缴国库款
【答案】ABCD
【解析】本题考核事业单位流动负债的内容。

1.短期借款

事业单位的短期借款是指事业单位借入的期限在1年内(含1年)的各种借款。支付短期借款利息,借记"其他支出"科目,贷记"银行存款"科目。

2.应缴款项

事业单位的应缴款项是指事业单位应缴未缴的各种款项,包括应当上缴国库或者财政专户的款项、应缴税费,以及其他按照国家有关规定应当上缴的款项。

(1)应缴税费。事业单位的应缴税费是指事业单位按照税法等规定应缴纳的各种税费,包括增值税、城市维护建设税、教育费附加、车船税、房产税、城镇土地使用税、企业所得税等。

(2)应缴国库款。事业单位的应缴国库款是指事业单位按规定应缴入国库的款项(应缴税费除外)。

(3)应缴财政专户款。事业单位的应缴财政专户款是指事业单位按规定应缴入财政专户的款项。

【例21·多选】事业单位会计中应缴款项包括(   )。
A.应上缴国库的款项　　　　　　B.应上缴财政专户的款项
C.应缴税费　　　　　　　　　　D.应付职工薪酬
【答案】ABC
【解析】选项D不属于应缴款项。

3.应付职工薪酬

事业单位的应付职工薪酬是指事业单位按有关规定应付给职工及为职工支付的各

种薪酬。包括基本工资、绩效工资、国家统一规定的津贴补贴、社会保险费、住房公积金等。

（1）计算当期应付职工薪酬时：

借：事业支出、经营支出等

  贷：应付职工薪酬

（2）代扣个人所得税时：

借：应付职工薪酬

  贷：应缴税费

（3）实际支付职工薪酬时：

借：应付职工薪酬

  贷：银行存款等

（4）上缴代扣的个人所得税时：

借：应缴税费

  贷：银行存款

4.应付及预收款项

（1）概念：事业单位的应付及预收款项是指事业单位在开展业务活动中发生的各项债务，包括应付票据、应付账款、其他应付款等应付款项和预收账款。

（2）账务处理。

①应付票据。事业单位的应付票据是指事业单位因购买材料、物资等而开出、承兑的商业汇票，包括银行承兑汇票和商业承兑汇票。

【注意】本单位无力支付银行承兑汇票票款的，借记"应付票据"科目，贷记"短期借款"科目；本单位无力支付商业承兑汇票票款的，借记"应付票据"科目，贷记"应付账款"科目（和企业的账务处理一样）。

②应付账款。事业单位的应付账款是指事业单位因购买材料、物资等而应付的款项。

③预收账款。事业单位的预收账款是指事业单位按合同规定预收的款项。

④其他应付款。事业单位的其他应付款是指事业单位除应缴税费、应缴国库款、应缴财政专户款、应付职工薪酬、应付票据、应付账款、预收账款之外的其他各项偿还期限在1年内（含1年）的应付及暂收款项，如存入保证金等。

【注意】无法偿付或债权人豁免偿还的应付账款、预收账款及其他应付款，记入"其他收入"科目。

【例22·多选】下列各项中，属于事业单位其他应付款核算的内容有（ ）。

  A.租入固定资产的租金   B.存入保证金

  C.应付统筹退休金   D.个人交存的住房金

【答案】ABCD

【解析】以上四项都属于事业单位其他应付款的内容。

5.长期借款

（1）概念：事业单位的长期借款是指事业单位借入的期限超过1年（不含1年）的各种借款。

（2）财务处理：

①支付长期借款利息时：

借：其他支出
  贷：银行存款

②如为购建固定资产支付的专门借款，属于工程项目建设期间支付的，还应同时：

借：在建工程
  贷：非流动资产基金——在建工程

6.长期应付款

（1）概念：事业单位的长期应付款是指事业单位发生的偿还期限超过1年（不含1年）的应付款项，如以融资租赁租入固定资产的租赁费、跨年度分期付款购入固定资产的价款等。

（2）财务处理：

①发生长期应付款时：

借：固定资产
  在建工程等
  贷：长期应付款（按照租赁协议或者合同确定的租赁价款）
    非流动资产基金等（差额）

②支付长期应付款时：

借：事业支出、经营支出等
  贷：银行存款等

同时：

借：长期应付款
  贷：非流动资产基金

③无法偿付或债权人豁免偿还时：

借：长期应付款
  贷：其他收入

三、净资产

净资产是指事业单位资产扣除负债后的余额。事业单位的净资产包括事业基金、非流动资产基金、专用基金、财政补助结转结余、非财政补助结转结余等。

事业单位应当严格区分财政补助结转结余和非财政补助结转结余。财政拨款结转结余不参与事业单位的结余分配、不转入事业基金，单独设置"财政补助结转"和"财政补助结余"科目核算。非财政补助结转结余通过设置"非财政补助结转""事业结余""经营结余""非财政补助结余分配"等科目核算。

【例23·多选】下列各项中,属于事业单位净资产的有( )。(2018年)
A.财政应返还额度　　　　　　　B.非流动资产基金
C.财政补助结转　　　　　　　　D.非财政补助结余
【答案】BCD
【解析】选项A属于资产。

【例24·多选】下列选项中,属于事业单位净资产类的科目有( )。(2018年)
A.财政应返还额度　　　　　　　B.应缴财政专户款
C.专用基金　　　　　　　　　　D.非财政补助结余分配
【答案】CD
【解析】选项A属于资产;选项B属于负债。

(一)财政补助结转结余

1.财政补助结转

财政补助结转资金是指当年支出预算已执行但尚未完成或因故未执行,下年需按原用途继续使用的财政补助资金。财政补助结转包括基本支出结转和项目支出结转。事业单位设置"财政补助结转"科目,核算滚存的财政补助结转资金。

期末,事业单位应当将财政补助收入和对应的财政补助支出结转至"财政补助结转"科目。

借:财政补助收入
　　贷:财政补助结转
借:财政补助结转
　　贷:事业支出——财政补助支出

2.财政补助结余

财政补助结余资金是指支出预算工作目标已完成,或由于受政策变化、计划调整等因素影响造成工作终止,当年剩余的财政补助资金。财政补助结余是财政补助项目支出结余资金。

(1)年末,按照有关规定将符合财政补助结余性质的项目余额转入财政补助结余。

借:财政补助结转
　　贷:财政补助结余

或做相反会计分录。

(2)按规定上缴财政补助结余资金或注销财政补助结余额度的,按照实际上缴资金数额或者注销的资金额度数额。

借:财政补助结余
　　贷:财政应返还额度、零余额账户用款额度、银行存款等

取得主管部门归集调入财政补助结余资金或者额度的,做相反会计分录。

【例25•单选】事业单位在期末应将财政补助收入和对应的财政补助支出进行结转，涉及的会计科目是（　　）。（2017年）
　　A.非财政补助结转　　　　　　　B.财政补助结转
　　C.事业结余　　　　　　　　　　D.财政补助结余
【答案】B
【解析】事业单位在期末应将财政补助收入和对应的财政补助支出进行结转，结转到财政补助结转科目核算。

【例26•判断】事业单位设置"财政补助结余"科目，核算事业单位滚存的财政补助项目支出结余资金。（　　）（2016年）
【答案】√

（二）非财政补助结转结余
1.非财政补助结转
　　非财政补助结转资金是指事业单位除财政补助收支以外的各专项资金收入与其相关支出相抵后剩余滚存的、须按规定用途使用的结转资金。
【注意】设置"非财政补助结转"科目，是满足专项资金专款专用的管理要求。
（1）期末：
　　借：事业收入、上级补助收入、附属单位上缴收入、其他收入——××
　　　　贷：非财政补助结转
　　借：非财政补助结转
　　　　贷：事业支出——非财政专项资金支出、其他支出——××

【例27•多选】下列各项中，期末应结转至"非财政补助结转"科目的有（　　）。
　　A.事业收入（专项）　　　　　　B.财政补助收入
　　C.其他支出（非专项）　　　　　D.事业支出（专项）
【答案】AD
【解析】选项B期末结转至"财政补助结转"科目；选项C期末结转至"事业结余"科目。

（2）年末，完成非财政补助专项资金结转后，应当对非财政补助专项结转资金各项目情况进行分析，将已完成项目剩余资金区分以下情况处理：
　　借：非财政补助结转（缴回原专项资金拨入单位）
　　　　贷：银行存款等
　　借：非财政补助结转（留归本单位使用）
　　　　贷：事业基金
2.非财政补助结余
　　非财政补助结余包括事业结余和经营结余两个组成部分。
（1）事业结余。事业结余是指事业单位一定期间除财政补助收支、非财政专项资金收支和经营收支以外各项收支相抵后的余额。

①期末：

借：事业收入、上级补助收入、附属单位上缴收入、其他收入——××
　　贷：事业结余

借：事业结余
　　贷：事业支出——其他资金支出
　　　　其他支出——××、对附属单位补助支出、上缴上级支出

【例28•判断】无论事业单位当年事业结余是正数还是负数，都需在年末结转至"非财政补助结余分配"科目。（　　）

【答案】√

②年末：

借：事业结余
　　贷：非财政补助结余分配

或做相反会计分录。

【例29•单选】下列事业单位会计期末应结转记入"事业结余"的是（　　）。（2015年）

A．"其他收入"科目本期发生额中的非专项资金收入
B．"上级补助收入"科目本期发生额中的专项资金收入
C．"其他收入"科目本期发生额中的专项资金收入
D．"事业收入"科目本期发生额中的专项资金收入

【答案】A

【解析】选项BCD均应转入非财政补助结转；选项A应转入事业结余。

（2）经营结余。经营结余是指事业单位一定期间各项经营收支相抵后余额弥补以前年度经营亏损后的余额。

①期末，事业单位应当结转本期经营收支：

借：经营收入
　　贷：经营结余

借：经营结余
　　贷：经营支出

【例30•判断】事业单位当年经营收入扣除经营支出后的余额，无论是正数还是负数，均直接计入非财政补助结余分配。（　　）

【答案】×

【解析】如果经营结余是负数，说明经营结余有借方余额，经营结余的借方余额不进行结转。

②年末：

借：经营结余
　　　贷：非财政补助结余分配
【注意】经营结余如为借方余额，即为经营亏损，不予结转。
（3）非财政补助结余分配。
①年末，结转事业结余和经营结余：
借：事业结余
　　经营结余
　　　贷：非财政补助结余分配
②有企业所得税缴纳义务的事业单位计算出应缴纳的企业所得税：
借：非财政补助结余分配
　　　贷：应交税费——应缴企业所得税
③按照有关规定提取职工福利基金：
借：非财政补助结余分配
　　　贷：专用基金——职工福利基金
④将"非财政补助结余分配"科目余额结转至事业基金：
借：非财政补助结余分配
　　　贷：事业基金
或做相反会计分录。

【例31·多选】下列各项中，不影响事业单位事业结余的有（　　）。（2017年）
A.财政补助收入
B.事业支出——其他资金支出
C.经营收入
D.事业支出——财政补助支出
【答案】ACD
【解析】事业结余是指事业单位一定期间除财政补助收支、非财政专项资金收支和经营收支以外各项收支相抵后的余额，选项B结转到事业结余核算，影响事业结余的金额。选项AD计入财政补助结转，选项C计入经营结余。

【例32·单选】事业单位按规定计算确定应缴纳的企业所得税，下列各项中，会计处理正确的是（　　）。
A.借记"非财政补助结余分配"科目，贷记"应缴税费"科目
B.借记"经营支出"科目，贷记"应缴税费"科目
C.借记"应缴税费"科目，贷记"银行存款"科目
D.借记"事业支出"科目，贷记"应缴税费"科目
【答案】A
【解析】非财政补助结余通过"非财政补助结余分配"来进行核算，事业结余以

及经营结余（非借方余额）结转到"非财政补助结余分配"，然后核算应缴纳的企业所得税以及按照有关规定提取的职工福利基金等。

（三）事业基金

事业单位的事业基金是指事业单位拥有的非限定用途的净资产，主要为非财政补助结余扣除结余分配后滚存的金额。

年末，将"非财政补助结余分配"科目余额结转至事业基金，借记或贷记"非财政补助结余分配"科目，贷记或借记"事业基金"科目；将留归本单位使用的非财政补助专项（项目已完成）剩余资金结转至事业基金，借记"非财政补助结转"科目，贷记"事业基金"科目。

【例33·多选】下列事业单位年末结账后应无余额的会计科目有（　　）。（2016年）
A.事业基金　　　　　　　　B.事业结余
C.非财政补助结余分配　　　D.非流动资产基金
【答案】BC
【解析】"事业结余"科目余额年末应结转至"非财政补助结余分配"科目，结转后无余额，选项B正确；"非财政补助结余分配"科目余额应结转至"事业基金"科目，结转后无余额，故选项C正确。

【例34·多选】下列项目中，影响事业基金的有（　　）。
A.非财政补助结转
B.事业结余
C.取得主管部门归集调入财政补助结转资金
D.财政补助收入
【答案】AB
【解析】事业基金不包括财政补助资金。

（四）非流动资产基金

事业单位的非流动资产基金是指事业单位长期投资、固定资产、在建工程、无形资产等非流动资产占用的金额。

非流动资产基金应当在取得长期投资、固定资产、在建工程、无形资产等非流动资产或发生相关支出时予以确认。

计提固定资产折旧、无形资产摊销，处置长期投资、固定资产、无形资产，以及以固定资产、无形资产对外投资时，均应当冲销该资产对应的非流动资产基金。

【例35·多选】下列各项中，会引事业单位非流动资产基金发生增减变动的（　　）。
A.转让专利权　　　　　　　B.处置长期投资
C.固定资产计提折旧　　　　D.购入3个月到期的国债
【答案】ABC

【解析】事业单位非流动资产基金是指事业单位长期投资、固定资产、在建工程、无形资产等非流动资产占用的金额。3个月到期的国债投资是短期投资，属于流动资产。

（五）专用基金

事业单位的专用基金是指事业单位按规定提取或者设置的具有专门用途的净资产，主要包括修购基金、职工福利基金等。

事业单位按规定提取专用基金时，借记有关支出科目或"非财政补助结余分配"科目，贷记"专用基金"科目。按规定使用专用基金时，借记"专用基金"科目，贷记"银行存款"等科目；使用专用基金形成固定资产的，还应同时借记"固定资产"科目，贷记"非流动资产基金——固定资产"科目。

【例36·多选】下列各项中，属于事业单位净资产的有（　　）。（2017年）
A.非流动资产基金　　　　　　B.专用基金
C.事业基金　　　　　　　　　D.财政补助结转
【答案】ABCD
【解析】事业单位净资产包括事业基金、非流动资产基金、专用基金、财政补助结转结余、非财政补助结转结余等。

四、收入与支出

事业单位的收入是指事业单位开展业务及其他活动依法取得的非偿还性资金。事业单位的支出是指事业单位开展业务及其他活动发生的资金耗费和损失。

（一）收入

事业单位的收入包括财政补助收入、事业收入、上级补助收入、附属单位上缴收入、经营收入、其他收入等。事业单位的收入一般应当在收到款项时予以确认，并按照实际收到的金额进行计量。采用权责发生制确认的收入，应当在提供服务或者发出存货，同时收讫价款或者取得索取价款的凭据时予以确认，并按照实际收到的金额或者有关凭据注明的金额进行计量。

1.财政补助收入

事业单位的财政补助收入是指事业单位从同级财政部门取得的各类财政拨款，包括基本支出补助和项目支出补助。

（1）财政直接支付方式。事业单位根据财政国库支付执行机构委托代理银行转来的"财政直接支付入账通知书"及原始凭证，做如下财务处理：

借：事业支出等
　　贷：财政补助收入

（2）财政授权支付方式。事业单位收到代理银行盖章的"授权支付到账通知书"时，做如下财务处理：

借：零余额账户用款额度

贷：财政补助收入
（3）其他方式。实际收到财政补助收入时，做如下财务处理：
借：银行存款等
　　贷：财政补助收入
（4）期末，做如下财务处理：
借：财政补助收入
　　贷：财政补助结转

2.事业收入

事业单位的事业收入是指事业单位开展专业业务活动及其辅助活动取得的收入。

事业收入需要区分专项资金收入和非专项资金收入，对专项资金还应按具体项目进行明细核算。

（1）对采用财政专户返还方式管理的事业收入：
①收到应上缴财政专户的事业收入时：
借：银行存款等
　　贷：应缴财政专户款
②向财政专户上缴款项时：
借：应缴财政专户款
　　贷：银行存款等
③收到从财政专户返还的事业收入时：
借：银行存款等
　　贷：事业收入
（2）对其他事业收入，收到款项时：
借：银行存款等
　　贷：事业收入
（3）期末：
①专项资金收入结转至非财政补助结转：
借：事业收入
　　贷：非财政补助结转
②非专项资金收入结转至事业结余：
借：事业收入
　　贷：事业结余

【例37·单选】下列各项中，事业单位通过事业收入科目核算的是（　　）。

A.从上级单位取得的非财政补助收入

B.附属独立核算单位按规定上缴的收入

C.出租房屋取得的租金收入

D.开展专业业务活动取得的收入

【答案】D

【解析】选项A，计入"上级补助收入"；选项B，计入"附属单位上缴收入"；选项D，计入"其他收入"。

【例38·判断】事业单位结转事业收入，对于其中的非专项资金收入应结转至"非财政补助结转"科目。（　　）

【答案】×

【解析】事业单位结转事业收入，对于其中的非专项资金收入应结转至"事业结余"科目。

【例39·单选】事业单位在财政授权支付方式下，根据财政部门批复的用款计划收到的零余额账户用款额度时应增加（　　）。

A.事业收入　　　　　　　　B.财政补助收入
C.其他收入　　　　　　　　D.上级补助收入

【答案】B

【解析】事业单位在财政授权支付方式下，根据财政部门批复的用款计划收到的零余额账户用款额度时应编制的会计分录为：

借：零余额账户用款额度
　　贷：财政补助收入

3.上级补助收入

事业单位的上级补助收入是指事业单位从主管部门和上级单位取得的非财政补助收入。上级补助收入需要区分专项资金收入和非专项资金收入，对专项资金还应按具体项目进行明细核算。

（1）收到上级补助收入时：

借：银行存款等
　　贷：上级补助收入

（2）期末：

①专项资金收入结转至非财政补助结转：

借：上级补助收入——××
　　贷：非财政补助结转

②非专项资金收入结转至事业结余：

借：上级补助收入——××
　　贷：事业结余

【例40·判断】事业单位的上级补助收入是指事业单位从主管部门和上级单位取得的财政补助收入。（　　）

【答案】×

【解析】事业单位的上级补助收入是指事业单位从主管部门和上级单位取得的非财政补助收入。

4.附属单位上缴收入

事业单位的附属单位上缴收入是指事业单位附属独立核算单位按照有关规定上缴的收入。附属单位上缴收入需要区分专项资金收入和非专项资金收入，对专项资金还应按具体项目进行明细核算。

（1）收到附属单位缴来款项时：

借：银行存款等
　　贷：附属单位上缴收入

（2）期末：

①专项资金收入结转至非财政补助结转：

借：附属单位上缴收入——××
　　贷：非财政补助结转

②非专项资金收入结转至事业结余：

借：附属单位上缴收入——××
　　贷：事业结余

【例41·多选】附属单位上缴收入账户的余额，期末的时候应结转至（　　）科目。

A.事业基金　　　　　　　　B.事业收入
C.事业结余　　　　　　　　D.非财政补助结转

【答案】CD

【解析】对于专项资金结转到"非财政补助结转"，对于非专项资金结转到"事业结余"。

5.经营收入

事业单位的经营收入是指事业单位在专业业务活动及其辅助活动之外开展非独立核算经营活动取得的收入。

（1）事业单位在提供服务或发出存货，同时收讫价款或者取得索取价款的凭据时，按照确定的收入金额：

借：银行存款、应收账款、应收票据等
　　贷：经营收入
　　　　应缴税费（负有增值税纳税义务的，按税法确定的增值税税额）

（2）期末：

借：经营收入
　　贷：经营结余

【例42·单选】下列各项中，属于事业单位经营收入的是（　　）。（2017年）

A.接受捐赠获得的收入

B.附属单位上缴的收入

C.上级补助收入

D.非独立核算经营活动取得的收入

【答案】D

【解析】选项A属于其他收入；选项B属于附属单位上缴收入；选项C属于上级补助收入；选项D属于经营收入。

6.其他收入

事业单位的其他收入是指事业单位除财政补助收入、事业收入、上级补助收入、附属单位上缴收入、经营收入以外的各项收入，包括投资收益、银行存款利息收入、租金收入、捐赠收入、现金盘盈收入、存货盘盈收入、收回已核销应收及预付款项、无法偿付的应付及预收款项等。

其他收入需要区分专项资金收入和非专项资金收入，对专项资金还应按具体项目进行明细核算。

（1）在收到利息、利润、租金收入、现金捐赠收入、发现现金溢余，以及收回已核销的应收及预付款时：

借：银行存款、库存现金等

　　贷：其他收入

（2）在接受存货捐赠或发生存货盘盈时：

借：存货

　　贷：其他收入

（3）发生无法偿付或债权人豁免偿还应付及预收款项业务时：

借：应付账款等

　　贷：其他收入

（4）期末：

①专项资金收入结转至非财政补助结转：

借：其他收入

　　贷：非财政补助结转

②非专项资金收入结转至事业结余：

借：其他收入

　　贷：事业结余

【例43·多选】下列各项中，事业单位应通过"其他收入"科目核算的有（　　）。

A.附属独立核算单位按规定上缴的收入

B.接受捐赠的存货

C.无法偿付的应付账款

D.从上级单位取得的非财政补助收入

【答案】BC

【解析】附属独立核算单位按规定上缴的收入通过"附属单位上缴收入"科目核算，故选项A错误；接受捐赠的存货、无法偿付的应付账款通过"其他收入"科目核算，故选项BC正确；从上级单位取得的非财政补助收入通过"上级补助收入"科目核算，故选项D错误。

【例44•单选】下列事业单位应通过"其他收入"科目核算的是（   ）。（2016年）

A.开展非独立核算经营活动取得的收入

B.从主管部门取得的非财政补助收入

C.附属独立核算单位按照有关规定上缴的收入

D.按照规定对外投资取得的投资收益

【答案】D

【解析】开展非独立核算经营活动取得的收入，在"经营收入"中核算，故选项A错误；从主管部门取得的非财政补助收入，属于"上级补助收入"，故选项B错误；附属独立核算单位按照有关规定上缴的收入属于"附属单位上缴收入"故选项C错误。

(二)支出

事业单位支出包括事业支出、对附属单位补助支出、上缴上级支出、经营支出、其他支出等。事业单位的支出一般应当在实际支付时予以确认，并按照实际支付金额进行计量。采用权责发生制确认的支出或者费用，应当在其发生时予以确认，并按照实际发生额进行计量。

1.事业支出

事业单位的事业支出是指事业单位开展专业业务活动及其辅助活动发生的基本支出和项目支出。事业支出需要分别财政补助支出、非财政专项资金支出和其他资金支出等进行明细核算。

（1）开展专业业务活动及其辅助活动中发生的各项支出时：

借：事业支出

　　贷：银行存款、应付职工薪酬、存货等

（2）期末：

①财政补助支出：

借：财政补助结转

　　贷：事业支出——财政补助支出

②非财政专项资金支出：

借：非财政补助结转

　　贷：事业支出——非财政专项资金支出

③其他资金支出：

借：事业结余
　　贷：事业支出——其他资金支出

【例45·多选】下列事业单位会计科目中，年末结账后应无余额的有(　　)。(2017年)
A.事业收入　　　　　　　　B.事业结余
C.事业基金　　　　　　　　D.事业支出
【答案】ABD
【解析】事业基金是指非限定用途的净资产，非财政补助结余扣除结余分配后的金额。不符合题意，故排除C；事业收入、事业结余、事业支出年末结账后均无余额，故选ABD。

2.上缴上级支出

事业单位的上缴上级支出是指事业单位按照财政部门和主管部门的规定上缴上级单位的支出。

事业单位按规定将款项上缴上级单位的，借记"上缴上级支出"科目，贷记"银行存款"等科目，期末，将"上缴上级支出"本期发生额结转至事业结余，借记"事业结余"科目，贷记"上缴上级支出"科目。

3.对附属单位补助支出

事业单位的对附属单位补助支出是指事业单位用财政补助收入之外的收入对附属单位补助所发生的支出。

事业单位发生对附属单位补助支出的，借记"对附属单位补助支出"科目，贷记"银行存款"等科目。期末，将"对附属单位补助支出"本期发生额结转至事业结余，借记"事业结余"科目，贷记"对附属单位补助支出"科目。

【例46·多选】下列各项中，事业单位应当确认为事业支出的有(　　)。(2017年)
A.对附属单位的补助支出
B.按规定上缴上级单位的支出
C.开展专业业务活动及其辅助活动发生的项目支出
D.开展专业业务活动及其辅助活动发生的基本支出
【答案】CD
【解析】选项A记入对附属单位补助支出；选项B记入上缴上级支出。

4.经营支出

事业单位的经营支出是指事业单位在专业业务活动及其辅助活动之外开展非独立核算经营活动发生的支出。

事业单位在专业业务活动及其辅助活动之外开展非独立核算经营活动发生的各项支出，借记"经营支出"科目，贷记"银行存款""应付职工薪酬""存货"等科目。期末，将"经营支出"本期发生额结转至经营结余，借记"经营结余"科目，贷记"经营支出"科目。

【例47·单选】下列各项中,属于事业单位经营支出的是( )。(2017年)
A.开展专业业务活动发生的工资支出
B.非独立核算经营活动发生的工资支出
C.对附属单位补助支出
D.上缴上级支出
【答案】B
【解析】选项A属于事业支出;选项C属于对附属单位补助支出;选项D属于上缴上级支出。

5.其他支出

事业单位的其他支出是指事业单位除事业支出、上缴上级支出、对附属单位补助支出、经营支出以外的各项支出,包括利息支出、捐赠支出、现金盘亏损失、资产处置损失、接受捐赠(调入)非流动资产发生的税费支出等。

其他支出需要分别对非财政专项资金支出、其他资金支出等进行明细核算,这样才能使各类支出与非财政专项资金收入和其他资金来源相配比,从而准确计算非财政补助结转和事业结余。

(1)支付银行借款利息、对外捐赠现金资产、发现现金短缺、支付接受捐赠(调入)非流动资产发生的相关税费时:
借:其他支出
　　贷:银行存款、库存现金等
(2)报经批准核销应收及预付款项、捐出或处置存货时:
借:其他支出
　　贷:待处置资产损溢
(3)期末:
①专项资金支出结转至非财政补助结转:
借:非财政补助结转
　　贷:其他支出
②非专项资金支出结转至事业结余:
借:事业结余
　　贷:其他支出

【例48·多选】事业单位中,以下通过"其他支出"核算的有( )。
A.对附属单位补助支出　　　　　B.现金盘亏支出
C.捐赠支出　　　　　　　　　　D.资产处置损失
【答案】BCD

【解析】对附属单位补助支出通过"对附属单位补助支出"核算。

五、财务报表

(一) 财务报告的概念和构成

事业单位的财务报告是反映事业单位某一特定日期的财务状况和某一会计期间的事业成果、预算执行等会计信息的文件。

事业单位的财务会计报告包括财务报表和其他应当在财务会计报告中披露的相关信息和资料。

财务报表是对事业单位财务状况、事业成果、预算执行情况等的结构性表述。财务报表由会计报表及其附注构成。事业单位的会计报表至少应当包括资产负债表、收入支出表或者收入费用表和财政补助收入支出表。

报表类型	作用
资产负债表	反映事业单位在某一特定日期的财务状况
收入支出表或者收入费用表	反映事业单位在某一会计期间的事业成果及其分配情况
财政补助收入支出表	反映事业单位在某一会计期间财政补助收入、支出、结转及结余情况
附注	会计报表中列示项目的文字描述或明细资料,以及对未能在会计报表中列示项目的说明等

事业单位应当根据登记完整、核对无误的账簿记录和其他有关资料编制财务报表,做到数字真实、计算准确、内容完整、报送及时。

【例49·单选】下列各项中,反映事业单位某一会计期间事业成果及其分配情况的报表是( )。(2015年)

A.收入支出表
B.财政补助收入支出表
C.资产负债表
D.会计报表附注

【答案】A
【解析】收入支出表反映事业单位某一会计期间事业成果及其分配情况。

(二) 资产负债表的编制

事业单位资产负债表"年初余额"栏内各项数字,应当根据上年年末资产负债表"期末余额"栏内数字填列;"期末余额"栏根据事业单位本期总账科目期末余额填列。

(三) 收入支出表的编制

事业单位的收入支出表反映事业单位在某一会计期间内各项收入、支出和结转结余情况,以及年末非财政补助结余的分配情况。收入支出表或者收入费用表应当按照收入、支出或者费用的构成和非财政补助结余分配情况分项列示。事业单位应当编制月度和年度收入支出表。

收入支出表"本月数"栏反映各项目的本月实际发生数。在编制年度收入支出表时，应当将本栏改为"上年数"栏，反映上年度各项目的实际发生数。

(四)财政补助收入支出表的编制

财政补助收入支出表反映事业单位某一会计年度财政补助收入、支出、结转及结余情况。事业单位应当编制年度财政补助收入支出表。

(五)附注

事业单位的会计报表附注至少应当披露下列内容：

1. 遵循《事业单位会计准则》《事业单位会计制度》的声明
2. 单位整体财务状况、业务活动情况的说明
3. 会计报表中列示的重要项目的进一步说明，包括其主要构成、增减变动情况等
4. 重要资产处置情况的说明
5. 重大投资、借款活动的说明
6. 以名义金额计量的资产名称、数量等情况，以及以名义金额计量理由的说明
7. 以前年度结转结余调整情况的说明
8. 有助于理解和分析会计报表需要说明的其他事项